Harry Edwards

PRAXIS DER GEISTHEILUNG

D1693977

Harry Edwards

PRAXIS DER GEISTHEILUNG

© 2009 by Mächler Media, Verlag Andreas Mächler
Schwaderloch/Schweiz
www.maechlerverlag.ch

Alle Rechte vorbehalten.

5. Auflage 2017

Lektorat: Gaby Mächler
Übersetzung Biographie: Dora Schaufelberger
Umschlagbild: Deborah Mächler

ISBN 978-3-905837-25-4

Inhaltverzeichnis

Vorwort

Die vorliegende Neuauflage „Praxis der Geistheilung" von Harry Edwards darf als Fortsetzung des 2007 publizierten, ebenfalls redigierten Buches „Wege der Geistheilung" gesehen werden. Auch diese Ausgabe erscheint in einer frischen Aufmachung und in einer dem Leser und der Leserin verständlichen Sprache, ohne die aus dem Englischen ins Deutsche übersetzte Originalfassung in ihrer Essenz verändert zu haben.

Seit der Publikation von Harry Edwards Aufzeichnungen, die zwischen 1950 – 1974 in Buchform erschienen sind, und welche seine hingebungsvolle Arbeit an Patienten und ausserordentlichen Heilerfolge dokumentieren, sind sich Geisteswissenschaften und Naturwissenschaften durch die technischen Entwicklungen wesentlich näher gekommen, so dass heute allgemein ein grösseres Verständnis für Ursache und Wirkung von Energien besteht.

Im Früh-Christentum war das Geistige Heilen integrierter Bestandteil des religiösen Lebens. Im 2. Jahrhundert n. Chr. übten Bischöfe und Priester das Amt des Heilens aus. Im 4.Jahrhundert wurde das geistige Heilen durch eine Salbung mit Öl ausgeführt. Bis ins 6. Jahrhundert glaubte man mit diesem Ritual noch an eine spirituelle Einflussnahme, aber im 8. Jahrhundert verschwand das Geistige Heilen aus den Kirchen. Dafür wurde die Salbung als spiritueller Akt der „Vergebung der Sünden" am Konzil von Trient (1549-1552) institutionalisiert.

Mitte des 16. Jahrhunderts begann man Krankheiten aus wissenschaftlicher Sicht zu begegnen – mit Pillen, Arznei-Trank und Operationen. Mit der Französischen Revolution (1789) begann die Zeit des Realismus und damit auch die totale Ablehnung des Religiösen, und natürlich des Geistheilens.

Gegen Ende des 19. Jahrhunderts kamen erste Anzeichen für eine Wiederaufnahme von geistigen Heilbehandlungen und diese fanden in kleinen spirituell orientierten Gemeinschaften statt. In akademischen Kreisen, wie z.B. der Theosophischen Gesellschaft in New York und London wurde das humanistische Menschenbild neu definiert und die Doktrin verbreitet, dass „das Denken – der Geist – den Körper heile".

Durch Harry Edwards' Heilungsarbeit an seinem Wohnsitz „Burrows Lea" in Shere, wie auch durch seine öffentlichen Demonstrationen in der „Royal Albert Hall" in London, fand das Geistige Heilen in weiten Kreisen der Bevölkerung wieder Beachtung und Anerkennung. Tausende von Hilfesuchenden kamen in sein 1946 gegründetes Heilungs-Zentrum oder baten schriftlich um Fernheilung.

In seiner über 40-jährigen Tätigkeit entwickelte Harry Edwards ein unerschütterliches Vertrauen in seine Jenseitigen Heilungsführer, was ihm erlaubte, Praktiken anzuwenden, die heutzutage ausschliesslich medizinisch geschulten Fachleuten, wie zum Beispiel Chiropraktoren und Physiotherapeuten vorbehalten sind.

Wie Harry Edwards in den 60er Jahren des 20. Jahrhundert voraussah, würden mit der Zeit das Wissen für Geistiges Heilen und die Praxis sich in dem Masse weiterentwickeln, wie die Aufnahmefähigkeit des menschlichen Bewusstseins und die Vermittlungsfähigkeit der jenseitigen Führungskräfte sich verbesserten.

In der heutigen Ausbildung für Geistiges Heilen lernen die Probanden, Probleme des Patienten an der Aura – am Strahlungsfeld des ätherischen Körpers – wahrzunehmen und über dieses Medium spirituelle Heilenergien zu vermitteln, welche Geist, Seele und Körper miteinander harmonisch in Verbindung bringen. Daher ist es nicht nötig, Manipulationen am Körper des Patienten auszuführen. Heiler-Organisationen geben ihren Mitgliedern in diesem Sinne klare Regeln in einem Verhaltens-Kodex mit.

Das vorliegende Buch darf als Klassiker der Geistheilung bezeichnet werden und ist eine Quelle der Inspiration für Heiler und Heilerinnen. Auch Ärzte und Ärztinnen sowie Therapeuten und Therapeutinnen jeder Fachrichtung mögen aus den Erfahrungsberichten Harry Edwards' eine erweiterte Sicht für Behandlungsmöglichkeiten an ihren Patienten gewinnen.

Dora Schaufelberger
Medium und Heilerin
Praxis für Natürliches Heilen in Basel
Beratungen und Ausbildungen

Mitglied
SNU (Spiritual National Union) Grossbritannien
NFSH (National Federation of Spiritual Healers) Grossbritannien
SVNH (Schweizerischer Verband für Natürliches Heilen) Schweiz
    1993-1998 Prüfungsexpertin für Geistiges Heilen
DGH (Dachverband Geistiges Heilen) Deutschland

Basel, September 2009

Teil A

Wesen und Theorie der Geistheilung

Kapitel 1

DIE HEILUNGSGABE

So manchen bewegt die Frage, ob er sich zum Geistheiler eignen würde. Er möchte diese Gabe in sich entwickeln - und wer sie bereits an sich entdecken konnte, möchte gerne lernen, ein noch vollkommeneres Werkzeug im Heilungsgeschehen zu werden. Dieses Buch soll den Weg hierzu aufzeigen.

Heilen ist eine Naturgabe: ein jeder, der ein tiefes und aufrichtiges Mitgefühl für Kranke und Schmerzleidende empfindet und sehnlichst im Herzen wünscht, doch helfen zu können, besitzt die Gabe wahrscheinlich in der Anlage. Sie muss nur ermutigt werden und Gelegenheit zur praktischen Ausübung bekommen.

Die Heiler opfern ihre Zeit und ihre Dienste den Kranken deshalb so bereitwillig, weil sie von dem Göttlichen Ideal der Nächstenliebe und des Mitempfindens beseelt sind und sehnlichst wünschen, die Leidenden wieder gesund und glücklich zu sehen.

Das Geistige Heilen ist ein Geschenk Gottes an alle seine Kinder, gleichviel welcher Rasse oder Religion. Sie ist die grösste und gewiss auch die geistigste Gabe, die einem Menschen verliehen werden kann. Mit ihrer Hilfe soll der Göttliche Plan von der Entwicklung der Menschenfamilie zum Geistigen verwirklicht werden.

So bedeutet ein Heiler zu sein, eine Aufgabe in Gottes Plan zu übernehmen. Dies ist eine wahrhaft geistige Aufgabe. Daher sollte ein Heiler seinen ganzen Lebensweg unter hohe Ideale und die "Gebote der wahren Nächstenliebe" stellen, die da lauten:

Du sollst keinem Wesen Leid oder Schaden zufügen.
Du sollst dich bemühen, nur zu dienen.
Du sollst duldsam und grossmütig in allen Dingen sein.
Du sollst dich bemühen, in jeder Lage dein inneres Gleichgewicht zu bewahren.
Du sollst gegen diejenigen, die dir Unrecht zufügen, keine Hass- und Rachegedanken hegen, denn wenn du das dir zugefügte Unrecht in den richtigen Blickwinkel rückst, so erkennst du, wie verhältnismässig unwichtig es ist.
Du sollst dich von verleumderischem Geschwätz fernhalten – und, was ebenso wichtig ist, Ehrfurcht und Fürsorge haben für alle lebende Kreatur, sie vor Grausamkeit beschützen und sie als deine „jüngeren Brüder" und Teilhaber an Gottes Schöpfung erkennen.

Freudig sollten wir uns in den Dienst jeder guten Sache stellen. Wir sollen unserem Nächsten durch jede Gefälligkeit helfen, nicht nur wenn er krank ist und Trost braucht.

Versuchen wir so zu leben, so dürfen wir uns deshalb nicht höher oder besser vorkommen als unsere Mitmenschen und uns auf ein selbst gezimmertes Podest erheben. Wir bleiben ganz ungezwungen, behalten unseren Sinn für Humor und verlernen nie, auch einmal über einen Witz zu lachen. Aber in uns selbst werden wir einen besonderen inneren Auftrieb verspüren, den man uns ansehen wird aus dem Lächeln unserer Augen und unserer ganzen Haltung. Wir haben Sonne im Herzen und ein Lächeln für alle, die uns begegnen. Ist jemand darunter, der leidet und Heilung braucht, so bewahren wir das Bild seiner Not in uns, um später in der Stille für ihn Hilfe zu erbitten. Vielleicht erfahren wir nie, ob ihm geholfen wurde, aber darauf kommt es nicht an. Wichtig bleibt allein, dass wir den Anstoss gegeben haben.

Lebt der Heiler nach diesen Grundsätzen, so wird sein Gesicht Güte ausstrahlen und für jedermann sichtbar das Geschenk seiner geistigen Gabe widerspiegeln.

Die schlummernde Heilungsgabe lässt sich am besten über die Ausübung der *Fernheilung* wecken und entwickeln, denn bei dieser üben wir uns in der Kunst des „Ein-Stimmens" in die Jenseitige Welt, das für alle Arten und Phasen der Geistheilung unbedingt notwendig ist.

Durch das Bemühen um Fernheilung bringen wir überhaupt unsere spirituellen Fähigkeiten zur Entfaltung. Dabei muss ich aber betonen, dass die Fernbehandlung nicht eine blosse Vorstufe, sondern die am weitesten entwickelte und am stärksten durchgeistigte Behandlungsart ist.

Uns wird die Mithilfe jener weiterentwickelten aus dem Jenseitigen Leben zuteil, die wir unsere Schutzgeister und Heilungsführer (Healing Guides/Healing Doctors) nennen. Auch sie haben ihre Aufgabe in Gottes Plan. Sie sind davon beseelt, Seinen Zielen zu dienen, dem Menschen durch ihre Mitwirkung bei der Geistheilung bewusst zu machen, dass er mit dem Jenseitig-Geistigen verwandt ist und dadurch mit Gott Selbst.

Anstatt nur blinde Werkzeuge zu bleiben, können wir uns um so bewusster und gezielter in den Dienst der Geistheilung stellen, je mehr wir die Grundlagen und Gesetzmässigkeiten erkennen, auf denen sie beruht. Diesen wenden wir uns daher zunächst zu, ehe wir auf die Frage eingehen, wie man seine Heilungsgabe entwickeln kann.

Kapitel 2

DIE GÖTTLICHE NATUR DER GEISTHEILUNG

Geistliche und Kirchenlaien fragen mich oft: „Die Geistheiler sagen, sie hätten mit Jenseitigen Ärzten und ähnlichen Jenseitigen Wesen Verbindung. Warum wenden sie sich nicht an Gott Selbst – warum muss ein Jenseitiges Geistwesen eingeschaltet werden?"

Ein Geistheiler beginnt jede Behandlung als allerwichtigstes mit einem *Gebet zu Gott*. Zu den Jenseitigen Wesenheiten betet er nicht. Wenn er sich mit ihnen in Ein-Stimmung verbindet, so ist dies kein Gebet, sondern ein ganz anderer Vorgang.

Wir glauben, dass die Quelle allen Heilens von Gott stammt und daher göttlich ist.

Wir glauben, dass die Jenseitigen Helfer Diener Gottes sind, genauso, wenn nicht noch in höherem Masse, wie die ordinierten Geistlichen.

Will Gott ein Werk geschehen lassen, so schildert uns die Bibel, wie Er Seine Engel aussendet, das Werk zu vollbringen.

Bei der Geistheilung ist es nicht anders. Auch die Jenseitigen Heilungsführer sind Gottes Engel oder Diener.

Sie wenden ihr Wissen und die ihnen zur Verfügung stehenden Kräfte in Seinem Namen zur Heilung der Kranken an.

Uns als Menschen fällt bei dem Heilungsgeschehen die Aufgabe zu, mit unserer *Gabe der meditativen Ein-Stimmung* den Jenseitigen Führern die Hilfsbedürftigkeit irgendeines leidenden Menschen mitzuteilen, damit diesem geholfen werde. Das bezeichnen wir als „gezielte Fürbitte".

Die Kirche glaubt an die Gemeinschaft der Heiligen. Worin unterscheidet sich das von unserer „Gemeinschaft" mit dem Jenseitig-Geistigen?

Wer ernennt die Heiligen? Es sind Menschen, nicht Gott. Welche Eigenschaften machen einen „Heiligen" aus? Es ist sein hohes geistiges Bewusstsein. Müssten daher nicht auch jene Wesen, die durch ihre Nähe zu Gott und durch ihr Wissen um Seine Gesetze bei der Heilung von Kranken mitwirken, gleichfalls als Heilige anerkannt werden?

Diejenigen, die eine Heilung anzunehmen sich scheuen, welche durch Gottes Heilungsdiener auf Grund der medialen Ein-Stimmung gespendet wird, möchten wir fragen: „Würden Sie die Hilfe zurückweisen, wenn sie von den Heiligen oder von Gottes Engeln ausgehen würde?" Wir meinen, es besteht hier kein Unterschied. Wir glauben, dass jeder Gedanke, jedes Gebet und daher auch die „gezielte Fürbitte" im Jenseits aufgezeichnet wird und erhalten bleibt. Sie werden durch Gottes Jenseitige Heilungsdiener entgegengenommen, die nun mit allen ihnen zur Verfügung stehenden Mitteln tätig werden.

Die Geistheilung ist ihrer Natur nach etwas Göttliches. Sie entspringt einer Göttlichen Quelle, und sie vollzieht sich daher unter Mitwirkung Göttlicher Vermittler – eben unserer Jenseitigen Führer, Helfer und Ärzte.

Kapitel 3

Geistheilung bei „unheilbaren" Krankheiten

Eine jede Geistheilung vollzieht sich durch das Eingreifen Jenseitiger Vernunftwesen. Wenn eine medizinisch nicht heilbare Krankheit dadurch geheilt werden kann, dass organische Veränderungen im Körper des Kranken bewirkt werden, so geht dies nur auf dem Wege der gezielten Auslösung heilsamer Energien. Nach unserer Auffassung ist die Geistheilung eine auf der Jenseitigen Ebene geübte, höchst anspruchsvolle Wissenschaft, wie sie sich unser menschlicher Geist kaum vorstellen kann.

Der Grundpfeiler, auf dem das gesamte Gebäude der Geistheilung beruht, sind die Fähigkeiten unserer Jenseitigen Heilungsführer: Nämlich zunächst einmal, unsere Krankheiten zutreffend und so ins Einzelne gehend zu diagnostizieren, dass sie die krankhaften molekularen Strukturen ermitteln können, um alsdann durch ihr Jenseitiges Wissen hilfreiche Kräfte heranzuziehen und eine positive Wandlung herbeizuführen. Der Fall eines jeden Patienten liegt anders, jede Krankheit hat ihre Besonderheiten, so dass die Art und die Stärke der zur Gesundung führenden Energien ganz individuell eingesetzt werden müssen.

Wie oft wird einem Geistheiler erklärt, die Ärzte hätten ihre Diagnose geändert oder die Diagnose sei sogar falsch gewesen, wenn sich eine wider Erwarten eingetretene Heilung medizinisch nicht erklären lässt. Neuerdings gehen die Ärzte allerdings dazu über, bei solchen Heilungen, die von der medizinischen Wissenschaft nicht erhellt werden können, von „Spontan-Heilungen" zu sprechen, insbesondere bei den Fällen, bei denen zunächst eine bösartige Krebsgeschwulst festgestellt und histologisch nachgewiesen worden war, die nachfolgende Operation aber zeigte, dass der Patient inzwischen krebsfrei ist.

Hinter einer jeden Spontanheilung steht ein durchdachtes, geplantes Wirken. Nichts geschieht durch Zufall. Jede Veränderung hat ihre gesetzmässige Ursache. Solange das Gegenteil nicht bewiesen ist, vertreten wir die feste Auffassung, dass die meisten *Spontanheilungen auf Geistheilung* zurückzuführen sind.

Kapitel 4

DIE DOPPELNATUR DES MENSCHEN

In seinem diesseitigen Leben hat der Mensch eine Doppelnatur, er ist zugleich ein körperliches und ein geistiges Wesen. Er besitzt einerseits neben seinem sichtbaren physischen Körper einen unsichtbaren - den Astralleib - und andererseits neben seinem Verstand eine Seele.

Unser *Verstand* (physical mind) dient uns im Bereich der irdisch-körperlichen Bedingungen und Empfindungen.

Er stellt körperliches Unwohlsein wie Müdigkeit, Hunger und Kälte fest. Er verarbeitet die gewonnenen Erfahrungen, kann Informationen sammeln, verschiedene Eindrücke zueinander in Beziehung setzen und Schlussfolgerungen ziehen. Dazu bedient er sich eines wundervollen Computers, des Gehirns.

Alle Eindrücke gelangen zu uns über unser *Bewusstsein* (conscious mind). Das Bewusstsein lässt sich mit einem Bildschirm vergleichen, der gedankliche Bilder und Eindrücke empfängt. Wenn wir uns verletzen, wenn wir müde sind, wenn wir eine gute Mahlzeit geniessen, Wärme und Behaglichkeit empfinden, einem schönen Konzert lauschen, oder aber etwas Hässliches erblicken – das alles sind verstandesmässige Eindrücke, die von unserm Bewusstsein wie von einem Bildschirm aufgenommen werden.

Das Bewusstsein ist es auch, das die Tätigkeit des Gehirns in Gang setzt. Es kann die in unserem computergleichen Gedächtnis gespeicherten Informationen und Erfahrungen abrufen, so dass sie erneut als Bild oder Schlussfolgerung auf dem Bildschirm erscheinen. Fordern wir von unserm Gehirn an, wieviel zweimal zwei ist, so erhalten wir als Lösung: vier. Forschen wir nach dem Namen eines bestimmten Hotels, in dem wir einmal gewohnt haben, so wird der Gehirncomputer dem Bewusstseinsspiegel alle verfügbaren Erinnerungen zuleiten, wie den Namen, das Aussehen und die Grünanlagen des Gebäudes. Oder haben die sensorischen Nerven über das Gehirn dem Bewusstsein die Empfindung „Kälte" gemeldet, so beugt dieses weiterer Auskühlung des Körpers vor: über das Gehirn informiert es sich, wo die Jacke hängt, und setzt unsere Beinmuskeln zu der Jacke hin in Bewegung.

Auch unsere *Seele* (Geistiges Ich, Höheres Bewusstsein, Inneres Selbst, Psyche) kann unterscheiden und urteilen. Sie hat denselben freien Zugang zu unserem Bewusstsein wie der Verstand. Dieses Geistige Ich ist für unsere mannigfaltigen seelischen Empfindungen und Antriebe zuständig: Liebe und Hass, Gut und Böse, Geborgenheitsgefühl und Ängste, Grossmütigkeit und Gemeinheit, Ehrgeiz, sowie die Auswahl des richtigen Partners. Weitgehend wird es durch die in den Genen vorhandenen Charakteranlagen beeinflusst. Der Seele verdanken wir die Neigung zu Kunst und Wissenschaft. Sie treibt uns, den Kampf gegen das Böse aufzunehmen, uns einer guten Sache zu verschreiben und nach hohen Idealen zu streben. Sie ist der Ursprung der mitfühlenden Nächstenliebe, die jeden Heiler beseelt. Da die Seele so fein abgestimmt und empfindsam ist und unsere ganz persönliche Prägung trägt, können aus ihr auch innere Unruhe, Frustrationen und psychosomatische Störungen entspringen.

In jedem Menschen lebt der Sinn für Gut und Böse, unser *Gewissen*. Wir helfen unserem Nächsten, wenn er in Not ist, und wir würden es als hartherzig empfinden, an einem weinenden Kind achtlos vorüberzugehen, ohne es zu trösten. Ebenso entspricht es unserem angeborenen Mitgefühl, ein gefangenes Tier zu befreien oder gegen Tierquälerei zu protestieren.

Unser Gewissen bestimmt unser Handeln ganz allgemein: wir stehlen nicht, auch wenn wir unbeobachtet sind, weil wir wissen, es ist Unrecht. Woraus entspringt dieses angeborene Gefühl für Gut und Böse?

Das Gewissen ist eine Grundhaltung unseres Bewusstseins und nicht eine Eigenschaft des Gehirns – obwohl wir das Gehirn (wie im Falle des Stehlens) zu der Unterscheidung zwischen Gut und Böse erziehen können. Grausame und böse Menschen haben ebenfalls ein Gewissen, ein schlechtes zwar, das ihnen jedoch gleichfalls zu einem Gefühl der Genugtuung verhilft. Unser Gewissen befähigt uns, unsere Seele in eine bestimmte Richtung zu entwickeln.

Auf allen Ebenen des Lebens begegnen wir Gut und Böse und sehen den ewigen Kampf zwischen diesen Kräften sich widerspiegeln. Bei der Lösung dieses Konfliktes spielt die Geistheilung eine unmittelbare Rolle.

Das gute Gewissen ist die innere Voraussetzung und der Antrieb des Heilenwollens, eine von Gott verliehene Eigenschaft, das Band zwischen uns im diesseitigen Leben und dem Jenseits.

Kapitel 5

GEISTHEILUNG ALS GEDANKENVORGANG

Unser Verstand und unsere Seele stehen miteinander in enger Beziehung, und beide können ihre Informationen an das Bewusstsein weitergeben. Der Verstand ist auf die Bedingungen unserer irdischen Welt abgestimmt. Zur Jenseitigen Welt haben wir über unsere Seele Zugang. Diese grundlegende Tatsache spielt bei der Geistheilung eine grosse Rolle.

Der Verstand des Heilers wird über den Zustand des Patienten unterrichtet. Er überdenkt das Wesen der Krankheit, die Schmerzen, eine etwaige seelische Belastung, und macht sich ein Bild davon, wie die Heilung verlaufen sollte. Dieses Bild gelangt in das Bewusstsein des Heilers und wird dort von dessen Geist-Ich übernommen. Wenn dieses in meditativem Ein-Klang mit der Jenseitigen Welt steht, können die Jenseitigen Helfer das Bild empfangen und aufnehmen. Die Geistheilung ist daher ein gedanklicher Vorgang.

Dieser gedankliche Vorgang wird dadurch in Gang gesetzt, dass der Heiler eine *Bitte* an seine Jenseitigen Heilungshelfer richtet. Er bittet, dass einem bestimmten Patienten geholfen werden möge. Denn es ist ein Gesetz, dass eine Geistheilung nur geschehen kann, wenn sie durch eine in Gedanken gefasste Fürbitte ausgelöst worden ist. Göttliche oder geistige Heilung ist allen Religionen gemeinsam und war von alters her allen primitiven wie zivilisierten Völkern vertraut. Religiöse Gruppen vollziehen diesen Anstoss im Gebet (sei es an den Gott des Christentums oder einer anderen Religion), der Medizinmann durch seine Beschwörungen. Der Geistheiler gibt den Anstoss, während er sich bei seiner Fürbitte (intercession) in meditativer Einstimmung (attunement) resp. im Ein-Klang mit der Jenseitigen Welt befindet.

Somit bestätigt die Geistheilung, dass der Mensch in seinem irdischen Leben auch ein geistiges Geschöpf und als solches dem Jenseitig-Geistigen wesensverwandt ist. Ohne diese *geistige Natur des Menschen* könnte keine Geistheilung stattfinden.

Kapitel 6

Die Wirkungsweise der Geistheilung

1. Vorbemerkung

Die Quelle der Geistheilung ist Gott, der die vollkommenen, das Leben beherrschenden Gesetze geschaffen hat. Krankheit ist die Folge der Übertretung dieser Gesetze.

Die Absicht der Geistheilung ist es, die verborgene Göttliche Natur des Menschen zur Entfaltung zu bringen, so dass er im Ein-Klang mit Gottes Gesetzen leben lernt und den Sinn seines Erdendaseins erfüllt.

Die im Folgenden beschriebene Wirkungsweise der Geistheilung liegt im Göttlichen Plan.

Jede Veränderung innerhalb des Universums beruht auf dem Wirken gesetzmässiger Kräfte. Nichts geschieht zufällig oder ohne Grund. So ist auch unser Körper genauen Gesetzen unterworfen, die unsere Gesundheit von der Geburt bis zum Tode beherrschen.

Die Geistheilung beruht auf dem Wirken von gesetzmässigen Kräften, die Veränderungen hervorrufen können. Um eine Veränderung sinnvoll zu bewirken, bedarf es einer mit Verstand begabten Steuerung der gesetzgebundenen Kräfte. Will man zum Beispiel mit der Elektrizität eine Wirkung erzielen, so muss man diese Kraft gemäss den ihr eigenen Gesetzmässigkeiten einsetzen und steuern.

Der Umgang mit den Geistheilungskräften ist nur bei deren sinnvoll gelenktem Einsatz erfolgreich.

Durch die Geistheilung werden für „unheilbar" erklärte Patienten geheilt. Der Ausdruck „unheilbar" besagt, dass die Medizin nichts mehr tun kann, dass alle irdische Weisheit erschöpft und der Patient zu lebenslangem Leiden verurteilt ist. Wenn also eine Geistheilung bei einem „unheilbaren" Patienten gelingt, so bedeutet dies, dass Wesen höherer Intelligenz als der menschlichen eingegriffen und die Veränderung im Rahmen der Gesetzmässigkeiten herbeigeführt haben. Diese nicht-irdischen Wesen sind unsere Jenseitigen Heilungsführer.

Der sinnvolle Einsatz der Geistheilungskräfte geht von der Jenseitig-Geistigen Welt aus.

Die gesamte Skala der menschlichen Gebrechen, angefangen von den Gemütsleiden bis hin zum Krebs, von Nervenzusammenbrüchen bis zum grauen Star, von „blauen" Babies bis zur Arthritis, kann durch Geistheilung beeinflusst werden.

Das bedeutet, dass die gezielt behandelnden, das Heilungsgeschehen in Gang setzenden Intelligenzwesen nicht nur die verschiedenen Krankheitsursachen ermitteln, sondern auch die heilenden Kräfte in jeweils erforderlicher Art und Stärke zur Gesundung des Patienten einsetzen können.

Die diesseitige Welt wird durch Naturgesetze beherrscht. In der Jenseitigen Welt, wo auch Ordnung herrschen muss, gelten Jenseitig-Geistige Gesetze. Die Geistheilungskräfte lassen sich nur im Rahmen dieser Geistigen Gesetze einsetzen, ebenso wie diesseitige Kräfte den irdischen Naturgesetzen unterliegen.

Das Ineinanderwirken der diesseitigen Naturgesetze und der Jenseitig-Geistigen Gesetze untersteht dem Allumfassenden Gesetz.

Ausserhalb des Allumfassenden Gesetzes kann keine Heilung stattfinden.

Es ist ein festes Gesetz, dass die Aussendung einer Kraft und deren bewusster oder unbewusster Empfang harmonisch aufeinander abgestimmt sein müssen. Ebenso müssen sich Empfänger und Sender miteinander in Ein-Stimmung befinden.

So muss auch ein harmonischer Ein-Klang zwischen dem Heiler und der Jenseitig-Geistigen Welt einerseits und dem Patienten andererseits bestehen.

Die sinnvoll vernünftig eingesetzten und gesteuerten Heilkräfte gehen von einer nicht-materiellen Dimension aus. Sie werden durch die Mittlerschaft des Heilers derart umgewandelt, dass sie als diesseitige, naturwissenschaftlich fassbare Wirkungen zum Tragen kommen.

Jeder Mensch besitzt ein Geistiges Ich, das sich mit den Jenseitigen Intelligenzwesen in Ein-Stimmung bringen kann. Daher ist jeder befähigt, Jenseitige Weisungen und Heilkräfte zu empfangen.

Bei der Behandlung in Anwesenheit des Patienten, der sogenannten Kontaktbehandlung, ist der Heiler der medial ein-gestimmte Empfänger. Er empfängt die Jenseitig-Geistigen Heilkräfte und überträgt sie auf den Patienten weiter.

Eine der Aufgaben des Heilers besteht darin, ein Transformator zu sein, in dem die Jenseitigen, nichtmateriellen Energien in irdische umgewandelt werden.

Das Geistige Ich des Patienten kann ebenfalls als Empfänger und Umwandler der Heilkräfte wirken, und zwar sowohl bei der Kontakt- als auch bei der Fernbehandlung in Abwesenheit des Patienten.

Soll eine Fernbehandlung Erfolg haben, so muss ein Geistiger Ein-Klang zwischen den Jenseitigen Wesen und dem Patienten zustande kommen. Der Heiler übernimmt in diesem Fall die Aufgabe eines weitergebenden Bindegliedes zwischen der Jenseitigen Quelle der Heilungskräfte und dem abwesenden Patienten. Das Geist-Ich des Patienten wird sowohl als Empfänger als auch als Transformator der Heilkräfte tätig.

Sowohl bei der Kontakt- als auch bei der Fernbehandlung vermag das Geist-Ich des Patienten von den Jenseitigen Intelligenzwesen hilfreiche Gedankenimpulse und Weisungen aufzunehmen, die den Kranken positiv beeinflussen und damit die eigentlichen Krankheitsursachen überwinden helfen.

Zur Linderung und Heilung organischer Beschwerden bewirken die Heilungs-energien stoffliche Umwandlungen, bio-molekulare Reaktionen im Körper des Pa-tienten. Das beweist, dass die Jenseitigen Wesen die im Körper ablaufenden bioche-mischen und energetischen Prozesse genau kennen.

Die biochemischen Reaktionen vollziehen sich durch Einwirkung der Heilungs-energien auf den bestehenden energetischen Zustand.

Die Heilungsenergien lassen sich genau auf den Einzelfall abstimmen. Sie geben neue Impulse, die den Krankheitszustand umwandeln oder aufheben.

Hierfür müssen die Jenseitigen Energien bereits vor ihrer Umwandlung in die diesseitige Dimension die Eigenschaften der späteren irdisch-materiellen Energie-formen aufweisen.

Die Heilwirkung wird nur auf den erkrankten Körperteil gerichtet. Gesunde Ge-webe oder Strukturen bleiben unberührt.

Dies beweist, dass die Jenseitigen Intelligenzwesen gezielt, also selektiv verfahren, indem sie nur auf erkrankte Zellen oder Gewebe einwirken, die gesunden dagegen nicht angreifen.

Eine zusätzliche Rolle bei der Heilung spielt die dem Körper innewohnende in-telligente Selbststeuerung, der ein eigenes Kapitel gewidmet ist.

2. Die Herrschaft der Naturgesetze

Alles Geschehen, jede Bewegung, jede Veränderung eines Stoffes kann nur durch den Einsatz bestimmter, den Naturgesetzen unterliegender Kräfte bewirkt werden.

Da gibt es keine Ausnahmen. Wir beobachten diese Regel bei der Entwicklung der stofflichen Materie, beim Lauf der Gestirne, bei Zeugung, Geburt und Tod, bei dem atomaren Aufbau eines chemischen Elements, beim Wirken der bekannten Kräfte von Elektrizität und Schwerkraft usw. Auch die Physik beruht auf der An-wendung der Naturgesetze, denn sonst herrschte nur Chaos.

Die Geistheilung kann von diesem universellen Prinzip keine Ausnahme machen.

Wir halten daher fest: eine Heilung tritt nur ein, wenn gesetzmässig wirkende Kräfte auf den Krankheitszustand Einfluss nehmen. Zum Beispiel müssen oft im Körper des Patienten bestimmte biochemische Veränderungen bewirkt werden.

Hieraus ergibt sich zugleich eine der Grenzen der Geistheilung: es können nur solche Heilungen stattfinden, die nicht im Widerspruch zu den Naturgesetzen stehen. Zum Beispiel kann kein amputierter Finger nachwachsen und kein alter Mensch die Frische der Jugend wiedererlangen. Solange die Ursachen einer Krankheit fortwirken, werden auch die Folgen bestehen bleiben. Hier kann die Geistheilung dem Patienten aber die bestmögliche leibliche und seelische Kräftigung vermitteln. Denken wir an den häufigen Fall der Sehschwäche, einer Folge von Überbeanspruchung der Augen bei Präzisionsarbeiten. Solange solche Arbeiten beibehalten werden, ist eine Wiederherstellung der Sehkraft unwahrscheinlich, weil der Heilung von vornherein entgegengewirkt wird. Lebt ein Arthritiskranker weiter in einem feuchten Haus, so wird die Arthritis bestehen bleiben. Dennoch wird das Geistheilungsbemühen nicht vergeblich sein, denn das Leiden wird zumindest in Grenzen gehalten, und das Allgemeinbefinden des Patienten stärkt sich.

Wir halten daher fest: *Geistheilung beruht auf dem Wirken gesetzmässiger Kräfte, die durch gezielt ausgesandte gedankliche Fürbitten ausgelöst werden.*

3. Das planvolle Tätigwerden der Jenseitigen Heilungsführer

Es besteht ein grundsätzlicher Unterschied zwischen dem Wirken der diesseitigen Naturgesetze und dem der Jenseitigen, Geistigen Gesetze. Die Kräfte des irdisch-materiellen Bereiches vermag der Mensch zu lenken. Hingegen können die Kräfte der Jenseitigen Welt und folglich auch die Heilungsenergien nur von Jenseitigen Intelligenzwesen eingesetzt und planvoll gesteuert werden.

Ohne sinnvolle Steuerung kann kein Vorhaben gelingen. So verlangt auch jeder Umgang mit gesetzgebundenen Kräften, dass man ihre Gesetzmässigkeiten und Wirkungsmöglichkeiten kennt.

Die Unterlagen über erfolgreiche Heilungen beweisen, dass durch die Mittlerschaft eines einzigen Heilers die verschiedenartigsten Gebrechen geheilt werden können: Gemütskrankheiten, bösartige Geschwülste, Hör- und Sehstörungen, Leukämie usw. Das bedeutet: es gibt nicht nur eine allgemeine Heilungsenergie, sondern für die verschiedenen Leiden sind jeweils besondere Heilungsenergien am Werk.

Um die jeweils passende Energie für die verschiedenen Krankheiten nach Art und

Stärke einsetzen zu können, bedarf es der Fähigkeit, zu unterscheiden und Diagnosen zu stellen. Dies kann nur von überlegenen und urteilsfähigen Intelligenzwesen vollbracht werden.

Wird ein Kranker für „unheilbar" erklärt, so ist damit gesagt, dass menschliche Weisheit an ihrem Ende ist: die medizinische Kunst kann nichts mehr für ihn tun. Wird dieser „Unheilbare" durch Geistheilung dennoch wieder gesund, so beweist dies, dass höhere, nicht irdische Intelligenzwesen eingegriffen haben müssen, Jenseitige Heilungsführer, die grösseres Wissen besitzen als der Mensch.

Skeptiker behaupten, diese Kenntnisse stammten aus dem menschlichen Unter- oder Kollektivbewusstsein. Ihnen sei erwidert: es gibt keinen schlüssigen Beweis dafür, dass die Menschheit jemals das Wissen besessen hat, über die Grenzen menschlicher Kunst hinaus Heilungen planmässig zu vollbringen. So kann auch kein menschlicher Erfahrungsschatz vorliegen, aus dem das Unterbewusstsein solch genaues und tiefes Wissen schöpfen könnte.

Die Jenseitigen Führungswesen hingegen müssen solches über das Irdische hinausgehende Wissen besitzen. Eine Heilung von Leib und Seele zu erreichen, setzt zweierlei voraus: einmal die Fähigkeit, überhaupt die Jenseitigen Kräfte gelenkt einzusetzen, zum anderen aber auch das Wissen, wie diese Kräfte an unsere irdischen Bedingungen und unsere Anatomie anzupassen sind, damit es zu einem bestimmten Zeitpunkt zur Umwandlung der Jenseitigen Energie in eine diesseitig-stoffliche Wirkung kommt.

Der menschliche Geist ist immer nur auf dem langsamen und mühevollen Weg der Erfahrung und des Irrtums zu Wissen gelangt. Folgerichtig müssen wir schliessen, dass auch ein Jenseitiger Heilungsführer nicht plötzlich in den Besitz unbegrenzter Weisheit kommen kann. Auch er muss mühsam Erfahrungen sammeln und schrittweise die Anwendung der Jenseitig-Geistigen Kräfte und ihr Zusammenspiel mit den irdisch-physikalischen Kräften erlernen, um planend und vorausschauend in eine Krankheit eingreifen zu können. Diese Annahme wird dadurch bekräftigt, dass gewisse Leiden heute leichter auf Geistheilung ansprechen als in früheren Jahren.

4. Die Verbindung zwischen Heiler und Jenseitigem Heilungsführer

Erinnern wir uns unseres ersten Grundsatzes: als einleitender Schritt gehört zur Geistheilung die Aussendung eines gedanklichen Anstosses in Form einer Fürbitte.

Soll eine Übertragung empfangen werden, so muss ein Zustand der Übereinstimmung zwischen Sender und Empfänger bestehen. Wollen wir die Rolle eines

Übermittlers gegenüber den Jenseitigen Geistführern übernehmen, so müssen wir dafür gewisse seelische Voraussetzungen aufweisen. Unsere Seele muss sich in eine solche „Stimmung" meditativer Versenkung versetzen, in der unsere gedankliche Fürbitte am leichtesten von den „lauschenden" Jenseitigen Führern empfangen werden kann. Dieser beglückende Zustand einer engen Verbindung, eines Kontaktes (Affinity) wird auch als Geistiger Ein-Klang, meditative Ein-Stimmung (Attunement) in die Jenseitige Welt bezeichnet. Im Folgenden wird meist der Ausdruck „Ein-Klang" bzw. „Ein-Stimmung" verwandt.

So können wir zusammenfassen:

Sendet ein Mensch in meditativem Ein-Klang mit einem Jenseitigen Heilungsführer eine gedankliche Fürbitte aus, so kann jener das Anliegen aufnehmen, die Diagnose der Krankheit stellen und die geeignete Jenseitige Heilungsenergie einwirken lassen, die das jeweilige Leiden des Patienten beseitigt.

5. Die Diagnose

Die Geistheilung vollzieht sich in jedem einzelnen Fall nach einem bestimmten Plan, denn jeder Patient braucht eine individuelle, für seine Krankheit passende Behandlung.

Die verschiedenen Krankheiten benötigen zu ihrer Überwindung jeweils eine bestimmte Art und Stärke von Heilungsenergie. Bei arthritischen Ablagerungen und bei Tumoren muss diese Energie auflösen können, zur Normalisierung der Blutzusammensetzung anregen und zur Behebung nervöser Spannungen entspannen.

Der Einsatz der Heilungsenergien obliegt allein den Jenseitigen Heilungsführern. Sie vermögen also die richtige Diagnose zu stellen und daraus die für den einzelnen Patienten benötigten Heilungsenergien zu bestimmen. Folglich gehört die Diagnose nicht zu den Aufgaben des Heilers.

Die Diagnose ist für den Heiler sogar belanglos. Dennoch möchte er bei der Heilung sinnvoll mitwirken können. Deshalb mögen die folgenden Hinweise andeuten, welche Mittel dem Heiler gegeben sind, um eine Diagnose zu erlangen.

Der Heiler kann auf verschiedenen Wegen von den Ursachen und dem Wesen einer Krankheit Kenntnis erlangen, je nachdem, wie er sich von seinen Geistführern einsetzen lässt. Oft erhält er dadurch einen Hinweis auf die erkrankte Stelle, dass bei deren Berührung sowohl er als auch der Patient eine von der Hand des Heilers ausgehende starke Wärmeausstrahlung wahrnehmen, die in den Körper des Patienten einzudringen scheint. Bewegt der Heiler seine Hand von der betroffenen Stelle fort, so hört die Wärmeempfindung sogleich auf und stellt sich erst wieder ein, wenn die Hand dorthin zurückgeführt wird. Hebt der Heiler hingegen seine Hand über der erkrankten Körpergegend etwas in die Höhe, so unterbricht diese Haltungsänderung nicht die von beiden Beteiligten wahrgenommene Wärmeempfindung.

Interessanterweise handelt es sich nicht um eine klinisch nachweisbare Temperaturerhöhung. Versuche mit einem zwischen die Hand des Heilers und den Leib des Patienten angebrachten Thermometer gaben keinen Ausschlag, obwohl es unverändert bei der subjektiven Wärmeempfindung blieb. Diese kann auch nicht durch Willensanstrengung herbeigeführt werden: Legen wir unsere Hand auf eine beliebige andere gesunde Körperstelle, so kommt die Empfindung nicht zustande.

Diese Empfindung ist damit zugleich ein untrüglicher Nachweis für das Vorhandensein der Heilungsgabe.

Wir kommen zu dem Schluss, dass die empfundene Wärme überhaupt keine Wärme im physikalischen Sinne ist. Sie entspringt nicht etwa einer erhöhten Kreislauftätigkeit im Körper des Heilers, sondern ist vielmehr ein Ausdruck der Heilungsenergie, die von der Jenseitigen Welt durch den Heiler hindurch gesandt wird. So wird jeder Heiler seine Hand selbstverständlich einige Zeit an der erkrankten Körperstelle verweilen lassen, sobald sich ihm diese Wärme mitteilt.

Viele Heiler empfinden diese Wärme vornehmlich bei solchen Patienten, bei denen gewisse krankhafte Zustände aufgelöst werden müssen, wie etwa die Ablagerungen bei Arthritis und Rheuma, Bindegewebsentzündungen und Wucherungen. Selten tritt diese Wärmeempfindung bei Herz- oder Verdauungsbeschwerden auf, es sei denn, dass es auch hier einer Auflösung bedarf.

Manche Heiler verspüren Kälte anstatt Wärme, oder beides. Andere wiederum heilen, ohne dass ihnen überhaupt derlei Empfindungen begegnen.

Wie alle unsere Sinnesempfindungen – zum Beispiel Hunger, Schmerz oder Müdigkeit – nehmen wir auch die beschriebene Wärmeempfindung über unser Bewusstsein wahr. Nur handelt es sich hier um die bewusste Wahrnehmung einer aus einer Jenseitigen Quelle herrührenden Kraft.

Eine andere, und vielleicht die sicherste Art der Diagnose ist die „intuitive", das heisst die im Zustand der meditativen Ein-Stimmung empfangene. Dem Heiler wird blitzartig eine Gedaneneingebung von der Ursache und dem Sitz der Krankheit zuteil. Die aus der Jenseitigen Welt empfangenen Eingebungen fliessen ebenso natürlich ein wie normale Gedanken. So ist es am Anfang schwierig, zwischen einem eigenen und einem aus dem Jenseits zufliessenden gedanklichen Bild zu unterscheiden; aber mit der Erfahrung fällt es leichter. Grundsätzlich können alle Gedanken, die sich während des meditativen Ein-Klanges einstellen, vom Jenseitigen Führer eingegeben sein. Der Heiler sei daher an dieser Stelle eindringlich darauf hingewiesen, dass er kein auftauchendes Gedankenbild je unberücksichtigt lassen darf, in der Annahme, es entspringe seiner eigenen Phantasie. Allerdings sollte man alle Informationen noch einmal mit seinem gesunden Menschenverstand überdenken. In Zweifelsfällen verwerfe man sie aber nicht endgültig, sondern behalte sie im Gedächtnis bereit.

Die Richtigkeit einer intuitiv empfangenen Diagnose kann der Heiler zum Beispiel dann objektiv nachprüfen, wenn nach seinem Eindruck das Schmerzzentrum sich an einer bestimmten Körperstelle befinden müsste. Er sollte den Patienten durchaus fragen, ob er dort Schmerzen hat.

Es kann auch vorkommen, dass dem Heiler eine Diagnose dadurch gewahr wird, dass er die Symptome der Krankheit am eigenen Körper verspürt. Dies widerfährt einem erfahrenen Heiler seltener als dem Anfänger. Es ist ein Beweis dafür, dass der Heiler sich in den Patienten richtig ein-gefühlt hat. Wenn wir uns erinnern, dass jede innere Empfindung wie Kälte, Hunger, Schmerz usw. über das Bewusstsein wahrgenommen wird, so verstehen wir, dass der Heiler in gleicher Weise zu leiden meint, weil sich in der Ein-Stimmung die Empfindungen des Patienten auf ihn übertragen.

Manchmal ist das Schmerzgefühl so heftig und unmittelbar – zum Beispiel bei starken Magenschmerzen –, dass der Heiler fürchtet, die Krankheit übernommen zu haben.

Wenn der Heiler mit seiner fortschreitenden Entwicklung ein geübteres Instrument für seine Geistführer geworden ist, können solche drastischen Schmerzempfindungen vermieden werden. Sobald er sie richtig wertet und im Zusammenhang mit der Diagnose sieht, hören sie auf, für ihn unangenehm zu sein.

Manche Heiler behaupten, die Diagnose „hellsehend" zu empfangen, so dass sie den inneren Krankheitsherd des Patienten erschauen können. So „sehen" sie zum Beispiel Steine in der Gallenblase. Anderen Heilern zeigt sich ein „Licht" über der betroffenen Körperstelle. Solche Phänomene treten nur bei einzelnen Heilern auf und brauchen für die Allgemeinheit nicht näher erläutert zu werden.

Sollte ein Heiler keine gedanklichen Eingebungen erhalten und ihm auch sonst keine Wahrnehmung für die Beschwerden des Patienten zuteil werden, braucht er gleichwohl nicht unsicher zu sein. Er braucht seinem Geistführer im Zustand der Ein-Stimmung nur alle ihm erkennbaren Symptome zu übermitteln und kann diesem die Diagnose alsdann überlassen.

Ein geübter Heiler kann dem Kranken die Beschwerden schon oft ansehen. Zumal sich manche Krankheiten ohnehin leicht erkennen lassen, wie zum Beispiel Arthritis, Lähmungen, Wirbelsäulenbeschwerden. Anämie und gewisse Nervenleiden verraten sich durch das eingefallene Gesicht des Patienten und seine müden und geröteten Augen.

Trotzdem sollte der Heiler sich von dem Patienten dessen Beschwerden aufzählen lassen, nachdem er ihn in freundlicher Atmosphäre zur Entspannung gebracht hat. Meist wird der erste Eindruck des Heilers bestätigt.

Es ist besser, den Patienten gleich zu Anfang seine ganze Krankengeschichte erzählen zu lassen, als ihn „stückweise" zu behandeln. Denn oft sind Beschwerden an entfernteren Körperstellen nichts anderes als Nebenwirkungen der Hauptkrankheit und Teil des Gesamtbildes. Ein geläufiges Beispiel sind die nervösen Spannungen, die bei Magengeschwüren immer eine Rolle spielen.

Der Heiler soll sich nicht scheuen, vorsichtig jede Frage anzuschneiden, die sich ihm aufdrängt, um ein möglichst vollständiges Bild vom Zustand des Patienten zu erlangen. Derartige Fragen erwachsen ihm aus seiner Erfahrung als Heiler, oder aber sie werden ihm intuitiv von seinem Jenseitigen Heilungsführer eingegeben.

Es ist wichtig, unserem Geistführer alle Informationen weiterzuleiten, die wir von dem Patienten erfragen können. Wir können nicht wissen, ob die Geistführer den Patienten körperlich „sehen", ebensowenig wie wir die Jenseitigen Wesen in ihrer geistigen Gestalt erblicken können. Dass die Geistführer die Fähigkeit besitzen, Ursache und Wesen einer Krankheit zu erkennen, ersehen wir daraus, dass sie Diagnosen stellen und die Heilungskräfte gezielt einsetzen. Wie sie das bewerkstelligen, ist uns nicht genau bekannt. Vielleicht erkennen sie die Krankheitszustände über das Bewusstsein des Patienten, in dem alle Informationen über das Körperbefinden zusammenlaufen. Es mag auch sein, dass sie die Art einer Krankheit aus der Aura-Strahlung des Patienten ablesen. Während der Heiler den Patienten nach seinen Symptomen und Beschwerden befragt und diese Informationen bewusst in sich aufnimmt, kann der Geistführer „mithören" und sich aus diesen Informationen seine Diagnose bilden.

Wir sehen, welch enger Zusammenhang zwischen dem meditativen Ein-Klang und der Diagnosestellung besteht.

Auch bei der Fernheilung braucht sich der Heiler nicht um die Diagnose zu kümmern. Auch bei ihr ist der Jenseitige Heilungsführer dafür verantwortlich. Wenn der Heiler sich zum ersten Male an die Jenseitigen Helfer mit der Bitte um Heilung wendet, trägt er ihnen lediglich alle ihm bekannten Einzelheiten vor, wie zum Beispiel: „Herr Braun in Hamburg leidet an Diabetes sowie an Gelenkentzündung beider Knie und Ellenbogen. Er schläft schlecht ein und wacht mit Stirn-Kopfschmerzen auf." Aus dieser Angabe der Symptome zieht der Jenseitige Arzt seine Schlüsse und diagnostiziert die Grundursachen der Beschwerden, um dann sein Möglichstes zu ihrer Behebung zu tun.

Bei der Fernbehandlung wirkt es sich günstig aus, wenn der Heiler regelmässig Berichte über den Krankheitsverlauf erhält, so dass er diese Informationen an den Geistführer weiterleiten kann. Auch hier hängen meditative Ein-Stimmung und Diagnose eng zusammen.

Wie überall, kommt es auch hier auf die Erfahrung an. Der Anfänger wird schon froh sein, wenn ihm die meditative Ein-Stimmung gelingt und er seine Krankheitsberichte in die Jenseitige Welt weitervermitteln kann. Später kommt dann vielleicht der Zeitpunkt, dass ihm unerwartet auf die Aussendung seiner Information hin gedankliche Bilder und intuitive Eingebungen über den Kranken ins Bewusstsein zurückfliessen. Zuweilen soll diese Information dem Heiler Hinweise geben, wie der Patient selbst an seiner Gesundung mitwirken kann, etwa durch eine bestimmte Lebensweise, fettarme Diät, Massagen oder dergleichen. Möglicherweise wird dem Heiler auch ein Hinweis zuteil, dass der Patient sich dieser oder jener Behandlung unterziehen sollte. Wenn der Heiler dies für richtig hält, teilt er es den Angehörigen mit, muss ihnen jedoch die Entscheidungsfreiheit überlassen. Der Patient befindet sich wahrscheinlich bereits in ärztlicher Betreuung, und der Heiler sollte die Angehörigen veranlassen, auf jeden Fall den Rat des Arztes über die vorgeschlagene Behandlungsmassnahme einzuholen.

Auf diese Weise erfüllt der Heiler dem Patienten gegenüber seine Pflicht, ohne seine Verantwortung zu überschreiten.

So wird der Heiler zum Partner bei der Heilung. Er wird über deren Fortgang auf dem laufenden gehalten und kann dem Patienten seinerseits durch praktische Ratschläge helfen.

Es ist dem Heiler grundsätzlich davon abzuraten, seine Diagnose zu äussern. Erstens wird der Patient möglicherweise dadurch übermässig beeindruckt und verängstigt. Zweitens kann er sich irren – wie auch eine ärztliche Diagnose einmal falsch sein kann. Drittens kann der Patient die Diagnose nach der Heilung in Zweifel ziehen. Als allgemeine Regel sollte ein Heiler mit seinen Diagnoseeindrücken daher zurückhaltend sein, zumal sie leicht missverstanden werden können. Je weniger er hierüber sagt, desto besser. Auch muss jede Voraussage für die Zukunft unterbleiben.

6. Die Geistheilungsenergien

Das Folgende ist für das nähere Studium und als Diskussionsgrundlage gedacht. Es will keine neue Wahrheit verkünden. Man mag zwar einwenden, dass die in diesem Buch gezogenen Folgerungen nicht auf bewiesenen Tatsachen beruhen. Ich möchte aber hoffen, dass die vorgetragenen Überlegungen und logischen Schlussfolgerungen den Leser dahin führen, unsere Theorie über das Wesen der Geistheilung als „aller Wahrscheinlichkeit nach zutreffend" anzuerkennen, solange nicht ihre Unrichtigkeit nachgewiesen oder sie durch eine bessere Theorie ersetzt worden ist.

Dieses Kapitel ist nicht für den Naturwissenschaftler bestimmt, der nur das als wahr anerkennt, was er mit seinem Mikroskop erforschen kann. Diese Erkenntnisse der Naturwissenschaft werden aber zugrunde gelegt, wie zum Beispiel über den Aufbau der Moleküle. Sie brauchen dem Heiler nicht im Einzelnen geläufig zu sein. Es genügt, wenn er mit Hilfe der folgenden Ausführungen einen Einblick in das Wesen der bei dem Heilungsgeschehen wirkenden Energien gewinnt. Dieses Kapitel will dem Geistheiler behilflich sein, sich über seine Möglichkeiten als Instrument des Jenseitigen Geistes näher zu unterrichten, damit er aufgeklärter und bewusster an dem Heilungsgeschehen mitwirken kann.

Früher herrschten nur undeutliche Vorstellungen darüber, was Geistheilung sei. Sie wurde einer von Gott oder Jenseitigen Heilungsführern gesandten abstrakten Kraft zugeschrieben. Es spielten eine „beschädigte Aura" oder der „Ätherleib" eine Rolle, und man sprach von „Schwingungen" und blauen oder goldenen heilenden „Strahlen", die durch die Finger des Heilers auf den Körper des Patienten geleitet würden.

Manche dieser überlieferten Erklärungen verdanken wir den Eingaben ehrwürdiger Jenseitiger Heilungsführer. Wir sollten aber bedenken, wie schwer diese es in früheren Zeiten hatten, ihre gedanklichen Bilder menschlichen Gehirnen zu vermitteln, die eine mehr technisch geprägte Erklärung damals kaum hätten begreifen können. In derselben Lage sähe sich heute ein Forscher, der primitiven Eingeborenen die Arbeitsweise eines Fernsehempfängers erläutern wollte: Er müsste sich begnügen, mit den Händen den Gedanken von „durch die Luft fliegenden Bildern" darzustellen.

So sprechen manche Heiler noch heute von „Vibrationen" und „Strahlen", ja sogar von „blauer" und „goldener" Heilungsstrahlung. Wir wollen lediglich das Wort „Energie" gebrauchen, das den Begriff der Geistheilungskraft am besten trifft.

Wir können nur Vorgänge aus unserer diesseitigen Welt wirklich beur/
die Merkmale vieler unserer Krankheiten besteht kein wissenschaftl
zum Beispiel über die mit der Arthritis einhergehende Gelenkversteif
pathologischen Befunde bei bösartigen Geschwülsten, über die krankhafte Zusammensetzung bei der Leukämie, usw. Das Vorliegen solcher Krankheiten ist eindeutig beweisbar. Als „unheilbar" werden solche Krankheitsfälle angesehen, für deren Heilung der Medizin keine Behandlungsmethoden bekannt sind. Sobald jedoch Geistheilung zu wirken beginnt, setzt ein Umschwung ein: Die Steifheit und Verdrehung des arthritischen Gelenks verschwindet, so dass es sich wieder frei bewegen lässt, die Blutwerte des Leukämiekranken normalisieren sich, die harte Schwellung beim bösartigen Tumor wird weicher und löst sich schliesslich auf usw. Solche unerwarteten Wendungen bezeichnet eine Stellungnahme der Britischen Medizinischen Gesellschaft als „Heilungen, die durch die medizinische Wissenschaft nicht erklärt werden können".

Wir werden daher in diesem Kapitel fragen, worauf diese Wendungen beruhen. Wir wissen, dass nichts zufällig stattfindet. Für jede Veränderung gibt es eine vernünftige gesetzmässige Ursache. Wir dürfen die Geistheilung nicht als einen bloss abstrakten, magischen Eingriff der Jenseitigen Welt betrachten, sondern als eine im Jenseits ausgeübte echte Wissenschaft.

Wenn wir die Infektionskrankheiten für den Augenblick beiseite lassen, können wir als gemeinsames Merkmal aller organischen Erkrankungen feststellen, dass die Körperchemie sich in einem die gesunden Funktionen behindernden Zustand befindet. Dies gilt für die ganze Liste solcher Krankheiten, angefangen bei Arthritis, Zuckerkrankheit, Gallen- und Nierensteinen, Leberleiden bis hin zu Pilzerkrankungen der Fingernägel.

Die Geistheilung vollzieht sich bei solchen Krankheiten mittels einer biochemischen Umwandlung im Körper des Patienten. Dies sei am Beispiel der so häufigen arthritischen Gelenkversteifung erläutert. Das Gelenk ist in seiner Bewegung blockiert, weil Kalkablagerungen es „einzementiert" bzw. die Bänder und Sehnen sich zusammengezogen haben. In diesem Stadium vermag keine mechanische Kraftanstrengung die freie Beweglichkeit des Gelenks wiederherzustellen. Eine gewaltsame Bewegung ist wegen der dabei auftretenden Schmerzen nur unter Betäubung möglich. Bei der Geistheilung werden als erstes die Ablagerungen durch die von den Jenseitigen Heilungsführern eingesetzten Heilungsenergien auf biochemischem Wege aufgelöst und beseitigt, so dass gewaltsame Bewegungsversuche des Geistheilers überflüssig sind.

7. Der Aufbau der Materie

Das Atom

Wenden wir uns zunächst dem Begriff „Energie" zu. Alles Bestehende ist Energie in unterschiedlicher Erscheinungsform. Jeder stoffliche Körper setzt sich aus Atomen zusammen, auch mein Stuhl und das Papier dieses Buches. Jedes Atom ist eine gestaltete Form von Energie. Unser ganzes Universum ist eine Ansammlung von Energie: die Sonne, ihr Licht und ihre Wärme, die Sterne und die von ihnen ausgehenden Strahlen – alles ist eine bestimmte Form von Energie.

Dass Heilungen durch die Vermittlung Jenseitiger Wesen bewirkt werden können, beweist uns, dass auch auf der Jenseitig-geistigen Ebene das Vorhandensein von Energie etwas Selbstverständliches ist. Denn Energie (Äther) ist der Ausgangswerkstoff der gesamten Schöpfung, der Jenseitigen genauso wie unserer diesseitigen Dimension.

Im Atom erhält die Energie eine gebundene Form. Sie drückt sich aus in gegensätzlich gepolten Kräften – positiven und negativen, Protonen und Elektronen. Jedes Atom, so klein es sei und selbst mit unserem mächtigsten Mikroskop nicht erkennbar, hat eine genaue Ordnung und Bestimmung. Das einfachste Atom ist das Wasserstoffatom. Es besteht aus einem zentralen Kern und einem einzelnen, mit höchster Geschwindigkeit um ihn kreisenden Elektron. Hätte ein Wasserstoffatom die Grösse einer Kathedrale, so wäre dennoch sein in ihrer Mitte aufgehängter Kern nicht grösser als ein Fussball und das um ihn rasende Elektron nicht grösser als ein Golfball. Jedes Element hat eine charakteristische Anzahl von Elektronen, von eins bis hundert, die um den zentralen Kern kreisen. Wir können uns ein Atom als ein unendlich kleines Sonnensystem vorstellen, mit dem Kern als Sonne und den in festbestimmten Bahnen darum kreisenden Elektronen als Planeten.

Das Molekül

Wenn zwei oder mehr Atome sich miteinander verbinden, bilden sie ein Molekül. Das einfachste Beispiel ist die Verbindung von zwei Wasserstoffatomen mit einem Sauerstoffatom zu Wasser, chemisch als H_2O. Die Untersuchung des Verhaltens der Atome unter verschiedenen Bedingungen und ihre Verbindung zu Molekülen ist Gegenstand der Chemie. Auf Grund solcher Untersuchungen ist unter anderem auch die Atombombe entwickelt worden.

Die Erkenntnisse der Chemie sind für den Heiler wichtig. Denn jedes organische Leiden, zum Beispiel Arthritis geht mit der Bildung krankhafter, chemisch veränderter Zustände einher, denen die Harmonie mit den körperlichen Funktionen verlorengegangen ist. Zur Überwindung des Leidens muss der krankhafte chemische Zustand wieder ins Normale umgewandelt werden. Denn die störenden chemischen Stoffe sind aus Energien bestehende Moleküle. Mit anderen Worten: der eine, krankhafte, gestörte Energiezustand muss mit einer anderen Form von Energie eine Reaktion bilden, damit der normale Energiezustand wieder entsteht. Dies erfordert eine chemische Veränderung am Sitz der Krankheit und bildet die Grundlage einer jeden Heilung organischer Krankheiten, gleichviel ob sie durch ärztliche oder durch Geistheilungsbehandlung herbeigeführt wird.

Die Störung des chemischen Gleichgewichts im Körper, die jeder organischen Krankheit zugrunde liegt, hat jeweils eine bestimmte Ursache. Dem Gesetz von Ursache und Wirkung können wir nicht entgehen. Jeder Ursache folgen ihre Auswirkungen oder Symptome. Wer ohne schützende Bekleidung in Sturm und Regen hinausgeht, muss mit einer Erkältung rechnen – die böse Folge der gesetzten Ursache. Ist umgekehrt eine Krankheit geheilt worden, so bedeutet dies, dass zunächst deren Ursache beseitigt worden ist, woraufhin auch die Krankheitssymptome gemeistert werden konnten.

Die ärztliche Wissenschaft ist infolge ihrer Forschungen und Versuche bei Einführung eines neuen Medikamentes zuweilen in der Lage, den gewünschten Verlauf einer chemischen Veränderung im Körper des Patienten im Voraus zu bestimmen. Aus der Zunahme des Einsatzes von Antibiotika in letzter Zeit ersehen wir den Fortschritt der Medizin. Es ergeben sich bei diesen Mitteln indessen oft schädliche Nebenwirkungen, da es an genauen Kenntnissen über die molekularen Verhältnisse im Körper des einzelnen Patienten fehlt.

Bei der Geistheilung hingegen vermögen die Jenseitigen Intelligenzwesen (die Jenseitigen Geistführer) nicht nur eine genaue Diagnose von dem Leiden des Patienten zu stellen, sondern auch den Krankheitsherd in seiner molekularen Zusammensetzung zu analysieren, und mit Hilfe aus dem Jenseits kommender Energien in seiner stofflichen Beschaffenheit chemisch zu verändern.

So lassen sich die Vorgänge bei der Geistheilung durchaus naturwissenschaftlich erklären, so dass wir auf die früheren Vorstellungen von „blauen" oder „goldenen" Strahlen nicht angewiesen sind.

8. Die Kenntnisse der Jenseitigen Heilungsführer von den Strukturen unseres Körpers

Wie können die Jenseitigen Geistwesen bei organischen Leiden die krankhaften molekularen Strukturen des Körpers so genau analysieren? Sie müssen sehr weitgehendes Wissen besitzen, wie man die Energien handhabt, die ihnen für ihre Heilungen zur Verfügung stehen, dort wo ärztliche Kunst nichts mehr vermag.

Die Anzahl der durch den Bau ihrer Atome charakterisierten chemischen Elemente ist begrenzt. Für den Menschen mag es ein schwieriges Problem darstellen, die Erscheinungsform der Energie in irgendeinem molekularen Gefüge zu ermitteln. Die Jenseitigen Wesen hingegen besitzen offenbar weit fortgeschrittenere Kenntnisse von den Energien und Strukturen als wir. Wenn bereits unsere Chemiker die atomaren Bestandteile eines noch so komplizierten Moleküls darstellen und zurückverfolgen können, wie es durch Verbindung oder Überlagerung verschiedener Energien entstanden ist, so besitzen die Jenseitigen Heilungsführer hiervon weit tiefere Kenntnisse.

Um den Leser mit der Struktur der Moleküle näher vertraut zu machen, wollen wir von dem einfachsten Molekül, dem Wasser, zu komplizierteren übergehen. Das Diagramm A zeigt die Zusammensetzung des verhältnismässig einfachen Zuckermoleküls, eines Kohlehydrates. Die Abbildung B stellt ein komplizierteres Molekül dar, nämlich den Aufbau der in den Genen enthaltenen Nukleinsäure. Dieses besteht aus zwei spiralförmig zusammengedrehten Strängen – Phosphatgruppen und Kohlehydrate – die durch jeweils horizontal eingelagerte Gruppen, genannt Nukleinbasen, zusammengehalten werden. Bei der Zellteilung trennen sich die beiden Stränge voneinander, wobei jeder die gesamten Erbeigenschaften beinhaltet. Diese überaus komplizierte Energiestruktur bezeichnet der Chemiker als Desoxyribonukleinsäure, abgekürzt DNS, wegen der in ihr enthaltenen Kohlehydratgruppe Desoxyribose.

Diese DNS-Moleküle können sich mit Eiweissen zu sogenannten Nukleoproteiden verbinden und somit die Gene und Chromosome unseres Körpers bilden. Diese machen uns zu den Geschöpfen, die wir sind, sie bestimmen Wachstum und Charakter jeder einzelnen Zelle.

36

A

Ein einfaches,
pflanzliches
Kohlenhydrat

 Kohlenstoff

 Sauerstoff

Wasserstoff

B

Aufbau des DNS-Moleküls

Das DNS-Molekül besteht
aus zwei spiralförmig
zusammengedrehten Strän-
gen — Phosphatgruppen
und Kohlenhydrate —, die
durch jeweils horizontal
eingelagerte Gruppen,
genannt Nukleinbasen,
zusammengehalten werden.

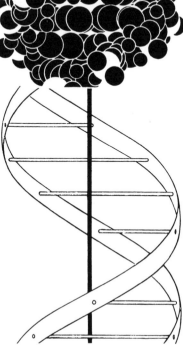

Weitere Einzelheiten des Zellaufbaues darzustellen, würde den Rahmen dieses Buches sprengen. Der Geistheiler braucht sich mit dessen Studium nicht eingehender zu befassen. Schon das bisherige Bild hat gezeigt, welches Wunder in unserem Körper und dessen Funktionen liegt und welche komplizierten Zusammenhänge unsere Jenseitigen Helfer bei ihrer Behandlung von Krankheiten zu berücksichtigen haben.

Der Aufbau der Tausende in den Chromosomen enthaltenen Gene muss noch erforscht werden. Die Untersuchung der DNS-Moleküle befindet sich erst in den Anfängen. (Anmerkung des Verlages: Dies entsprach den wissenschaftlichen Erkenntnissen 1974, als Harry Edwards' Buch in Grossbritannien erschien.) Dem Verfasser sei die Voraussage erlaubt, dass man eines Tages erkennen wird, wie geistiggedankliche Einflüsse aus dem Jenseits bei dem Aufbau jener Gene mitgewirkt haben, die die seelischen und geistigen Eigenschaften des Menschen bestimmen.

9. Die Zustandsveränderungen der Materie

In diesen Zusammenhang gehört die Untersuchung des Apport-Phänomens, das durch die Vermittlung eines spiritualistischen Mediums stattfand. „Apport" bedeutet das Herbeischaffen eines festen körperlichen Gegenstandes aus der Ferne an einen anderen Ort unter Bedingungen, die über die diesseitig-physikalischen Möglichkeiten hinausgehen.

Ein Beispiel hierfür konnte ich bei einer Sitzung mit Jack Webber, einem aussergewöhnlich begabten Medium, miterleben.

Eine im Sitzungsraum befindliche Trompete begann in der mattroten Beleuchtung bis unter die Decke zu schweben und sich dort mit äusserst hoher Geschwindigkeit um sich selbst zu drehen. Darauf vernahmen meine Freunde und ich ein Klopfen aus der Trompete, und ein Gegenstand fiel in meine Hände. Es war ein echtes ägyptisches Amulett, dessen Alter von Sachverständigen auf 3500 Jahre geschätzt wurde. Woher es kam, blieb ungeklärt. Aber es kann als sicher angenommen werden, dass es ebenso wie andere Apporte von einem entfernten Ort kam. Anlässlich einer anderen Sitzung mit Jack Webber wurde ein solcher Apport fotografiert.

Die apportierten Gegenstände wurden jeweils mit ungeheurer Geschwindigkeit von ihrem bisherigen Ort in den Sitzungsraum hineinbefördert. Gegen die Reibung der Atmosphäre, die sie blitzschnell durchreist hatten, müssen sie unempfindlich gewesen sein. Auch müssen sie sich in einem Zustand befunden haben, in dem sie stoffliche Gegenstände wie Wände und dergleichen durchdringen konnten, wobei sie während der Beförderung aber ihre Identität und Gestalt bewahrten. Es scheint keine andere vernünftige Erklärung zu geben als die, dass solche Gegenstände in einen Energiezustand höherer Schwingung versetzt werden, der den irdischen Gesetzen von Reibung und Stofflichkeit nicht unterworfen ist. Bei der Ankunft verlangsamen sich die Energieschwingungen des Gegenstandes allmählich wieder, bis er seinen ursprünglichen stofflichen Zustand zurückerlangt hat.

Das Apportphänomen ist ein weiterer Beweis für die Fähigkeit der Jenseitigen Geistwesen, mit Energien umzugehen und sie zu beeinflussen. Es liefert uns zugleich eine Erklärung für das augenblickliche Verschwinden von Tumoren: Ebenso wie die Jenseitigen Geistwesen beim Apport Zustandsveränderungen der den Gegenstand bildenden Energie vornehmen können, vermögen sie eine Geschwulst durch Beschleunigung der Energieschwingungen, die sich in der molekularen Struktur des Tumors ausdrücken, aus einem Körper zu lösen.

10. Das Wesen der Jenseitigen Heilungsenergien

Wir wenden uns nun der Frage zu, wo die von den Jenseitigen Heilungsführern angewandten Energien, zum Beispiel für eine Auflösung oder für eine Kräftigung, herrühren. Eine endgültige Antwort können wir hierauf nicht geben, aber die folgenden Möglichkeiten bieten sich als wahrscheinlich an.

Der Mensch kann nunmehr das Atom spalten, wie wir durch die Atombombe und die industrielle Nutzung der Kernenergie wissen. Durch den Beschuss von Atomkernen mit Neutronen wird dieser aufgebrochen und der darin enthaltene, sehr grosse Energievorrat wird frei. Gleichzeitig werden weitere Neutronen freigesetzt, die eine Kettenreaktion bei anderen Atomkernen verursachen. Dies bedeutet, dass der Kern und die Elektronen in den ursprünglich energetischen Zustand der Materie zurückversetzt werden –in einen Zustand, wie er beispielsweise auch in den Sonnen zu finden ist.

Der Mensch benötigt zur Spaltung des Atoms eine mächtige Apparatur. Dürfen wir den Jenseitigen Intelligenzwesen nicht zutrauen, dass sie dasselbe erreichen können, aber mit weit einfacheren Mitteln? Der Mensch überwindet die das Atom zusammenhaltende Kraft mit Hilfe irdisch-physikalischer Energien, nämlich der Neutronenstrahlung. Den Jenseitigen Heilungsführern mit ihren überlegenen Kenntnissen stehen hierfür entsprechende Ebenbilder aus der Jenseitigen Ebene zur Verfügung. Wenn wir unterstellen wollen, dass es in der Jenseitigen Welt so etwas wie „Dinge" gibt, so müssen diese aus irgend etwas bestehen. Im Hinblick auf die enge Verwandtschaft zwischen den Jenseitigen und den irdisch-diesseitigen Erscheinungen ist naheliegend, dass die Substanzen der Jenseitigen Ebene aus solchen Energien gebildet sind, die den bei uns vorkommenden Energien ähneln, aber eine andere Frequenz aufweisen. Sie sind zwar das genaue Ebenbild der irdischen Energien, jedoch in nichtstofflicher Form.

Alles, was seinen Ursprung im Geist hat, ist Geist. Es ist nichts Stoffliches. Daher sind auch die von den Jenseitigen Intelligenzwesen für die Heilung ausgewählten Energien zunächst nichtstofflicher Art. Bei der Geistheilung müssen sie aber zu einem bestimmten Zeitpunkt in ein ihnen entsprechendes irdisch-stoffliches Gegenstück übergehen. Eine solche Umwandlung kann nur geschehen, wo Jenseitiges mit irdischen Zuständen verschmilzt. Hier bietet sich der Heiler mit seiner Fähigkeit meditativer Ein-Stimmung als Mittler für die Umwandlung an. Er ist der „Transformator", in dem die Jenseitigen Energien in ihre irdische Entsprechung übergehen, um dann von den Geistführern an den Sitz der Krankheit im Patienten hineingelenkt zu werden. Viele Heiler haben übereinstimmend beschrieben, wie sie das Hindurchfliessen der Jenseitigen Energien bei der Kontaktbehandlung erleben und empfinden.

Man sollte sich jedoch nicht vorschnell zu feste Vorstellungen von diesem Vorgang machen. Vielleicht ist es auch so, dass die Geistheilungsenergien unmittelbar zum Patienten fliessen, ohne dass es der Hand des Heilers bedarf, um den Energiekreis zu schliessen. Es steht nur fest, dass die chemische Reaktion im Körper des Kranken herbeigeführt wird kraft des zwischen Heiler, Geistführer und Patienten bestehenden meditativen Ein-Klanges.

Bei der Fernbehandlung, wo keine räumliche Beziehung zu dem Kranken besteht, findet die Umwandlung Jenseitiger in diesseitige Energien im Geist-Ich des Patienten statt. Damit der Patient von den Jenseitigen Geistwesen etwas empfangen kann, muss er mit ihnen – über den Heiler – eingestimmt sein, damit die Umwandlung der Energien ganz natürlich vor sich gehen kann.

Alle diese Ausführungen unterstreichen die schlichte Rolle, die der Heiler bei der Geistheilung spielt, denn er besitzt seinerseits weder die Kenntnisse noch die Fähigkeiten, mit den aus der Jenseitigen Ebene stammenden Energien umzugehen. Er ist lediglich der Kanal, durch den die Heilungsenergien zu dem Patienten hinfliessen.

Wenn ein Heiler diese Gegebenheiten anerkennt, wird er ein umso besseres Werkzeug für die Jenseitige Welt. Er füllt seine einfache Rolle aus und versucht nicht, „aus sich heraus" zu heilen. Es ist verständlich, dass ein Heiler in seiner Liebe und seinem Mitempfinden zum Nächsten lieber einen grösseren Beitrag zur Geistheilung leisten möchte. Aber er muss lernen, damit zufrieden zu sein, dass er als Mittler der Heilungsenergien nur passives Werkzeug ist.

Überall, zwischen allen Seinsformen, den verschiedenen physikalischen Kräften, den biologischen Gattungen, bestehen fliessende Übergänge. So gibt es auch keine starre Trennungslinie zwischen der Jenseitigen und unserer irdischen Ebene, weder bei den Energien noch in irgendeinem anderen Bereich der lebenden Schöpfung.

11. Der Gedanke als Energie

Je mehr wir in die Hintergründe der Geistheilung eindringen, desto mehr erkennen wir, welche überragende Bedeutung dem Gedanken dabei zufällt.

Während unsere medizinische Wissenschaft ihre Ergebnisse mit Hilfe aufwendiger Apparate erreicht, arbeitet der Jenseitige Geist in weit einfacherer Weise, indem er das anwendet, was wir „Gedankenenergie" bzw. „Gedankenkräfte" nennen. Die Jenseitigen Helfer benutzen kein Stethoskop und kein Thermometer, sondern sie stellen ihre Diagnosen auf gedanklichem Wege. Das Heilungsgeschehen beginnt ferner mit der Aussendung einer gedanklichen Bitte. Durch diese Fürbitte wird auf dem Wege des Ein-Klanges mit der Jenseitigen Welt eine gedankliche Verbindung geschaffen - und während der Dauer der Behandlung aufrechterhalten.

Besonders bei der Fernbehandlung erkennen wir: *jede Geistheilung ist ein gedanklicher Vorgang.*

Mit Hilfe der Gedanken vermögen wir, Rechenaufgaben zu lösen, aus bekannten Tatsachen Schlussfolgerungen zu ziehen oder Antwort auf neu aufgekommene Probleme zu finden. Gedanken sind reale Dinge. Denn wenn Gedanken rein abstrakt, ohne greifbare Substanz wären, so liessen sie sich nicht im Gedächtnis einordnen und bei Bedarf wieder abrufen. Ein Nichts könnte vom Gehirn nicht gespeichert werden. Doch die Zahl der in unserem Gehirncomputer gesammelten Gedanken ist unendlich. Kein Gedanke geht je verloren, und selbst weit zurückliegende Erinnerungen, auf die wir uns im Wachzustand nicht mehr besinnen können, lassen sich unter Anleitung eines Psychiaters im Entspannungszustand aus dem Gehirn wieder hervorholen.

Gedanken sind nicht dasselbe wie Worte. Worte wenden wir nur an, um Gedanken einzukleiden. Wenn wir an etwas denken, so geschieht dies in Form von Bildern, die auf unserem inneren Bildschirm auftreten, oder von bruchstückhaften Informationen und Ideenblitzen. Umgekehrt verwandeln wir gehörte Worte in unseren Gedanken in ein Bild: Angehörige verschiedener Nationen sehen bei demselben Gedanken das gleiche Bild, auch wenn seine Wiedergabe in Worten in jeder Sprache anders lauten mag.

Steht ein Hellsichtiger in Verbindung mit der Jenseitigen Welt, so empfängt sein Bewusstsein (der Bildschirm) die Vision und die ihm zugehenden Eingebungen ebenfalls in Form von Bildern, die er in Worte übersetzt.

Von den meisten wissenschaftlichen Autoritäten wird nunmehr die Gedanken-Übertragung (Telepathie) zwischen zwei Personen als Tatsache anerkannt. Bei meilenweit voneinander entfernten Zwillingen hat man beobachten können, dass sie zur gleichen Stunde denselben Gedanken hegten, der sie zu einer bestimmten Tat veranlasste. Telepathie ist auch sehr häufig zwischen Eheleuten, wenn sie einander besonders eng verbunden sind. Selbst bei den verschiedensten Tiergattungen begegnen wir vielen Beispielen, die sich nur als eine aussergewöhnliche Form gedanklicher Verständigung deuten lassen.

Wie jede Erscheinung in diesem Universum sind auch die Gedanken eine Form von Energie. Ebenso wie der Schall und das Licht in jeder Wellenlänge ein bestimmtes abgrenzbares Etwas ist, so hat auch jeder Gedanke seine eigene, von unserem Bewusstsein wahrnehmbare Prägung.

Die verschiedenen Farben des Lichtspektrums und die verschiedenen Tonhöhen haben jeweils ihre eigene Schwingungsfrequenz. Unser Gehör nimmt Töne höherer Frequenzen als hohe und Töne niederer Frequenzen als tiefe wahr und kann zwischen den geringfügigsten Abweichungen unterscheiden. Es gibt Schallschwingungen mit hoher Frequenz, die zwar nicht mehr vom menschlichen Ohr, wohl aber von bestimmten Tieren gehört werden können. Wenn die Frequenz weiter beschleunigt wird, werden die Wellen schliesslich als Licht wahrgenommen, angefangen von Infra-Rot bis hin zum Ultra-Violett und darüber hinaus. Wird die Frequenz immer weiter beschleunigt, so führt dies schliesslich hin in den Bereich der Gedanken, einer wiederum von unserem Bewusstsein wahrnehmbaren Energieform. Ebenso wie sich in jedem verschiedenen Ton und in jeder Farbe bestimmte Frequenzen und Energieformen ausdrücken, schwingen auch die verschiedenen Gedanken in unterschiedlichen Frequenzen.

Die Energiefrequenz eines bestimmten Gegenstandes ist dieselbe, gleichviel ob sie geistig oder über die Sinne in unser Bewusstsein gelangt, und gleichgültig, ob sie im Bewusstsein eines Europäers oder eines Asiaten auftaucht.

Wenn Gedanken von einem Wesen zu einem anderen gelangen sollen, so geht dies nur unter Beobachtung gewisser Regeln: es muss eine genau gezielte Aussendung stattfinden über ein Mittel, das den Gedanken befördert.

Ziehen wir das Fernsehen zum Vergleich heran. Die Bilder werden in aufeinanderfolgende, bestimmte Energieimpulse umgewandelt und können nun, unter Beibehaltung ihrer unterschiedlichen Eigenschaften, weit reisen – selbst über Satellit –, um auf der anderen Seite des Erdballs vollkommen, mit allen ursprünglichen Einzelheiten, einschliesslich der Farbe, wieder auf den Bildschirmen zu erscheinen und wahrgenommen zu werden.

Bei der Geistheilung geht es viel einfacher vor sich. Wir haben das Geist-Ich des Heilers, der die gedankliche Bitte entsendet und den Jenseitigen Heilungsführern zum Beispiel Arthritisbeschwerden des Patienten mitteilt. Auch hier begegnen wir einer genau festgelegten Form von Gedankenenergie, die vom geistig eingestimmten Jenseitigen Helfer als „Arthritis" aufgenommen und verstanden wird.

Wir nannten die Energien den Werkstoff der Jenseitigen Wesen. Wir dürfen annehmen, dass sie Gedankenkräfte gebrauchen, um strukturelle Energien zum Einsatz zu bringen. Wir irdischen Wesen müssen alle für unsere Zwecke benötigten Stoffe letzten Endes aus der Erde holen, wir müssen nach Lehm graben und Steine herausbrechen. Niemand würde annehmen, dass die Jenseitigen Wesen dasselbe tun müssen. Wahrscheinlich brauchen sie durch ihr höheres Wissen und ihre grösseren Möglichkeiten nur schöpferische Gedankenenergien auszusenden, um die ursprünglich Jenseitigen Energien in die jeweils benötigten Stoffe umzusetzen.

12. Die verschiedenen Heilungsenergien

Die Jenseitigen Heilungsführer müssen Meister in der Handhabung der Geistheilungsenergien sein, denn sie setzen sie bei den unterschiedlichsten organischen Erkrankungen gezielt ein.

Es müssen notwendig verschiedene Energieformen sein, die so verschiedene Zustände auflösen können wie die Zellstruktur eines Tumors oder einer Missbildung und die Linsentrübung beim Grauen Star. Daneben existieren wahrscheinlich noch weitere Energiearten, und zwar solche zur Kräftigung und Unterstützung, zum Neuaufbau von Gewebe und zur allgemeinen Anregung. Die Jenseitigen Heilungsführer vermögen unsere seelischen wie auch unsere körperlichen Funktionen anzuregen. Sie können die Blutversorgung bestimmter Körperbezirke steigern wie zum Beispiel im Falle von Vergiftungen, Bindegewebsentzündungen und zum Abtransport von Ablagerungen. Sie können für die Belebung der Darmzotten sorgen, so dass die Verdauungstätigkeit gefördert wird. Ebenso beobachten wir, wie schwache und träge Nerven wiederbelebt werden.

Heilungskräfte zur Auflösung krankhafter Stoffe

Was ereignet sich bei der Geistheilung, wenn für die Überwindung einer Krankheit ein chemischer Vorgang notwendig ist?

Die gesetzmässig wirkenden Kräfte, die bei der Geistheilung die beabsichtigte Veränderung der krankhaften chemischen Substanzen bewirken, sind aus der Jenseitigen Ebene stammende Energien. Diese verändern die molekulare Struktur des krankhaften Gewebes. Dadurch kommt es entweder zu einer Auflösung des Krankheitsherdes oder aber zu dessen Umwandlung in gesundes Gewebe oder zu seiner Ausscheidung.

In unseren Krankenhäusern wenden unsere Ärzte mit gutem Erfolg die Tiefenbestrahlung zur Behandlung von Krebsgeschwülsten an, durch die die Krebszellen aufgebrochen werden sollen. Auch bei der Geistheilung beobachten wir, wie alle Krebszellen – mitunter augenblicklich – verschwinden. Folglich muss sich hier eine biochemische Umwandlung der Krebszellen vollzogen haben.

Vielleicht lässt sich solch ein thermischer Auflösungsprozess an der Lockerung eines durch Arthritis versteiften Gelenks am leichtesten erläutern. Einfachheitshalber wollen wir ein solches Gelenk betrachten, in dem und in dessen Umgebung der Blutstrom Schlacken aus den Zellen abgelagert hat. Das Gelenk lässt sich infolgedessen entweder gar nicht mehr oder nur noch geringfügig bewegen. Für den Arzt ist dies unheilbar.

Die arthritischen Ablagerungen bestehen hauptsächlich aus Calciumcarbonat, $CaCO_3$ einem einfachen Molekül, zusammengesetzt aus je einem Atom Calcium und Kohlenstoff sowie drei Atomen Sauerstoff. Infolge seiner einfachen Zusammensetzung lässt es sich chemisch leicht verändern, und zwar unter anderem durch Wärmeeinwirkung.

In dem Kapitel über die Diagnose haben wir bereits die Wärme kennengelernt, die von dem Heiler auf den Patienten übertragen wird. Sie ist der Ausdruck einer aus der Jenseitigen Ebene stammenden Energie, die wir körperlich wahrnehmen können. Sie wird für Heiler und Patienten nur spürbar, wenn ein bestimmter Anlass besteht und sie eine bestimmte Aufgabe erfüllen soll, eben im Fall der Arthritis die Calciumcarbonatablagerungen aufzulösen. Dass auch der Patient diese Wärme empfinden kann, beweist, dass die aus der Jenseitigen Ebene stammenden Heilungsenergien in eine Dimension umgewandelt werden, die auch für uns wahrnehmbar ist.

Geistheilung kann ein solches Gelenk wieder beweglich machen, und zwar entweder sofort oder allmählich. Bei öffentlichen Geistheilungssitzungen kann oft die spontane Heilung chronischer arthritischer Zustände beobachtet werden. Es kann nicht anders sein, als dass hier die blockierenden Fremdstoffe aus dem Gelenk entfernt worden sind. Wo die Heilung eine gewisse Zeit benötigt, vollzieht sich die Entfernung schrittweise. In jedem Fall wird jedoch der chemische Zustand des erkrankten Gelenkes verändert, mit der Folge, dass die arthritischen Ablagerungen aufgelöst und durch das Blut abtransportiert werden.

Bei chronischer, bereits lange bestehender Erkrankung pflegt die Arthritis sich in die benachbarten Gewebe auszudehnen. Dadurch verkümmern die Sehnen, sie verlieren ihre Elastizität und ziehen sich zu Knoten zusammen, so dass sich die Glieder trotz des wieder freien Gelenkes nur eingeschränkt bewegen können. Auch auf die Molekularstruktur der angrenzenden Gewebe und Sehnen richtet der Jenseitige Heilungsführer eine Energie, die die Moleküle aufbrechen und die Verwachsungen aus der ganzen, in Mitleidenschaft gezogenen Nachbarschaft entfernen kann. So werden die Gewebe wieder frei, und die Sehnen können wieder arbeiten. Selbstverständlich verläuft der Vorgang nicht ganz so einfach wie in dieser Schilderung.

Einmal: Wenn die auflösende Kraft nur das Calciumcarbonat treffen würde, blieben etwaige sonstige Schadstoffe unberührt, die noch genügend Unheil anrichten könnten. Folglich können die Jenseitigen Heilungsführer die gesamte molekulare Struktur analysieren und beurteilen und lassen solche auflösenden Energien einwirken, die zugleich alle anderen vorhandenen, krankhaften Strukturen mitauflösen oder umwandeln.

Zweitens: Die auflösenden Energien müssen mit grosser Sorgfalt und Umsicht eingesetzt werden, damit sie nur – um bei dem Beispiel der Arthritis zu bleiben – das Calciumcarbonat der krankhaften Moleküle aufbrechen, dagegen aber das für den gesunden Knochenaufbau notwendige Calciumcarbonat unberührt lassen.

Der eigentliche Vorgang der Auflösung der verhärteten Ablagerungen kann sich in Sekunden vollziehen, oft restlos. Wenn es in solchen Fällen länger dauert, bis der Arm wieder voll beweglich wird, so deshalb, weil das so lange versteifte Gelenk zunächst geübt und wieder angeregt werden muss, während die eigentliche Heilung bereits abgeschlossen ist. Ebenso braucht auch ein verrostetes Metallscharnier nach dem Ölen etwas Bewegung, bis es wieder frei arbeiten kann.

Heilungskräfte zur Stärkung

Wir hören oft, dass ein bereits aufgegebener Patient durch Geistheilung wieder derart gekräftigt wurde, dass die Ärzte vor einem Rätsel standen. Wie kommt es, dass sich überhaupt bei weitaus den meisten Patienten das Allgemeinbefinden durch Geistheilung erheblich bessert? Weil Leib und Seele mit belebender und stärkender Energie versorgt worden sind.

Wenden wir uns daher dem weiten Gebiet von Krankheiten zu, bei denen die Geistheilung dem Patienten Energien zur Kräftigung, Unterstützung und zum Aufbau spendet. Soweit wir wissen, bestehen diese Energien nicht aus stofflichen Molekülen.

Als Beispiel wählen wir die perniziöse Anämie (Vitamin B_{12} – Mangel) und die Unterernährung. Die erstere Krankheit ist meist durch den Mangel an notwendigen Nährstoffen in der Kost oder deren unvollständige Verarbeitung im Verdauungssystem verursacht. Als Folge verlieren die roten Blutkörperchen die Fähigkeit, den Sauerstoff zu allen Zellen des Körpers hinzutransportieren. Dies führt zu Schwäche, Ermüdungszuständen, Störung der Körperfunktionen und allgemeiner Niedergeschlagenheit.

Die roten Blutkörperchen bestehen hauptsächlich aus dem Eiweiss Globin und dem eisenhaltigen Farbstoff Hämin; der starke Mangel an diesem Hämoglobin im Blut ist das Merkmal der Anämie sowie einer Reihe anderer Mangelerkrankungen.

Die Zellen werden in einem sehr verwickelten Prozess durch Eiweisse ernährt. Jede Art von Eiweiss-Molekül besteht aus einer sehr komplizierten Kette von Energie-Bausteinen, nämlich von Hunderten oder sogar Tausenden von Aminosäuregruppen, die in bestimmter Ordnung miteinander verbunden sind. Jede Gruppe von Körperzellen braucht je nach ihrer Funktion eine eigene Eiweissart zu ihrer Ernährung.

Wenn unsere Wissenschaftler imstande sind, die vielen Arten von Aminosäuremolekülen zu unterscheiden, dann können es sicherlich auch unsere Jenseitigen Führer mit ihrem weit grösseren Wissen. Wenn Zellen an Unterernährung oder Aushungerung leiden, da sie nicht mit dem jeweils notwendigen Nährstoff versorgt werden, können die Jenseitigen Heilungsführer diesen Mangel feststellen und die Zellen mit dem erforderlichen Eiweiss versorgen. So verleiht die Geistheilung dem Patienten neue Kraft und Lebensfülle, das Gewebe wird wieder aufgebaut und die gesunden Körperfunktionen kehren zurück. Selbst von den Ärzten oft als unheilbar bezeichnete Blutkrankheiten werden überwunden.

Die Geistheilung verläuft nicht nach feststehenden Regeln. Die Jenseitigen Führer können das jeweils beste Verfahren anwenden. Sie versuchen in erster Linie, zur Grundursache des Leidens vorzudringen und sie zu beheben. Wenn dies jedoch nicht möglich ist, besteht die zweite Aufgabe der Geistheilung darin, wenigstens die bösen Auswirkungen zu beheben. Dies geschieht im Falle der Anämie durch den Ausgleich des gestörten Körperhaushalts und die Wiederherstellung des gesunden Stoffwechsels.

Betrachten wir noch kurz den Verdauungsvorgang. Wenn die Speisen in den Magen gelangt sind, werden sie geknetet und erhalten Zusätze von Enzymen und Säuren, die mit der Zerlegung der Nahrung in ihre einzelnen Moleküle beginnen. So entsteht ein dicker Speisebrei, der in den Darm eintritt. Im Darm wird er weiter verdaut, indem die komplizierten Kohlehydrate in einfache Zuckermoleküle und die Eiweisse in ihre Aminosäurebestandteile aufgebrochen werden. Nun sind die Nährstoffe genügend zerkleinert, so dass sie die Darmwände durchdringen können. Die Darmwände sind mit unzähligen kleinen Ausbuchtungen, den Darmzotten, versehen, wo die Nährstoffe in das Blutumlaufsystem des Körpers gelangen.

Diese oberflächliche Schilderung mag für unsere Zwecke genügen. Den Heiler interessieren mehr die Störungen der Darmfunktion, zum Beispiel die Verstopfung oder die unvollständige Verdauung der Speisen.

In solchen Fällen vermögen die Jenseitigen Führer mit ihren genauen Kenntnissen vom Chemiehaushalt des menschlichen Körpers die jeweils erforderlichen Energien dorthin zu lenken, wo sie gebraucht werden, etwa zur Schaffung mangelnder Verdauungssäfte oder zur Anregung träge gewordener Darmzotten. So wird oft die richtige Verdauung wiederhergestellt und der Patient von lang andauernden, schmerzhaften Zuständen befreit.

Betrachten wir nun die Fälle von Muskel- und Gewebeschwund, eine häufige Folge von Lähmungen, bei denen die Zellen schwach und träge geworden sind und sich nicht erneuert haben. Auch hier kann die Geistheilung dem Körper durch Jenseitige Energien gerade das zuführen, was ihm fehlt.

Heilungskräfte zur Überwindung psychischer Störungen

Man ist sich heute darüber einig, dass die eigentlichen Ursachen der meisten organischen Krankheiten in psychischen Nöten, Frustrationen und seelisch-geistigen Fehlhaltungen liegen. Hier kann eine Heilung erst eintreten, wenn die innere Ursache der Krankheit beseitigt ist. Der Jenseitige Heilungsführer nimmt über die meditative Ein-Stimmung des Heilers Verbindung mit dem Patienten auf und vermag so, durch das Geist-Ich des Patienten, die Ausstrahlung seines gestörten inneren Gleichgewichtes wahrzunehmen, das die eigentliche Ursache der Krankheit enthüllt.

Da Gedanken konkrete Energieformen sind, kann hier ein in der Naturwissenschaft bisher nicht gebräuchlicher Vorgang stattfinden, nämlich die Veränderung eines Geisteszustandes auf dem Wege, dass man dem Patienten Gedankenenergie in Form neuer, richtungsweisender Gedankenbilder zuleitet, die mit dem bisherigen Geisteszustand verschmelzen, und so die Grundstimmung im Patienten verändern.

Ebenso wie in der Chemie das Einwirken einer Form molekularer Energie auf eine andere deren Zustand verändern kann, vermag sich der entsprechende Vorgang hoch oben in den Bereichen der Gedanken-Energieformen zu vollziehen. Das heisst, es verschmilzt eine gezielt eingeführte Gedankenenergie mit der bisher vorhandenen, so dass sich eine Umwandlung des Bewusstseinsbildes ergibt.

Wir können uns die Gedankenstrukturen als aus „Gedankenmolekülen" zusammengesetzt vorstellen, die ihrerseits aus nicht-irdischen, sondern geistigen „Atomen" bestehen. Dies würde erklären, auf welche Weise ein Gedankenfluss einen anderen beeinflussen kann, so dass beispielsweise Frustrationen überwunden werden können.

So werden von den Jenseitigen Geistführern zu dem Patienten Gedankenenergien entsandt, die dessen Seele besänftigen und ausgleichen. Damit ist die Ursache der Krankheit überwunden und es wird nunmehr ein leichtes, auch die organischen Symptome zu beseitigen.

13. Kosmische Energien

Die bewusste Aufnahme der kosmischen Energien

Ausser den aus der Jenseitigen Ebene stammenden Geistheilungsenergien gibt es noch Kräfte, die im diesseitig-stofflichen Bereich existieren, die im Überfluss vorhanden sind und die wir uns zunutze machen sollten. Man kann sie aber auch als ein Mittelding und Bindeglied zwischen den irdischen und Jenseitigen Energien ansehen. Wir möchten sie die kosmischen Kräfte nennen.

Diese kosmischen Kräfte umfluten uns überall. Ihr Vorhandensein lässt sich am Beispiel eines Baumes am besten erklären. Der Baum lebt nicht allein von der Nahrung, die er mit den Wurzeln aus der Erde aufsaugt (und die unserem Essen und

Trinken entspricht). Seine volle Lebenskraft und Gesundheit beruhen vielmehr auf all den Kräften, die er durch die Atmung seiner Blätter in sich aufnimmt. Er absorbiert die Sonnenstrahlen durch das eigens dafür geschaffene Chlorophyll ebenso wie auch andere heilsame Kräfte, die ihn unausgesetzt umströmen.

So wie der Baum leben auch wir in einem Meer lebensspendender Energien, und nehmen sie täglich unbewusst in uns auf. Sie sind die lebensspendende Kraft, sie vermitteln uns strahlende Gesundheit und Stärke und jenes übersprudelnde Lebensgefühl, dass man vor Freude in die Luft springen möchte.

Wir müssen sie uns nur bewusst zuführen in unserer Atmung, um sie voll auszuschöpfen und unsere Kraftreserven bis zum Rande aufzufüllen.

Unser Körper besitzt ein sehr wichtiges Zentrum, das Empfänger und Kanal für die Kosmische Energie ist und mit der Geistheilung in engem Zusammenhang steht. Sein Austrittspunkt, mit dem es die Energien aufnehmen kann – gleichsam seine „Antenne" – liegt am oberen Nasenrücken, auf einer Verbindungslinie zwischen Nasenwurzel und Stirnknochen. Man könnte ihm den Namen einer „medialen Drüse" geben, denn es hat Beziehung zur Zirbeldrüse und den endokrinen Drüsen ebenso wie zum Gehirn. Ein von diesem Zentrum ausgehendes „drittes" System durchsetzt das Gewebe in ähnlicher Weise wie unsere Nerven- und Blutbahnsysteme mit ihrer verwickelten Anordnung von Hauptadern und Kapillaren bzw. Nervensträngen und -verzweigungen.

Der von dem „medialen" Zentrum ausgehende Haupt„kanal" läuft unser Rückgrat und dessen Abzweigungen hinunter, bzw. in den Kopf und das Gehirn hinauf, so dass alle Körperteile erreicht werden. Von diesem Zentrum hängt das Allgemeinbefinden des Körpers ab, mit seiner Hilfe erweitern wir das Wissen über uns selbst.

Dass dieses Zentrum an der Zirbeldrüse vermutlich zugleich das Tor zwischen dem Jenseitigen Geist und dem irdischen Körper ist, und dass die Jenseitigen heilenden Einflüsse und Kräfte an dieser Stelle in den Körper geleitet werden, wird noch behandelt werden.

Ist das „mediale Zentrum" gut mit kosmischer Energie versorgt, so fühlen wir uns voller Leben und Schwung. Aus diesem Grunde ist das bewusste und zielgerichtete Atmen so stärkend und segensreich. Geistheiler wissen, wie sie sich durch langsame, behutsame, nicht heftige, aber volle Atemzüge mit kosmischer Kraft füllen können. Es ist nur wichtig, dass sie bewusst diese Energien aufnehmen und sich beim Ausatmen dessen bewusst sind, unsaubere Stoffe und Schwäche loszuwerden. So sollten auch Heiler und Patient nach einer Behandlungssitzung einige Augenblicke auf das bewusste und gezielte tiefe Atmen verwenden, wodurch sie ein etwaiges Erschöpfungsgefühl überwinden und ihren Vorrat an Lebensenergie wieder auffüllen können. So lässt sich die Spannkraft unmittelbar wieder beleben, und der Heiler sollte dies einem jeden Patienten beibringen, gleichviel an welcher Krankheit er leidet.

Bei der frischen Luft wissen wir instinktiv, wie gesund sie für uns ist und atmen Ozon und Sauerstoff sofort tief ein, wenn uns an der See die frische Meeresluft umweht. Manche Menschen können Energie aus Bäumen und bestimmten Büschen mit glänzenden Blättern bewusst aufnehmen. Deshalb sind zum Beispiel Gegenden mit Kiefernwäldern so heilsam für Lungenkranke, und man errichtet ihnen dort Sanatorien. Bei den kosmischen Energien haben wir diesen Instinkt nicht, dennoch sind sie von gleicher Bedeutung für uns.

Ein jeder, der von Lebenskraft überströmt, besitzt diese kosmischen Energien im Überfluss. Er braucht kein Geistheiler zu sein, um sie auf einen Patienten übertragen zu können. Wie oft spricht ein Kranker aus, dass er sich so wohl fühle, seit ein vitaler Besucher bei ihm gesessen habe. Der Kraftfluss vollzieht sich ganz unbewusst von dem Besucher aus, nur ausgelöst durch sein Mitgefühl und seine Sympathie für den Kranken. Umgekehrt kann man in Gegenwart mancher Menschen die Empfindung haben, als zögen sie alle Kraft von einem ab.

Das magnetopathische Heilen

Der magnetopathische Heiler vermag seinen Überfluss an kosmischen Energien gezielt zu übertragen, indem er seine eigenen Schwingungen auf die des Patienten einstimmt und seine Kraft zu diesem hinüberfliessen lässt. Dazu ergreift er die Hände des Kranken. Aber dieses Händehalten ist nicht einmal entscheidend, denn mancher Patient fühlt sich schon besser, sobald ein Mensch mit dieser Energie ihm nur nahekommt.

Magnetisches Heilen kann für einen geschwächten Patienten sehr hilfreich sein, ist aber keine Geistheilung. Die gespendeten Energien kommen nicht aus einer Jenseitig-Geistigen Quelle, sondern sind rein irdischen Ursprungs. Zuweilen allerdings können magnetisches Heilen und Geistheilen ineinander übergehen, so dass man nicht feststellen kann, wo das eine anfängt und das andere aufhört.

Wenn ein magnetopathischer Heiler zu viel von seiner Kraft auf einmal abgegeben hat, fühlt er sich ausgelaugt und erschöpft, und er muss seine Kraftreserven wieder aufbauen. Dieses „Wiederaufladen" geschieht durch gezieltes Einatmen der kosmischen Energie.

Kapitel 7

DIE INTELLIGENTE EIGENSTEUERUNG IM KÖRPER

1. Vorbemerkung

Für unseren Körper gilt dasselbe Gesetz, das im ganzen Universum Platz greift: nichts geschieht durch Zufall, hinter jeder Zustandsveränderung steht eine ursächliche Steuerung. Selbst ein Augenzwinkern hat seine Ursache. Was macht uns zwinkern? Es kann ein unbewusstes Zwinkern zur Reinigung des Auges oder zum Schutz vor grellem Licht sein. Es kann ein instinktives Zwinkern aus Angst vor Bedrohung oder vor Schreck bei dem Knall einer Explosion sein. Oder wir zwinkern absichtlich, um einen Spass zu unterstreichen oder um zu einem Flirt einzuladen. Demütige Menschen werden Kopf und Augen senken, während Hochmütige sie mit herausforderndem Blick offen halten.

Im menschlichen Körper gibt es Nerven, die unbewusst tätig werden, wie zum Beispiel diejenigen, die unsere Verdauung überwachen. Sie benötigen keinen unmittelbaren Auftrag, um ihre Aufgabe zu erfüllen, und werden nicht durch den Gehirncomputer gesteuert. Neben diesen autonom arbeitenden Nerven gibt es andere, die nur auf Veranlassung eines vom Gehirn erteilten Auftrages tätig werden.

Dieses Kapitel versucht nachzuweisen, dass unserem Körper ausser dem Gehirn noch anderweitige „intelligente" Steuerungssysteme innewohnen, welche ebenfalls einen unmittelbaren Bezug zum Heilungsgeschehen haben, und von den Jenseitigen Heilungsführern genauso herangezogen werden können wie das menschliche Bewusstsein.

Wie zum Beispiel das Herz sein eigenes Nervensystem hat und empfindlich bei seelischen Enttäuschungen reagiert, führt jede unserer Zellen ein Eigenleben. Sie hat eine eigene Aufgabe und quasi eine eigene Intelligenz, die durch das hormonale Hypophysensystem beeinflusst wird. Es gibt also als weiteres wichtiges Steuersystem neben unserem Gehirn bzw. unserem Verstandesbewusstsein ein intelligenzhaftes, dem Körper innewohnendes Eigenbewusstsein.

Die Annahme, dass wir neben dem Gehirn und dem hormonalen Steuersystem noch eine intelligente körperliche Eigen-Bewusstheit besitzen, ist von grösster Bedeutung für den Geistheiler und seine zukünftigen Heilungsmöglichkeiten.

2. Die Wundheilung

Am Beispiel der Wundheilung wollen wir zeigen, wie die intelligenzhafte Eigensteuerung des Körpers arbeitet. Unmittelbar nach der Verletzung erhält das Herz die Weisung, den Blutdruck herabzusetzen, um die Blutung möglichst schwach zu halten. Die Blutgerinnung wird beschleunigt. Befehle gehen zur Milz, ihren Blutvorrat – auch zur Erhöhung der Zahl der weissen Blutkörperchen – in den Kreislauf abzugeben. An der Wunde selbst sind die Gewebe verletzt, die Nerven- und Blutgefässe zerrissen, es droht eine Invasion von Krankheitskeimen. Die körperliche Selbststeuerung ist sich der Gefahr bewusst und entsendet ständig Nachschub an Leukozyten, das heisst, an weissen Blutkörperchen, Phagozyten und Makrophagen, um die Bakterien zu verschlingen, die toten Zellen aufzuzehren und andere Unsauberkeiten fortzuräumen. Lymphflüssigkeit und Blutplasma werden freigegeben, um die Wunde feucht zu halten. Die erste Phase nach der Verletzung besteht in der Reinigung der Wunde und dem Schutz vor Blutvergiftung. Alle diese Massnahmen vollziehen sich nach einem folgerichtigen System.

Normalerweise zeigt das Blut keine Gerinnung, sondern erst im Falle der Verletzung. Hierzu werden die in unserem Blut enthaltenen Gerinnungskörperchen, die Thrombozyten, nach Bedarf an die Wunde entsandt. Sie füllen deren Oberfläche aus und schaffen eine als Thrombin bezeichnete Substanz, aus der sich eine eng anschliessende Masse bildet, das Fibrin. Dieses verschliesst die offenen Blut- und Lymphgefässe und verhindert somit das Eindringen schädlicher Bakterien.

Von den kapillaren Blutgefässen strömen die weissen Blutkörperchen aus, um die Wunde von bereits eingedrungenen Keimen und Verunreinigungen zu säubern. Von diesen weissen Blutkörperchen besitzen wir bereits Millionen, doch bei einer sehr schweren Verletzung ergeht an das Knochenmark der Befehl zur beschleunigten Bildung und Nachlieferung. Ist der Bedarf an weissen Blutkörperchen gedeckt, so lässt ihre Bildung nach, damit sich die Blutzusammensetzung nicht verschiebt.

Dies sind nur einige der komplizierten Mechanismen, die im ersten Stadium stattfinden, ehe dann die eigentliche Wundheilung einsetzt.

Diese beginnt, indem das Fibrin sich an der Oberfläche der Wunde ansetzt und als eine Art Gerüst eine pflasterartige, dünne Haut bildet. Es ist eine lebende Substanz, und sehr bald wird diese Haut kräftiger. Da in der Wunde kein Blutkreislauf stattfindet, wird diese Substanz als Nährstoff für die neuen Zellen verwendet.

Zur weiteren Heilung wird nun eine ständige Zufuhr von Stoffen erforderlich, die von anderen Körpergegenden abgezogen werden, wo sie am besten entbehrt werden können. Gewebe werden an anderen Stellen abgebaut und in Aminosäuren aufgespalten, die zur Wunde befördert werden.

Schliesslich wird das Granulationsgewebe gebildet, die Kapillargefässe, Nervenenden und Muskelfasern wachsen nach und werden angeschlossen. Unter dem Wundschorf verlängern und strecken sich die Hautzellen, bis eine neue Hautschicht entsteht, der schliesslich die Bildung der kräftigeren äusseren Haut folgt. So vollzieht sich alles bis zum vollständigen Abheilen der Wunde in folgerichtigem und systematischem Verlauf.

Die Wundheilung ist wie ein Feldzug, für dessen Leitung und Durchführung eine Intelligenz als Befehlshaber vorhanden sein muss. Wer erteilt die erforderlichen Weisungen? Offensichtlich nicht das Verstandes-Bewusstsein des Verletzten. Sie müssen von einer dem Körper innewohnenden Instanz ausgehen, die sich der Möglichkeiten des Körpers bewusst ist, die zum Beispiel Stoffe von einer im Augenblick wenig bedrängten Stelle abzieht, ohne dass der Patient im ganzen geschwächt wird, und die für die Zuführung von Thrombozyten und Leukozyten sorgt. Alles dies zeigt das Bild einer so schöpferischen und konstruktiven Tätigkeit, dass sie die für den Bau einer Hängebrücke oder eines zwanzigstöckigen Wohnblocks erforderliche Planung und Durchführung in den Schatten stellt. Diese Operation als „Reflex" oder „instinktiv" abzutun, wäre nur eine Ausflucht. Solche Leistungen zu planen und die entsprechenden Hilfskräfte einzusetzen, die den Entwurf in die Tat umsetzen, vermag nur eine überlegene, steuernde Instanz. Dies kann nur eine unserem Körper innewohnende, intelligenzhafte Selbststeuerung sein.

3. Die Überwindung von Infektionen

Ansteckende Krankheiten wie etwa die Grippe sind ein weiteres Beispiel, wie ein höchst ausgeklügelter Feldzug gegen die eindringenden Keime ausgetragen wird. Er kann mit einem grossen Schlachtplan verglichen werden, nur mit dem einen Unterschied: der Kampf auf dem Schlachtfeld ist ein Taktieren und Ringen mit dem Ziel gegenseitiger Aufreibung, und dieses Ziel wird in der Regel erreicht. Beim Kampf im menschlichen Körper dagegen wird „Frieden" wieder hergestellt, indem durch die Bildung von Antikörpern eine Abwehr gegen künftige ähnliche Bakterieneinfälle aufgebaut wird.

Unser Wohlbefinden wird ständig von Gefahren bedroht. Mit jedem Atemzug versuchen zahllose Keime, sich in unserem Körper festzusetzen und auszubreiten. Selbst Essen und Trinken können eine Ansteckung mit sich bringen. Mit der

Schlachtung eines Tieres beginnt bereits seine Verwesung, und infizierte Milch hat sich als eine der Ursachen für Tuberkulose erwiesen. Erst die Pasteurisation der Milch hat diese Gefahr weitgehend beseitigt. Obwohl Bakterien fortwährend in unseren Körper eindringen, erkranken weniger Menschen, als zu erwarten wäre. Dies hat folgende Gründe:

Zum Kampf gegen das Eindringen schädlicher Bakterien sind mehrfach gesicherte Verteidigungslinien aufgebaut, die einer intelligenten Steuerung unterstehen. Die Verteidigung wird durchgeführt von den Leukozyten, die die Eindringlinge angreifen und auffressen. Sie werden dann ihrerseits von den Phagozyten und Makrophagen entfernt, die das „Schlachtfeld" säubern. Ist eine Leukozytenwelle im vollen Einsatz, so tritt eine weitere Welle zum Kampf an. Von den Knochenmarkfabriken werden immer mehr weisse Blutkörperchen als Abwehrreserven angefordert und nach und nach in den Kampf entsandt. Die gesamte Schlachtszenerie wird von einer „befehlenden Intelligenz" überschaut, die den Schlachtplan aufstellt und die Reserven nach Bedarf einsetzt. Sobald die Bakterien umzingelt und von allen Seiten angegriffen sind, ist das Ende der Infektion abzusehen.

Inzwischen haben die weissen Blutkörperchen gelernt, mit der jeweiligen Bakterienart fertig zu werden, und diese Erfahrung geht nicht verloren. Eine Gruppe von „Spezialkämpfern" wird in Reserve gehalten, um die betreffende Bakterienart im Fall ihres Neueindringens zu bekämpfen. Auf diese Weise kommt es zur Immunität gegen eine einmal überstandene Infektionskrankheit.

Zwar ist das Gehirn das Zentrum eines grossartigen Verständigungssystems und vermag auch Anweisungen zu geben. Wir dürfen aber davon ausgehen, dass ihm das Eindringen von Krankheitskeimen erst dann bewusst wird, wenn diese sich im Körper festgesetzt und Krankheitssymptome ausgelöst haben. Das Verteidigungssystem wird aber bereits unmittelbar nach dem Eindringen der Keime tätig, und dies ereignet sich unzählige Male im Laufe unseres Lebens, ohne dass wir uns irgendwelcher Krankheitssymptome gewahr werden, weil die Leukozyten ihre Aufgabe erfolgreich beendet haben, bevor das Gehirn von der drohenden Gefahr erfuhr.

Wir müssen somit das Vorhandensein eines dem Körper innewohnenden Eigenbewusstseins gelten lassen. Ehe wir aber einen Schritt weitergehen und untersuchen, wie wir uns dieses bei der Geistheilung zunutze machen können, sei dargestellt, welche Aufgaben das Gehirn für uns versieht.

4. Das Gehirn

Es ist nicht der blinde Mechanismus des Gehirns, der die einleitenden Befehle erteilt, die den genauen Bedürfnissen an der Verletzungs- oder Infektionsstelle gerecht werden, und auch das Bewusstsein des Verletzten wird nicht tätig. Die leitende Steuerung muss die Aufgabe einer uns ausserhalb des Gehirns und des Verstandesbewusstseins innewohnenden, intelligenzhaften Kraft sein: Nämlich des körperlichen Eigenbewusstseins.

Unser Gehirn ist ein wunderbarer Computer. Eine unendlich grosse Anzahl von Nerven füttert ihn mit Informationen. Die Nerven nehmen jede Berührung, jedes Geräusch auf. Unsere Sinne bombardieren unser Gehirn mit Eindrücken über alles, was wir sehen, anfassen, hören, schmecken oder riechen. Unsere Augen erfassen ein in jedem Augenblick wechselndes Bild. Tausende von Gehörnerven werden gleichzeitig tätig beim Anhören von Musik, empfangen klar jeden einzelnen Ton und übertragen ihn zum Gehirn, von wo aus er als „Erfahrung" zum Bewusstsein weitergeht. Zugleich wird ein endloser Fluss von Eindrücken des Tastsinnes dem Gehirn übermittelt: die Enge der Schuhe, das Anliegen der Kleider auf der Haut, der Druck des Stuhles, usw. Die Empfindsamkeit des Tastsinns ist so fein, dass wir ein winziges, auf einem unserer Haare entlanglaufendes Insekt sofort spüren.

Neben den geschilderten Eindrücken werden dem Gehirn ständig unzählige Botschaften eingefüttert, die es über den Funktionsablauf jedes Organsystems und jedes Körperteils verständigen. Selbst wenn alle Körperfunktionen normal und reibungslos verlaufen, bleibt das Gehirn darüber unterrichtet. Es nimmt alle Vorgänge im Körper wahr, den Herzschlag, das Atmen usw., und überwacht sie ständig, ohne dass uns dieses bewusst zu werden braucht. Das Gehirn kontrolliert als Ausführungsorgan der intelligenten körperlichen Selbststeuerung den ordnungsgemässen Ablauf aller Funktionen. Auch wenn von aussen ein Eindruck kommt, der in die empfindlich reagierende Tätigkeit unseres inneren Haushalts eingreift, wird das Gehirn unterrichtet, und Gegenmassnahmen werden eingeleitet.

Das Gehirn empfängt Nachricht von allen unseren Kenntnissen, Erfahrungen und Eindrücken und vermag die Informationen zueinander in Beziehung zu setzen. Unser Gehirn ist das Werkzeug unseres denkenden Selbst. Abgesehen von der unterbewussten Kontrolle der inneren Körperfunktionen besitzt das Gehirn keine ausführende Tätigkeit.

Tätig wird jedoch die intelligenzhafte Eigensteuerung des Körpers, auch unabhängig voneinander, wobei sie sich alle vom Gehirn aufgezeichneten Eindrücke zunutze macht. Zum Beispiel: wird der an verschiedenen Körperstellen abgelagerte Fettvorrat als Betriebsstoff für den Körper gebraucht, so entscheidet die körperliche Selbststeuerung und nicht das Gehirn darüber, wo das Fett hergenommen und wie es in den Verdauungsapparat befördert werden soll. Haben wir zu viel Vitamine zu uns genommen oder ist unser Zuckerspiegel zu hoch, kann nur eine intelligenzbegabte Oberaufsicht das Mass des Zuviel feststellen. Solches aktives Eingreifen erfordert Leitungs- und Entscheidungsfähigkeiten, die weder das Gehirn noch das Verstandesbewusstsein besitzen.

5. Das Bewusstsein

Unser Bewusstsein lässt sich mit einem Bildschirm vergleichen, der Gedankenbilder empfangen kann. Alle körperlichen Erfahrungen, wie Sinneseindrücke, Erinnerungen und angesammeltes Wissen ebenso wie Handlungsimpulse werden als Eindrücke auf diesem Bildschirm von unserem Verstand erkannt, begutachtet und bewertet und zur Grundlage unserer Handlungen gemacht.

Die Klänge eines Konzerts zum Beispiel werden von unserem Ohr über die Gehörnerven dem Gehirn übermittelt, von wo aus sie in ein bewusstes Sinneserlebnis umgewandelt werden. Oder dem Gehirn wird eine Verletzung gemeldet. Es kommt zur Schmerzempfindung, und diese wird vom Bewusstsein als Eindruck aufgezeichnet. Können wir die Wunde und alle Reaktionen, die sich in ihr abspielen, mit dem Auge sehen, so wird das dem Bewusstsein übermittelte Bild ein um so lebhafteres und vollständigeres sein. Das Bewusstsein wird aber nur über die Vorgänge an der Wunde unterrichtet, die von unseren Sinnen wahrgenommen werden. Es wird nicht des vollen Geschehens gewahr, wie zum Beispiel des Kampfes der Leukozyten und ihres Einsatzes gegen eine etwaige Entzündung.

Zwischen dem Verstandesbewusstsein und dem intelligenten Eigenbewusstsein des Körpers besteht ein wunderbares Zusammenspiel. Ist uns ein körperlicher Vorgang bewusst geworden, so können wir verstandesmässig die intelligente Selbststeuerung des Körpers zu bestimmten Reaktionen hinlenken. Deshalb haben die Jenseitigen Heilungsführer hier eine Möglichkeit, über das Bewusstsein des Patienten an dessen körperliche Selbststeuerung Anweisungen zu erteilen.

6. Die Zirbeldrüse

Jede leitende und lenkende Intelligenz muss ein Zentrum haben, von dem aus sie tätig wird. Über den Sitz des Zentrums der körperlichen Eigenintelligenz gibt es keinen sicheren Beweis, aber ich halte die folgenden Überlegungen für nachdenkenswert: Zwischen dem körpereigenen Bewusstsein, dem Verstandesbewusstsein, dem Seelenbewusstsein sowie dem Gehirn des Menschen bestehen enge Verbindungen. Sonst wäre Geistheilung unmöglich. Es muss ein Zentrum geben, in dem der vom Jenseitigen Geist ausgehende Gedankenantrieb aufgenommen und in eine körperlich-materielle Wirkung umgeformt wird. Dieses Zentrum vermuten wir in der Zirbeldrüse (Epiphyse).

Die Zirbeldrüse ist ein kleines, rötliches Organ am oberen Teil des Mittelhirns, über dessen Zweck und Funktion bisher wissenschaftlich nicht viel ausgesagt werden kann. Man nennt diese Drüse den Sitz des „dritten Auges", und sie wurde in früheren Zeiten mit den okkulten Fähigkeiten in Verbindung gebracht. Sie übt einen Einfluss auf die Milz aus, welche auf starke Gemütsbelastungen reagieren kann, und steht in enger Beziehung mit dem endokrinen Drüsensystem und dem Gehirn. Eine enge Wechselwirkung verbindet sie mit dem intelligenzhaften Eigenbewusstsein des Körpers und, was wohl das Wesentlichste ist, mit unserer Seele.

So können wir die Behauptung aufstellen, dass die Zirbeldrüse das Aufnahmezentrum ist für die Verständigung mit der Jenseitigen, geistigen Ebene (man denke an das Phänomen der Hellsichtigkeit) bzw. für die Aufnahme und Weiterleitung Jenseitiger Erkenntnisse und Weisungen an das Verstandes- und das Körperbewusstsein (um diese zur Mitwirkung bei der Geistheilung heranzuziehen).

Wir wissen, dass die meisten organischen Krankheiten auf psychosomatischen Störungen beruhen. Da die Zirbeldrüse in enger Beziehung zu unserer Seele steht, wird sie von solchen Störungen unmittelbar betroffen. Dies mag eine Erklärung sein, warum diese zugleich die seelische und die körperliche Gesundheit untergraben. Umgekehrt kann die Zirbeldrüse als Eingang für die Einflüsse der Geistheilung dienen, um die Krankheit zu überwinden und körperliches wie seelisches Gleichgewicht wiederherzustellen.

Beim Heilungsvorgang ist der Heiler sowohl mit dem Jenseitigen Heilungsführer als auch mit dem höheren Bewusstsein (Seele) des Patienten in Ein-Stimmung verbunden. Da das höhere Bewusstsein des Patienten in enger Beziehung zu dessen körpereigenem Bewusstsein steht, wird verständlich, dass auf diesem Wege die Impulse aus dem Jenseitig-Geistigen Bereich dieses letztere erreichen können.

Auf diese Weise vereinigen sich Geist und Körper des Patienten mit der Jenseitigen Ebene und wirken mit ihr zusammen, um die Heilung herbeizuführen, wobei das Bewusstsein des Patienten eine leitende Rolle übernimmt. Seine körperlichen oder seelischen Störungen rücken in den Brennpunkt des Heilungsgeschehens, und das intelligenzhafte Körperbewusstsein des Patienten vermag die von den Jenseitigen Heilungsführern erteilten Weisungen aufs Beste zu empfangen und auszuführen, wodurch die Genesung gefördert wird.

7. Die Einflussnahme auf die Eigensteuerung des Körpers

Ich möchte in diesem Zusammenhang die folgende Begebenheit berichten: Eines Abends sass ich mit meinen langjährigen Mitarbeitern, Mr. und Mrs. Burton, zusammen, und wir sprachen über die im Laufe des Nachmittags behandelten Kranken. Wir kamen zurück auf eine Patientin, deren linkes Auge nur sehr verschwommen sehen und die das Lid nicht richtig öffnen konnte. Hierzu bemerkte Mrs. Burton: „Es waren Augen, mit denen man Zwiesprache halten konnte." Dieser Ausspruch, der viele Jahre zurückliegt, brachte uns auf den Gedanken, dass es ein Organbewusstsein geben muss. Denn als ich Mrs. Burton fragte, was sie damit gemeint habe, antwortete sie: „Für mich liessen sich diese Augen dadurch heilen, dass man sie durch das Bewusstsein ansprach und ihnen ganz klare Anweisungen gab, wie sie an ihrer Heilung mitwirken sollten." Da erst erkannten wir, dass wir dies sogar unbewusst getan hatten, ohne daraus irgendwelche Schlüsse zu ziehen. Wir hatten mit dem Auge gesprochen und den das Lid kontrollierenden Muskeln und Nerven über das Bewusstsein der Patientin Anweisungen gegeben, tätig zu werden. Unser Bemühen war erfolgreich, das Lid reagierte auf die Ansprache, und die Augen wurden fast völlig geheilt.

Wir können uns bei der Heilung diese Möglichkeit der bewussten Einwirkung auf das intelligente Selbststeuerungssystem des Körpers zunutze machen, denn dieses weiss genau, auf welche Kräfte es im Bedarfsfalle – beispielsweise im Falle einer Infektion – zurückgreifen kann. Seine Kenntnisse können wir uns auf sehr wirksame Weise dienstbar machen, indem wir ihm ständig und bewusst gewisse Aufgaben stellen, zum Beispiel die Herztätigkeit oder den Blutkreislauf zu steigern, durch bessere Durchblutung bestimmte Nervenzentren anzuregen, die Körpertemperatur zu erhöhen usw.

Bei dem gegenwärtigen Stand des menschlichen Wissens können wir nur sehr allgemeine Ausführungen darüber machen, wie dieses körperliche Eigenbewusstsein arbeitet, denn der Mensch besitzt noch nicht die Fähigkeit, es sich gezielt dienstbar zu machen.

Bei der Heilung organischer Leiden wirkt das körperliche Eigenbewusstsein in vollem Umfang mit, mit Ausnahme vielleicht solcher Fälle, wo die Heilungsenergien den Krankheitsherd – wie etwa einen Fremdkörper oder eine Geschwulst – mit Sofortwirkung zerstreuen. Wollen wir die der intelligenten Selbststeuerung des Körpers innewohnenden Möglichkeiten voll ausschöpfen, müssen wir ihr Weisungen geben, dass sie ihre harmonische Mitwirkung beim Heilungsvorgang noch enger gestaltet.

Wenn wir mit unserem körpereigenen Bewusstsein ins „Gespräch" kommen wollen, müssen wir uns mit ihm einstimmen. Dafür brauchen wir ein wenig Hinwendung und Zeit. Wir müssen uns ein Bild schaffen von der erstrebten Heilung und von dem, was wir von dem körpereigenen Steuerungssystem erwarten, und unsere Gedanken bewusst über das Gehirn auf dieses intelligente Körperbewusstsein übertragen.

Nehmen wir an, Sie, lieber Leser, verspürten einen Schmerz. Versuchen Sie, ihn näher zu bestimmen (sich auf ihn ein-zustimmen) und erfassen Sie seine Stärke und seinen Sitz genau. So wird Ihnen der Schmerz in allen Einzelheiten bewusst, und Sie können seine Auswirkungen auf das körperliche Gesamtbefinden abgrenzen. Dadurch verliert der Schmerz viel von seiner Stärke und Bedeutung: er wird bewusst hingenommen.

Nun versuchen Sie, seine Ursache zu bestimmen. Besteht diese in einer Ansteckung oder einer Entzündung, so können Sie Ihr körpereigenes Steuerungssystem bewusst anrufen, damit es zur Schmerzdämpfung eingreift und zum Beispiel weisse Blutkörperchen auf den Weg schickt, um die Wunde zu reinigen. Genauso gehen Sie vor bei Muskelschmerz, falls Sie an Rheuma leiden. Aber in diesem Falle richten Sie an die körpereigene Steuerung die Weisung, den Blutkreislauf in der betroffenen Körpergegend zu beschleunigen, damit die abgelagerten Schadstoffe abtransportiert werden. Wenn Sie damit eine sanfte Massage oder Wärmeanwendung verbinden, kann der Schmerz mit vereinten Kräften oft schnell überwunden werden.

Die Erfahrungen des oben erwähnten Falles mit dem Augenlid konnten bei der Behandlung von Lähmungen, wie bei Schlaganfällen, Kinderlähmung und Multipler Sklerose weiterentwickelt werden, so dass jetzt bei den meisten Fällen nennenswerte Erfolge erzielt werden können.

Beim Schlaganfall sollten wir der körperlichen Eigensteuerung die Anweisung geben, das funktionelle Gleichgewicht im Gehirn wiederherzustellen.

Bei manchen Lähmungen liegt die Ursache in einem Druck auf gewisse Nerven an der Stelle, wo sie aus der Wirbelsäule austreten. Dies geht einher mit einer Versteifung oder Unbeweglichkeit der Wirbelsäule sowie Entzündungserscheinungen und Ablagerungen in den benachbarten Geweben. Die Beweglichkeit der Wirbelsäule lässt sich im allgemeinen schnell und schmerzlos wiederherstellen. Entfällt dadurch zugleich der Druck auf die austretenden Nerven, so können sie wieder tätig werden: sie müssen nur angeregt und angewiesen werden, die vom Gehirn ausgehenden Impulse zur Muskelbewegung wieder zu übermitteln.

Die eigentliche Stärkung und Belebung der gelähmten Nerven ist Aufgabe des Jenseitigen Heilungsführers. Aber auch wir können sehr dazu beitragen, dass sich das Zusammenspiel der Gliedmassen wieder einstellt, indem wir sie ansprechen – das heisst indem wir die Steuerungsinstanz ansprechen, die die Bewegungen kontrolliert.

So „sprechen" wir zum Beispiel zu einem Bein, das in seiner Bewegungsfähigkeit eingeschränkt oder gelähmt ist und geben ihm die Anweisung für eine bestimmte Bewegung. Über das Bewusstsein des Patienten wird diese Anweisung entlang den Nervenbahnen zu den Beinmuskeln hingeleitet. Diese Anweisung, die anfangs nur sehr schwach sein mag, wird eine gewisse Zeit benötigen, bis sie im Bein wirksam werden kann. Gleichzeitig ermutigen wir den Patienten behutsam zu der gewünschten Bewegung und geben ihm das eben nötige Mass an Hilfestellung.

Solch sichtbare Anfangserfolge führen oft zu beträchtlicher, manchmal sogar völliger Wiederherstellung der Bewegungsfähigkeit. Es ist wichtig, dass der Heiler die hoffnungslose Einstellung des Patienten in eine erwartungsvolle verwandelt. Solange dieser an seinem „Ich kann das nicht" resigniert festhält, lässt sich nicht viel erreichen. Wir müssen uns das Bewusstsein und die körpereigene Steuerung des Patienten zu einem Verbündeten bei der Heilung machen.

Nach jahrelanger Krankheit ist die Behinderung der Gliedmassen in dem Bewusstsein des Patienten oft als unabänderlich verankert. Auch das körpereigene Steuerungssystem unternimmt nichts mehr. Das Gehirn wird nicht mehr angewiesen, Bewegungsimpulse auszusenden. Dadurch kommt es zu einer Verkümmerung der Gliedmassen.

Wenn es auf dem Wege der Geistheilung gelingt, dass der Zustand des Patienten sich bessert, so müssen als nächstes das körpereigene Bewusstsein des Patienten wieder zu neuer Tätigkeit angeregt und das Gehirn dazu gebracht werden, durch die Nervenstränge erneute Weisungen an die bisher gelähmten Glieder zu senden. Wir sagen, dass wir mit den Gliedmassen des Patienten „sprechen", in Wirklichkeit wenden wir uns aber an seinen Verstand und an die seinem körperlichen Eigenbewusstsein innewohnende Intelligenz.

Der Fall eines ernsten Krebsleidens möge als weiteres Beispiel dienen. Obgleich der Heiler weiss, dass es für solche Kranken medizinisch gesehen nur wenig oder gar keine Hoffnung gibt, erbittet er Geistheilung in jeder nur denkbaren Weise.

Bei der Kontaktbehandlung wird der Heiler seine Hand über die Stellen halten, wo die Geschwulst sitzt, und seine innere Absicht wird sich ein-stimmen in das Heilungsgeschehen, das die Geschwulst auflösen soll. Dies vollzieht der Heiler ganz bewusst, und gleichfalls der Patient, der dadurch empfänglich wird. Die Beteiligten fühlen sich in ihrem Heilungsziel einig. Und wenn das Gewächs sich durch die allmählichen strukturellen Umwandlungen auflöst, wird die vom Patienten bewusst angeregte körperliche Eigensteuerung mitwirken, indem sie zusätzliche Leukozyten und Phagozyten zur Säuberung und zum Abtransport der umgewandelten Stoffe an die kranke Stelle entsendet. Es ist nicht ausgeschlossen, dass auch der Jenseitige Heilungsführer das Körperbewusstsein des Patienten zur Mitwirkung bei der biochemischen Umwandlung und Auflösung des Tumors anweist.

8. Der Gesundungswille

Nicht selten wird die Heilung von einer schweren oder „unheilbaren" Krankheit auf den Glauben oder den Gesundungswillen des Patienten zurückgeführt. Es ist auch sehr wahr, dass die Kranken, die einen unerschütterlichen Glauben und eine starke, positive Lebenseinstellung haben, die sich nicht „unterkriegen" lassen und gegen jede Schwäche ankämpfen, oft auf eine Weise gesund werden, die nicht der ärztlichen Kunst zugeschrieben werden kann.

Da nichts rein zufällig oder ohne Grund geschieht, muss auch hinter diesen zweifelsfrei bekundeten Heilungen ein planmässiger Vorgang stehen. Man kann sich nicht damit begnügen, sie der „Willenskraft" des Patienten zuzuschreiben. Denn wie sollte diese die Ursachen und Symptome einer Krankheit beseitigen können, wenn die medizinische Wissenschaft nichts mehr vermag? Auch wäre es eine Ausflucht, solche Heilungen mit „Reflexen" oder „Instinkten" zu erklären oder gar eine Planung des Gehirncomputers anzunehmen.

Wir haben gesehen, dass das vernunftbegabte Eigensteuerungssystem des Körpers mitwirkt. Es leuchtet ein, dass die seelische Einstellung „Ich kapituliere nicht!" einen starken Reiz auf diese Selbststeuerung ausübt.

Im Falle der oben beschriebenen Wundheilung zum Beispiel ist es so, dass das ständige Einwirken des Bewusstseins auf das Gehirn, und wiederum das Einwirken des Gehirns auf die körpereigene Steuerung und auf das Drüsensystem, die fortwährende Bildung von weissen Blutkörperchen und die ständige Versorgung der Wunde fördert und aufrechterhält.

Die Mitwirkungsmöglichkeiten der intelligenten Körper-Eigensteuerung können wir nicht hoch genug einschätzen. Sie kann bei der Geistheilung aufgrund ihr erteilter neuer Weisungen unbegrenzte Tätigkeiten entwickeln. Wir dürfen annehmen, dass sich unsere intelligenzhafte Körperbewusstheit in dem Masse höher entwickeln wird, wie der menschliche Organismus sich in Zukunft weiterentwickelt.

9. Die Anregung der Eigensteuerung des Körpers durch die Jenseitigen Heilungsführer

Wir haben genug Beweise dafür, dass hinter jedem Heilungsvorgang eine der Leistungsfähigkeit der intelligenten Selbststeuerung weit überlegene, übergeordnete Intelligenz steht. Wenn diese mit dem Bewusstsein des Patienten eingestimmt ist, vermag sie dessen körperlicher Eigensteuerung unmittelbare Weisungen zu erteilen.

Dies wird leichter verständlich, wenn wir uns an das Phänomen der Hellsichtigkeit erinnern: auch hier werden aus der Jenseitigen Ebene in das Bewusstsein des Hellsichtigen Eindrücke übermittelt, und zwar in Form von Bildern. Ähnlich werden intuitive Gedanken durchgegeben. Es können von der Jenseitigen Ebene ausgehende Gedanken und Anweisungen also unmittelbar über das Bewusstsein des Patienten dessen körpereigenes Steuerungssystem anregen.

Ein zweiter Weg, auf dem Weisungen an das Körper-Eigenbewusstsein des Patienten gegeben werden können, führt über den Heiler, der sich sowohl mit der Seele des Patienten als auch mit dem Jenseitigen Heilungsführer in harmonischem Ein-Klang befindet. Auf diesem Verständigungswege können auch positive Gedankeneinflüsse an die Seele des Patienten vermittelt werden, was für die Behandlung von Geistes- und Gemütskrankheiten wichtig ist.

Die Frage des Geistheilers liegt nahe, wie er sein Verständnis der Geistheilung nützen könne, da er doch durch die Jenseitigen Führer lediglich als Werkzeug für die Vermittlung der heilenden Energien benutzt wird. Ein Holzschnitzer kann mit einem feineren Instrument genauere Arbeiten ausführen. Dasselbe gilt auch, wenn der Heiler dem Jenseitigen Heilungsführer als Werkzeug dient. Ein Geistheiler, dem das Wirken und die Möglichkeiten der körpereigenen Steuerung geläufig sind, wird zu einem bewussteren Mitarbeiter bei der Heilung. Er kann wesentlich die Bedingungen verbessern, unter denen die Jenseitigen Weisungen an das Körperbewusstsein des Patienten erteilen können. Die Hauptaufgabe des Heilers besteht darin, sich mit dem Jenseitigen Heilungsführer und dem Patienten in geistige Ein-Stimmung zu bringen. Versäumt er dies, bringt sein ganzes Bemühen keinen Gewinn.

Während seiner Ein-Stimmung kann der Heiler zugleich auf seinen eigenen Wissens- und Erfahrungsschatz zurückgreifen, um auf den Patienten einen beruhigenden und ausgleichenden Einfluss auszuüben und ihn dahin zu bringen, sein Leben wieder positiver zu betrachten. So hört der Heiler auf, nur ein passives Werkzeug zu sein, durch welches der Heilungsstrom fliesst, sondern er wird ein immer feiner abgestimmtes, bereiteres Instrument, das dem Jenseitigen Geist zur Verfügung steht.

So muss der Geistheiler lernen, rein mechanische Techniken und Verfahren bei seinen Behandlungen zu vermeiden und stattdessen überall die vorhandenen intelligenzhaften Steuerungssysteme für die Heilungsabsicht „einzuspannen" und sich dienstbar zu machen. Durch solche fortgeschrittenere Form der Zusammenarbeit mit den Jenseitigen Heilungsführern werden Störungen und Krankheiten umso leichter besiegt werden können.

10. Die intelligente Eigensteuerung des Herzens

Dieses Kapitel wäre ohne die Erwähnung des Herzens unvollständig. Das Herz besitzt ein sehr kompliziert abgestimmtes Nervensystem und eine intelligenzhafte Eigensteuerung für sich, die mit allen anderen Steuerungssystemen in enger Verbindung steht. Das Herz reagiert stark auf Erregungen durch Beschleunigung seines Herzschlages. Umgekehrt lässt es sich durch psychische Beeinflussung wieder beruhigen. Denn sobald Angst und Spannungen nachlassen, kehrt es wieder zu normaler Tätigkeit zurück. Oft hilft es schon, wenn der Heiler mitfühlend und zuversichtlich mit dem Patienten spricht. Bei nervösem Herzklopfen ist es daher das erste Gebot, das Bewusstsein und die Psyche des Patienten von Spannungen zu befreien, und ihn durch beruhigende Worte und geistige Ansprache zu einer gelösteren Gemütsverfassung zu bringen.

Der Herzrhythmus lässt sich des Weiteren durch bewusstes und gezieltes Atmen bessern, welches bereits in dem Abschnitt über die kosmischen Energien besprochen ist. Auch dabei wird die Kraft von Gedanken eingesetzt und regt den Körper des Patienten an, sich mit kosmischer Energie aufzuladen. Wir müssen daraus schliessen, dass an jeder Stelle, wo Gedanken Einlass finden, eine intelligenzhafte Instanz darauf reagiert.

Das Herz folgt den ihm erteilten Anweisungen sehr gehorsam, was wir an seinem Ruhigwerden ablesen können, sobald die nervösen Spannungen nachlassen. Wenn der Geistheiler sich auf seinen Herzpatienten ein-stimmt, sollte er seine Hand über die Herzgegend des Patienten halten und in Gedanken den Jenseitigen Heilungsführer um Ausgleich der Störung und um Wiederherstellung der Normalfunktion des Herzens bitten. Durch die zwischen Heiler und Patienten bestehende geistige Ein-Stimmung erreicht die aus dem Jenseits kommende Weisung das körpereigene Bewusstsein und veranlasst eine Regulierung der Herzmuskeltätigkeit. Es braucht kein Wort gesprochen zu werden – der Heiler braucht nur ein paar Augenblicke zu verweilen und um Hinlenkung der Geistheilungseinflüsse zu bitten, damit sich der Herzrhythmus ändert, und mit Sicherheit kommt es zu einer merklichen Besserung.

Die eintretende Besserung ist nicht etwa auf das Handauflegen zurückzuführen. Die Hände sollen nur den Wunsch, zu heilen ausdrücken, so, als hätte der Heiler seine Seele in seine Hände und Finger gelegt.

Nicht nur die Heilung von Herzrhythmusstörungen, sondern auch anderer Herzbeschwerden können durch das Wirken der Eigensteuerung des Herzens erklärt werden. Es lassen sich zweifelsohne mit Hilfe Jenseitiger Weisungen Herz und Blut anregen. Denn Geistheiler können immer wieder beobachten, wie sich zum Beispiel lebensbedrohliche Thrombosen aufs Schnellste auflösen, manchmal sogar über Nacht, und sich die Blutzusammensetzung insgesamt verbessert.

Wir behaupten, dass sogar jede einzelne Blutzelle mit der Jenseitigen Heilungsintelligenz zusammenarbeiten kann. Das folgende Kapitel, das sich mit der Einflussnahme auf die Eigenbewusstheit der einzelnen Zelle befasst, wird weitere Zusammenhänge zwischen unserem Verstandesbewusstsein und unserem intelligenzhaften Körpereigenbewusstsein aufzeigen.

Kapitel 8

DIE ZELLE

Vielleicht meint der Leser, dass die Betrachtung von Leben und Bewusstsein der Zelle über das hinausgeht, was ein Heiler wissen muss. Das hängt davon ab, welche Grenzen der Heiler sich selber setzen will. Für die Wirksamkeit seiner Heilungsgabe macht es keinen Unterschied, ob er sich hiermit befassen will oder nicht. Aber dieses Gebiet ist eines der interessantesten des menschlichen Organismus, und es er-

geben sich daraus Schlussfolgerungen von grösster Tragweite für di
nicht nur für die Heilung insbesondere psychosomatischer Krankł
auch für deren Vorbeugung, ja überhaupt, um dem Menschen zu ein
ren Lebensgefühl zu verhelfen.

Die Zellen sind die Einheiten, aus denen alle lebende Substanz b
über 60 Billionen Zellen im menschlichen Körper. Eine jede ist ein *vollständiger,
individueller lebender Organismus.* Dennoch arbeiten sie harmonisch zusammen,
und eine jede trägt ihren Teil zur Gesundheit der anderen Zellen bei.

Mit Hilfe des Elektronenmikroskops lässt sich die Zelle millionenfach vergrös-
sern und auf eine Leinwand werfen, so dass man den ständigen, ordnungsgemässen
Ablauf der Zellfunktionen beobachten kann.

Die Zelle hat Ähnlichkeit mit dem Gesamtorganismus: sie besitzt eine Haut,
sie atmet, sie nimmt Nahrung in Form von Eiweissen und Kohlehydraten auf, sie
besitzt ein Verdauungssystem und scheidet Abfallstoffe aus. Sie hat die Fähigkeit,
biomolekulare Umwandlungsprozesse zu vollziehen und verwendet die aufgenom-
menen Nährstoffe zur Energieversorgung.

Die verschiedenen Arten von Zellen benötigen eine unterschiedliche *Ernährung.*
Fehlt es bestimmten Zellverbänden, die eine gewisse Körperfunktion zu versehen
haben, an geeigneten Nährstoffen, so wird ihr Tonus geschwächt, so dass die gesunde Funktion des betreffenden Organs unterbrochen wird – mit dem Ergebnis, dass
der Mensch erkrankt.

Meldet unser Gehirn der körpereigenen Selbststeuerung eine derartige Störung weiter, so meldet es nicht etwa den allgemeinen Tatbestand – zum Beispiel:
„Die Niere arbeitet nicht" – denn das wäre zu ungenau und würde nicht genügen.
Stattdessen lautet die Information, welche Niere betroffen ist und wo diese einen
Schmerz oder eine Entzündung aufweist, ob es zu Stauungen gekommen ist, an
welchen Nährstoffen es zur Versorgung der Niere fehlt, und so weiter. Daraufhin
greift die intelligente Selbststeuerung des Körpers ein und vollzieht die erforderlichen Massnahmen, um die betroffenen Zellen wieder gesund zu machen, etwa
durch Versorgung mit den nötigen biomolekularen Substanzen über die Blut- und
Lymphbahnen. Sind die passenden Aminosäuren im Körper nicht auf dem Wege
der regulären Bildung verfügbar, so muss dies durch Geistheilung geschehen, indem
die Jenseitigen Heilungsführer die fehlenden molekularen Energien „herstellen"
und an die betroffene Stelle hinleiten.

Jede Zelle des Körpers besitzt ihre eigene Individualität und Lebensaufgabe. Ihre
Lebensdauer ist je nach ihrer Funktion unterschiedlich. Hautzellen zum Beispiel

.wickeln sich alle paar Tage neu: Die untersten Lagen von Zellen, durch Blutgefässe ernährt, bringen ständig neue Zellen hervor, welche die älteren Zellen zur Hautoberfläche hinaufdrängen. So werden diese älteren Zellen von ihrem Nährboden abgeschnitten und gehen allmählich ein, ihre Kerne verschwinden und die Zellsubstanz wird trocken und schuppig. Bei jedem Waschen lösen sich solche abgestorbenen Zellen von der obersten Haut, aber Ersatz wächst nach, so dass unsere Haut immer frisch und neu bleibt.

Die Blutzellen sind in ihrer Lebensdauer auf etwa drei bis vier Monate begrenzt. Unsere Nervenzellen dagegen erneuern sich überhaupt nicht im Laufe unseres Lebens. Man nimmt an, dass laufend etwa eine Milliarde Zellteilungen im Gange sind, das heisst etwa 20 Milliarden Zellteilungen am Tage.

Man hat festgestellt, dass jede Zelle während ihres gesamten Lebens der *Kontrolle der Hypophyse* untersteht. Wie wundervoll dies funktioniert, ersehen wir daran, dass unter den vielen Milliarden Zellen unseres Körpers die Disziplin aufrechterhalten wird. Diese Kontrolle gleicht dem Regulator einer Maschine und stellt unter anderem sicher, dass der dem Körper innewohnende Mechanismus der Zellerneuerung nicht zu schnell abläuft.

Es ist ein natürliches Bedürfnis aller Lebewesen, sich so frei und häufig fortzupflanzen, wie es die Gesetze des Lebens erlauben. Und so ist es letztlich die eigentliche Aufgabe aller Zellen – mit Ausnahme, wie gesagt, der Nervenzellen, die sich nicht fortpflanzen – sich zu teilen und neue Zellen zu bilden, die den Kreislauf des Lebens fortsetzen.

Normalerweise darf sich eine Zelle nicht früher fortpflanzen, als ihre Zeit hierfür gekommen ist. Die Kontrolle durch die Hypophyse erhält den Körper im Gleichgewicht und sorgt dafür, dass sich unsere Glieder, Knochen und inneren Organe gleichmässig entwickeln. Mit Nachlassen dieser Kontrolle vermindert sich die Disziplin und es kann zu einer als Akromegalie bezeichneten Störung kommen, bei der sich infolge übermässiger Zellvervielfältigung übertrieben grosse Gliedmassen bilden, besonders Hände und Füsse.

Jede Zelle hat einen Zellkern, bestehend aus 46 Chromosomen, von denen jedes wiederum eine grosse Zahl von Genen enthält. Diese Gene tragen die *zentrale Eigenintelligenz der Zelle*. Denn da jede Zelle ihre eigenen Aufgaben zu erfüllen hat, muss sie ein eigenes Bewusstsein, eine eigene Intelligenz besitzen, die die Ausübung dieser Lebensaufgabe kontrolliert und die Zelle zur Disziplin anhält. Das Eigenbewusstsein der Zelle ist ein Mosaiksteinchen unserer Gesamtintelligenz. Die Zelle wird sich ihres Wohlbefindens bewusst und auch etwaiger Bedürfnisse und Schwächen. Sie kann die Erfahrungen über ihren Gesundheitszustand festhalten. Sie besitzt die Intelligenz, es als gegeben hinzunehmen, dass über ihrem Leben eine Kontrolle steht. Zwischen dem Zellbewusstsein und unserem Seelenbewusstsein lässt sich eine Parallele ziehen: die Zelle ist sich ihres Wunsches bewusst, ihre Lebensaufgabe zu erfüllen. Und es besteht eine Wechselwirkung zwischen dem Zellbewusstsein und der Gefühlswelt des Menschen, welche auch auf dessen Gene Einfluss hat.

Hierauf beruht die gesamte Evolution des Menschengeschlechtes, und für das Tier- und Pflanzenreich gilt Entsprechendes. Im menschlichen Organismus sind Tausende von Genen enthalten. Diese werden seit Beginn der Menschheitsgeschichte unmittelbar von den Eltern an die Kinder weitergegeben, und die jedem Menschen eigentümlichen Merkmale der Zellen beeinflussen sein Leben vom frühesten Zeitpunkt an (unter anderem kann das Vorhandensein eines zusätzlichen Chromosoms zu „Rückschlägen" wie zum Beispiel dem Down-Syndrom führen).

Auch ausgeprägte Charaktereigungen sind in den Genen verankert und werden an die Nachkommenschaft vererbt. Die Entwicklung der Menschheit beweist uns, dass die Gene durch den jeweiligen Seelen- und Charakterzustand beeinflusst werden und dass etwaige Veränderungen sich in den Genen widerspiegeln. Auch psychische Frustrationen übertragen sich auf die Gene.

Aus diesem Grunde wird ein Kind oft ähnliche Erbanlagen wie seine Eltern haben: das gilt für das Genie der Eltern ebenso wie für ihre Frustrationen, die die Zellen daran gehindert haben, ihre Lebensaufgaben zu erfüllen.

Wie der Gesamtkörper, so wird auch die einzelne Zelle in zweierlei Hinsicht gesund erhalten: über ihre organische Funktion und über die *Harmonie ihres Zellbewusstseins*. Genau wie der Gesamtkörper organisch oder seelisch erkranken kann, kann es die einzelne Zelle. Das in den Genen liegende Zellbewusstsein überwacht die Ausführung der Lebensaufgabe der Zelle. Solange sie diese Aufgabe erfüllen kann, ist die Zelle mit ihrem Dasein zufrieden. Wenn sie sich vermehrt, geht diese Harmonie auf die Tochterzellen über. Ist die Zelle aber gehindert, ihrer Aufgabe gerecht zu werden, so wird sie über ihr unerfülltes Dasein enttäuscht, träge oder gar rebellisch. Dann kann die Kontrolle ihres Zellbewusstseins verlorengehen und die Zelle *„geisteskrank"* werden. Bei ihrer Zellteilung bringt sie wiederum unharmonische, frustrierte Zellen hervor. Die in unaufhörlicher Selbsterneuerung in jeder Sekunde geborenen Millionen neuer Zellen erhalten somit nicht nur unsere Erbanlagen aufrecht, sondern tragen auch die Veränderungen weiter, die wir im Laufe unserer Lebensentwicklung durchmachen. Sie sind die Träger unseres eigentlichen „Lebensgeistes".

Einige Arten von Zellen scheinen eine aktivere „Intelligenz" zu besitzen als andere. So führen zum Beispiel Muskelzellen ein eintönigeres Dasein als die mit der Fortpflanzung befassten Zellen. Sie können ihre Aufgabe leichter erfüllen und somit besteht für sie weniger Gelegenheit, frustriert zu werden. Zellen mit hohem Intelligenzgrad werden hingegen eher Opfer von Störungen. Das Zellbewusstsein lässt sich mit dem Bewusstsein unserer Seele selbst vergleichen. Alles, was wir unter dem Ausdruck „Frustration" zusammenfassen – Furcht, Kummer, Schock, Liebesenttäuschung – bringt das Seelenleben aus dem Gleichgewicht und führt durch die geschwächte seelische Ausgangslage und erhöhte Krankheitsbereitschaft zu einer Verschlechterung des Allgemeinbefindens und zu erhöhtem körperlichem Verschleiss. Wirkt eine Frustration nachhaltig auf das Gemüt eines Menschen ein, so wird sie dessen geistig-seelische Lebenseinstellung verzerren und schliesslich zu Gemütskrankheit und Selbstmordgedanken führen.

Dasselbe kann sich in der Zelle abspielen.

Nehmen wir als Beispiel die Zellen der weiblichen Brustdrüse. Auch diese Zellen sind Einzelwesen und existieren nur für die besondere Aufgabe, die Milch für den Säugling zu produzieren. Auf einen bestimmten Sinnesreiz hin wird die Milchdrüse angeregt, und dies beweist, dass zwischen ihrem Zellbewusstsein und dem Gesamtbewusstsein eine unmittelbare Verbindung besteht. Beide Steuerungssysteme wirken wechselseitig aufeinander ein. So kommt es, dass sich eine etwaige Brustdrüsenentzündung dadurch verschlimmern kann, dass die Patientin sich in ihrem Bewusstsein dauernd und voller Furcht damit beschäftigt. Die eigentliche Ursache der Entzündung mag eine hormonale Störung der Eierstöcke und der Hypophyse sein. Denn die Hypophyse spielt eine überragende Rolle bei der Regulation der Zellfunktion und für die weibliche Brust besonders beim Stillen. Wie wir gesehen haben, besitzt jede Zelle eine Art Zellbewusstsein, womit sie Weisungen entgegennehmen kann. So wird die Kontrolle der Hypophyse über eine gewisse intelligenzhafte Verständigung mit der Zelle ausgeübt.

Wenn eine Frau sich sehnlichst Kinder wünscht und ihr das aus irgendeinem Grund versagt bleibt, so entsteht in ihr ein Zustand tiefer seelischer Enttäuschung, der sich auf die Gene der Brustdrüsenzellen übertragen kann. Andererseits entwickeln sich auch bei einer Frau, die ein unerwünschtes Kind empfängt, innerseelische Spannungen, die sich den einzelnen Zellen mitteilen können.

Ein weiterer Grund für eine Frustration kann sich ergeben, wenn eine Tochter durch ihre Mutter übermässig beherrscht und dadurch in ihrem natürlichen Wunsch behindert wird, einen Partner zu suchen.

Die Wechselbeziehung zwischen dem Gesamtbewusstsein und dem Zellbewusstsein führt dazu, dass anhaltende sexuelle Frustrationen sich auf die Harmonie der Brustdrüsenzellen auswirken können.

Es ist von grösster Tragweite, dass alle Untersuchungen, die über die psychosomatischen Hintergründe des Brustkrebs angestellt wurden, zu der Erkenntnis geführt haben, dass in jedem Einzelfall die betreffende Frau eine der genannten tiefgehenden Frustrationen durchgemacht hatte. Die Brustzellen wurden frustriert und enttäuscht, weil sie daran gehindert waren, ihren natürlichen Zweck zu erfüllen. Die Gene wurden rebellisch und rasend und warfen jede Disziplin und Kontrolle der Hypophyse von sich. Und so wurden die normalen und disziplinierten Zellen „wahnsinnig" und entfremdeten sich ihren Aufgaben.

Unter dem Elektronenmikroskop können wir beobachten, wie solche Zellen sich hemmungslos und in rasender Geschwindigkeit völlig unkontrolliert vermehren und wie jede Funktion in ihnen unglaublich beschleunigt ist. Die Zelle ist räuberisch geworden und frisst die Nährstoffe der normalen Zellen mit auf. Sie läuft gleichsam Amok. *Hier beobachten wir die Hauptursache für den Krebs.*

Dies ist ein weiteres Beispiel dafür, wie sehr der Seelenzustand des Menschen und der der einzelnen Zelle einander ähneln: ebenso wie Geisteskrankheiten erblich sein können, ist es auch der Wahnsinn der Zelle. Eine rasende Zelle bringt bei ihrer Teilung wieder wahnsinnige Tochterzellen hervor. Dies ist allen bösartigen Geschwülsten gemeinsam.

Im Falle einer Verletzung, Quetschung oder Blutvergiftung leiden unsere Zellen auch. Bei einer Verbrennung können sie sogar völlig zerstört werden, *aber sie werden nicht wahnsinnig.*

Es ist für jeden Heiler ausserordentlich wichtig, hieraus die Erkenntnis zu ziehen: der Krebs ist nicht Folge einer Virusinfektion, auch entsteht er nicht allein durch Reizwirkungen. *Die Ursache des Krebses ist psychosomatischer Natur. Der entscheidende Faktor ist, dass das intelligente Bewusstsein der Krebszelle bis zum Wahnsinn aus dem Gleichgewicht geraten ist.*

Für den Geistheiler ist es offensichtlich, dass zwischen dem Zellbewusstsein und unserer Seele ein sehr enger Zusammenhang besteht. So muss auch der Heilungsvorgang in der Seele beginnen, gleichviel welcher Art die von dort ausgehenden Frustrationen gewesen sein mögen. Wenn es gelingt, die eigentliche Ursache der Krankheit, nämlich die seelische Disharmonie, durch die heilenden Geist-Kräfte wieder auszugleichen, dann werden auch die organischen Auswirkungen der seelischen Stärkung von den heilenden Kräften erfasst. Dies mag eine Erklärung dafür sein, dass „unheilbare" Kranke durch Geistheilung wieder gesund werden können. Die Kontaktbehandlung bösartiger Tumore wird in Teil B behandelt. Vom Standpunkt des Geistheilers aus erscheint die Krebsvorsorge jedoch weit dringlicher. Wir erinnern uns des Ausspruches von Sir Heneage Ogilvy, des Krebsspezialisten: „Ein glücklicher Mensch bekommt niemals Krebs". Deshalb wird es nötig werden, die Gründe psychischer Spannungszustände näher zu erforschen, um unterscheiden und bestimmen zu können, bei welchen Menschen sie besonders zu Krebs führen. Frustrationen, die zum Beispiel Brustkrebs verursachen können, wurden bereits erwähnt.

Der Geistheiler muss in diesen Fällen das Einströmen heilender Kräfte aus dem Jenseitig-Geistigen erbitten, damit der Patient in eine glücklichere seelische Verfassung versetzt wird. Denn seelisch-geistige Frustrationen können nur auf derselben Ebene bezwungen werden, auf der sie ihre Wirksamkeit entfalten, nämlich der Geistigen.

Daraus folgt, dass alle Menschen, die heute durch Geistheilung betreut werden, besonders wegen seelisch-geistiger Leiden, zugleich einen Schutz vor dem Zugriff des Krebses erlangen. Zwar haben wir heute noch keine Beweise hierfür, doch dürfen wir logischerweise annehmen, dass viele Menschen, die krebsgefährdet waren, durch Geistheilung vor schwerer Erkrankung bewahrt worden sind: Eine Folgerung, die in ihren Auswirkungen sehr weitreichend ist.

Kapitel 9

DIE DAUER DES HEILUNGSVERLAUFS

Sofortheilungen oder Spontanheilungen kommen gar nicht so selten vor. Aber sie bilden nicht die Regel. Denn keine Krankheit kann geheilt werden, ohne dass zuvor ihre Ursache überwunden wurde. Eine rein organische Ursache kann von den Jenseitigen Heilungsführern oft schnell behoben werden, und wenn alsdann die Symptome ebenso schnell verschwinden, sprechen wir von einer Sofortheilung. In der Regel aber wird es eine längere Zeit dauern, bis die Krankheitsursache überwunden ist, insbesondere wenn sie auf seelische Frustrationen oder tiefverwurzelte Ängste zurückgeht. Dasselbe gilt, wenn gestörte Körperfunktionen wiederhergestellt oder verändertes Gewebe zurückgebildet werden müssen, wie zum Beispiel nach Lähmungen. So vollziehen sich die Heilungen im Allgemeinen als allmählicher Prozess, je nach Wesen und Ursache der Leiden und vor allem je nach dem Grad der Empfänglichkeit des einzelnen Patienten für Geistheilung.

Bei psychischen Belastungen kommt es leider vor, dass das gequälte Gemüt so tief in Gefühlen der Trauer und der Einsamkeit verstrickt ist, dass die geistigen Kräfte keinen Einlass in sein Bewusstsein finden. Es tritt jedoch der Zeitpunkt ein, an dem die Seele sich gegen den Ursprung der dauernden psychischen Belastung aufzulehnen beginnt, und in solchen Augenblicken vermag die Geistheilung mit ihren positiven Einflüssen das Bewusstsein des Patienten zu erreichen.

So benötigt die Heilung je nach Krankheit kürzere oder längere Zeit, oft nur wenige Tage, oft aber auch Wochen und Monate.

Vergleichen wir die beiden folgenden extremen Fälle mit unterschiedlichen Krankheitsursachen, die beide durch Fernheilungsfürbitte geheilt wurden. Bei dem einen Fall handelte es sich um ein inneres Gewächs, eine rein organische Störung, wo es auf die molekulare Umgestaltung des Gewebes ankam. Es bildete sich innerhalb weniger Stunden zurück. Der andere Fall war der eines zurückgebliebenen Kindes, dessen Sinne und geistige Fähigkeiten schlummerten, so dass es kaum geordnete Reaktionen zeigte. Hier bedurfte es ständigen unermüdlichen Einsatzes, damit in das verkümmerte Bewusstsein zunächst ein Lichtschein drang, worauf aufgebaut werden konnte, um das Zusammenspiel der nervlichen Funktionen anzuregen. Diese Heilung vollzog sich, wie zu erwarten, nur schrittweise. Nachdem sie aber einmal eingeleitet war, konnte mit ständig zunehmender Besserung gerechnet werden.

Bei der Geistheilung müssen wir also geduldig sein und auch allmählichen Besserungen dankbar zuschauen können. Auch Rückschläge können im Laufe der Behandlung auftreten, doch werden sie mit dem planmässigen Verlauf der Geistheilung unweigerlich überwunden.

Kapitel 10

Die Grenzen der Geistheilung

Um die ganze Tiefe unseres Dienstes am Kranken ermessen zu können, muss sich der Leser auch mit den Fällen auseinandersetzen, in denen nicht durch Geistheilung geholfen werden kann. Denn diese sind es, die den Heiler in besonderem Masse angehen. Es sind etwa 20 Prozent, die nicht auf Geistheilung ansprechen.

Im Hintergrund einer jeden gelungenen Heilung steht ein folgerichtiger Ablauf. Ebenso müssen für jede ausbleibende Heilung tiefere Gründe verantwortlich sein.

Oft wird mir die schwerwiegende Frage von Patienten gestellt, deren Heilung nicht den gewünschten schnellen Fortschritt macht: „Ist es deshalb, weil ich nicht genug glaube?"

Zwei weitere Fragen gehören in diesen Zusammenhang: „Wie kann ich an Gott glauben, wenn er mich so leiden lässt?" und: „Wie kann ich an eine Heilung glauben, wenn ich an einer karmischen Schuld leide?"

Auf diese drei Fragen gibt es eine gemeinsame, sehr einfache Antwort: *„Krankheit entsteht durch die Übertretung der Gesetze, die unser Gesundsein bestimmen."*

Denn gerade weil Gott uns keine, ich wiederhole – keine - Krankheiten auferlegt, dürfen wir von Ihm andererseits auch keine unterschiedliche Behandlung und Bevorzugung erwarten, etwa dass Er die für die Gesundheit massgebenden Gesetze zugunsten Einzelner durch Göttlichen Eingriff ausser Kraft setzt.

Kommen wir auf den Boden der Tatsachen zurück, lassen wir den gesunden Menschenverstand und die Logik sprechen. Wenn ich meinen Finger ins Feuer halte, verbrennt er sich. Wenn ich nur mit leichter Kleidung in Kälte und Regen hinausgehe, werde ich mich tüchtig erkälten. Wenn ich in nasskalter Umgebung wohne, werde ich mir wahrscheinlich Rheumatismus oder Arthritis zuziehen. Wenn ich nichts gegen schlechte Zähne oder eine Verstopfung unternehme, kommt es zu einer Giftbelastung im Blut. Wenn ich mich mit dauerndem Kummer quäle, bekomme ich Kopfschmerzen und unter Umständen ein Magengeschwür ... und so geht es weiter und weiter. Krankheit entsteht durch Ausserachtlassen der für die Gesundheit geltenden Gesetzmässigkeiten.

Damit entfällt auch die Theorie von der karmischen Schuld.

Viele Patienten fragen: „Welche Krankheiten können durch Geistheilung geheilt werden? Gehört meine Krankheit auch dazu?"

Der Geistheiler sollte die Gewissheit haben, dass die Heilungskräfte der Jenseitigen Welt grundsätzlich unbegrenzt sind und jedwede Krankheit überwinden können. Dennoch können wir nicht vorhersagen, welcher Kranke geheilt werden kann und welcher nicht.

Die Geistheilung ist kein magischer Vorgang, sondern eine in der Jenseitigen Ebene geübte geistige Erfahrungswissenschaft. Auch in unserer medizinischen Wissenschaft gibt es keine magischen Vorgänge, sondern sie baut auf den Kenntnissen der unseren Körper und dessen Funktionen beherrschenden naturwissenschaftlichen Gesetze auf, dem Wissen um die Zusammenhänge zwischen Ursache und Wirkung.

Ebenso wie unsere Ärzte im Rahmen der naturwissenschaftlichen Gesetze arbeiten müssen, sind die Jenseitigen „Ärzte" an den Rahmen der Jenseitigen Gesetze gebunden. Das Ineinanderwirken der Gesetze dieser beiden Ebenen untersteht dem Allumfassenden Gesetz. Ausserhalb des Allumfassenden Gesetzes kann keine Heilung stattfinden. Dies ist die einzige Grenze, die der Geistheilung gesetzt ist.

Aber innerhalb dieses Spielraumes, der sich unserer Beurteilung entzieht, ist sie unbegrenzt. Jeder Krankheitsfall liegt anders und hat seine individuellen Ursachen, und auch wenn zwei Patienten scheinbar an denselben Beschwerden leiden, ist die Heilung des einen kein Muster für die Heilung des anderen.

Oft wird dem Heiler der tragische Fall eines Schwerkranken ans Herz gelegt, für den es nach dem Urteil der Ärzte keine Rettung mehr gibt. Aber der Heiler lässt sich nicht beirren und bittet in seiner Fürbitte um Geistheilung in jeder noch möglichen Form. Und dann geschieht oft das scheinbare Wunder: Der Patient nimmt wieder an Kräften zu, seine Schmerzen lassen nach, er bekommt Appetit, und in kurzer Zeit ist er wieder gesund. Hätte der Heiler ebenfalls die Hoffnung aufgegeben und nicht mit positiven Gedanken für den Kranken gebetet, so wäre dieser voraussichtlich gestorben.

In Borrows Lea, Shere – dem Heilungszentrum des Verfassers – und in anderen Heilungs-Zentren konnte anhand der Krankengeschichten bei 80 Prozent aller Fälle eine Besserung, und hiervon wieder bei einem Drittel vollkommene Wiederherstellung durch Geistheilung verzeichnet werden. Es gibt keine Krankheit, für die noch nicht Geistheilung erbeten worden wäre. So beweisen diese Zahlen, dass das Wirkungsfeld der Geistheilung unbegrenzt ist und sie unendlich viel Gutes spenden kann.

Selbst wenn ein chronisch Kranker nicht in dem Masse gesund wird, wie wir es für ihn gewünscht hätten, erfährt er doch mannigfache Erleichterung: meist tritt eine Besserung seines Allgemeinbefindens und seiner deprimierten Gemütsverfassung ein, seine Schmerzen werden erträglicher, und dem weiteren Fortschreiten der Krankheit wird Einhalt geboten. Das sind alles Wirkungen, die ins Gewicht fallen und den Versuch der Geistheilung rechtfertigen. Nach der persönlichen Erfahrung des Verfassers tritt in irgendeiner Form bei jedem Patienten eine nachweislich positive Wirkung ein.

Nach alledem bleibt die Frage noch offen, warum die Geistheilung in einer Reihe von Fällen nicht den Erfolg zu haben scheint wie bei der grossen Mehrzahl von Patienten. Wenn dies nichts mit Gott oder karmischer Schuld oder dem eigenen Glauben zu tun hat, woran liegt es sonst?

Bei der Beantwortung dieser Frage können wir nicht verallgemeinern: Jeder Fall liegt anders und muss einzeln für sich betrachtet werden.

Eines Tages brachte mir eine Mutter ihr wenige Monate altes Baby. Der Kleine war in jeder Weise kerngesund, ausser dass die Füsse beträchtlich nach innen verdreht und die Ballen und Zehen nach unten überdehnt waren. Die Ärzte hatten der Mutter geraten, einen etwaigen chirurgischen oder manipulativen Eingriff zu verschieben, bis das Kind etwas älter sei. Das Besondere dieses Falles lag darin, dass nach meinem Eindruck beide Füsse in genau derselben Weise verkrüppelt waren. Ich nahm das eine Füsschen in meine Hände, bat um Heilungshilfe und begann es vorsichtig, ganz vorsichtig nach oben und im Kreise zu bewegen. In meiner Hand konnte ich spüren, wie der kleine Fuss aus seiner Fehlhaltung befreit wurde, und als ich die Hände beiseite genommen hatte, war der Fuss gerade und liess sich aufwärts und seitwärts normal bewegen. Nun kam der andere Fuss an die Reihe. Aber hier war es mir unmöglich, die geringste günstige Veränderung zu erzielen: Er blieb verkrümmt und bewegungsbehindert, was mich sehr nachdenklich machte. Ich behandelte das Baby noch zwei weitere Male, aber jedesmal ohne Erfolg. Erst beim vierten Besuch, als das Baby fast ein Jahr alt war, reagierte der zweite Fuss und der Kleine fing an, richtig auf beiden Füssen zu stehen. Das Problem beschäftigte mich sehr: warum hatte der eine Fuss sofort auf die Geistheilung angesprochen, der andere aber erst etwa sechs Monate später trotz wiederholter Bemühungen, wo doch beide Füsse demselben Kind gehörten und genau die gleichen Symptome gezeigt hatten?

Der nächste Fall betrifft das Hinscheiden meines Freundes Jack Webber, der in den vierziger Jahren eines unserer begabtesten Materialisationsmedien war. über zwei Jahre lang hatten wir uns täglich gesehen. Niemals war uns im Geringsten der Gedanke an Krankheit gekommen, während ich als sein Manager seine Interessen als Medium vertrat. Aber plötzlich erkrankte er schwer, und ich wusste intuitiv, dass es sehr ernst um ihn stand. So innig war ich ihm verbunden, dass ich wünschte, ich könnte seine Krankheit von ihm abziehen und auf mich selbst nehmen. Heute weiss ich, dass ich einen solchen Wunsch, dessen Erfüllung im Übrigen unmöglich war, nicht hätte hegen dürfen. Aber er zeigt, welch tiefe Zuneigung mich mit ihm verband. Nach dreitägiger Krankheit wurde Jack Webber ins Jenseitige Leben abberufen. Die pathologische Untersuchung seines Leichnams ergab, dass er einer akuten Virusinfektion mit Gehirnhautentzündung erlegen war. Es muss erwähnt werden, dass er vorher nie irgendwelche körperlichen Beschwerden gekannt hatte. Im Allgemeinen sind bei dieser bösartigen Krankheit die Tage vor dem Hinscheiden von Leid und Todeskampf erfüllt. Aber meine Erinnerung an ihn ist die, dass ich an seinem letzten Abend auf seiner Bettkante sass und wir miteinander sein Lieblingslied sangen, „Danny Boy". In der Nacht verlor er das Bewusstsein, sein Körper verfiel in eine Starre. Wir brachten ihn noch ins Krankenhaus, wo der letzte Schritt ins Jenseits sich schnell vollzog. Dieses Erlebnis sollte für mich noch besondere Bedeutung erlangen.

In der darauffolgenden Woche suchte mich nämlich im Laden der Druckerei, das ich damals betrieb, ein Elternpaar aus Nordengland auf. Es war wegen des bedrohlichen Zustandes seines Sohnes, der infolge Gehirnhautentzündung im Sterben lag, dringend nach Portsmouth gerufen worden. Die Eltern fürchteten, ihn bei ihrer Ankunft nicht mehr lebend vorzufinden, und hatten ihre Reise eigens unterbrochen, um mich aufzusuchen und zu bitten, für ihren Sohn Geistheilung zu erwirken.

Unter dem frischen Eindruck von Jack Webbers Hinscheiden an derselben Krankheit teilte ich in grossem Mitgefühl die Befürchtungen der Eltern. Ich ging jedoch in die Stille der Meditation und erbat Jenseitige Heilungshilfe für den jungen Mann. Welch glückliches Erstaunen, als die Eltern bei ihrer Ankunft in Portsmouth ihren Sohn aufrecht im Bett sitzend antrafen! Vier Ärzte standen um ihn herum, um dieses „Wunder" zu studieren, denn alle Krankheitssymptome waren spurlos verschwunden. Die Ärzte rätselten an dem Problem, woher er nur die Kraft zur Genesung bekommen habe, und wenige Tage später konnte der junge Mann nach Hause entlassen werden. Seine Wiederherstellung war so vollständig, dass er den Dienst in seinem Regiment wieder voll aufnehmen konnte. Dies war umso erstaunlicher, als nach Gehirnhautentzündungen häufig Spätfolgen zurückbleiben.

So stand ich einem Problem gegenüber, das wenig geeignet war, meine Trauer über das Hinscheiden Jacks zu lindern, sondern mich im Gegenteil mit Bitterkeit erfüllte. Wie konnte es geschehen, dass mein teuerster Freund nicht gerettet wurde – er, der in enger Beziehung zu seinen Jenseitigen Führern gestanden und so oft selbst als Werkzeug der Krankenheilung gedient hatte, für den ich so dringend meine eigenen Heilungsführer um Hilfe angefleht hatte – während einem völlig Fremden, den ich nie zuvor gesehen hatte, bei der gleichen Krankheit so grossartig geholfen wurde? Das war unendlich schwer zu begreifen.

Diese Erlebnisse lehrten mich die bittere Lektion, dass kein einziger Fall als Muster für einen anderen gelten kann, wenn nicht einmal die beiden Füsse eines Kranken in gleicher Weise auf Geistheilung reagieren.

Diese Erkenntnis dürfte der von uns angestrebten Zusammenarbeit mit der medizinischen Wissenschaft einige Schwierigkeiten in den Weg legen, denn diese erwartet von bestimmten Behandlungsmassnahmen gleichbleibende Resultate. Sie fusst auf ihrer Kenntnis der Anatomie und des chemischen Körperhaushaltes und geht davon aus, dass die Einnahme einer bestimmten Medizin eine vorherbestimmbare Wirkung hervorruft. Dies trifft jedoch auf die Geistheilung nicht zu. Wir können im Voraus weder versprechen noch vermuten, dass sich ein Heilungserfolg einstellen wird. Es gibt keine Geistheilung „auf Bestellung", auch wenn wir uns ihre Voraussetzungen im Wesentlichen vorstellen können.

Aus unserer Statistik der Heilungserfolge ergibt sich, dass bei etwa 20 Prozent der Patienten keine Besserung einzutreten scheint. Aber um Geistheilung bittet in der Regel meist, wer den Weg zum Arzt aus Furcht vor der Diagnose scheut oder das Vertrauen zu den Ärzten verloren hat - oder aber in der Mehrzahl jene hoffnungslosen Fälle, denen eine medizinische Behandlung nicht helfen konnte, oder die gar als „unheilbar" bezeichnet worden sind. Unter diesen Umständen bedeutet eine Misserfolgsquote von nur 20 Prozent immer noch eine sehr günstige Zahl. Dennoch müssen wir uns näher mit ihr beschäftigen. Ebenso wie jeder gelungenen Heilung ein vernunftmässiger Verlauf zugrunde liegt, so sind auch gegenteilige, tiefere Gründe verantwortlich, wenn in äusserlich gleichgelagerten anderen Fällen kein sichtbarer Heilungserfolg eintritt.

Die Geistheilung ist an dasselbe Allumfassende Gesetz gebunden, dem wir mit unserer Gesundheit von unserer Empfängnis an (und selbst vor unserer Empfängnis) bis zum irdischen Tod unterstehen. Dieses Gesetz legt unter anderem selbst den atomaren Strukturen einen Alterungsprozess auf, so dass die in ihnen beschlossenen Energien mit der Zeit an Kraft und Frische verlieren. Im organischen Leben ist diese Begrenzung noch weit ausgeprägter, und der mit fortschreitendem Alter einsetzende Verfall der Körperfunktionen ist wohl eine der mit unserem Diesseits-Leben verbundenen Strafen. Vielleicht sollte man es nicht einmal als Strafe bezeichnen: denn es ist nicht sicher, ob wir für ewig würden leben wollen. Ein ewiges Leben auf Erden würde uns des grossen Geistigen Erbes im Jenseits berauben, das wir nach dem Ende dieser irdischen Lebensphase antreten. In ihrer Metamorphose zur Puppe und dann zum fortpflanzungsfähigen Schmetterling vollzieht die Raupe ein Gesetz ihres Lebens. Ebenso ist auch uns unsere Verwandlung als Gesetz auferlegt. So wird mancher Patient deshalb nicht geheilt, weil für ihn die Zeit zum Überschreiten der Schwelle gekommen ist.

Weiterhin unterstehen wir dem Gesetz von Ursache und Wirkung. Werden die äusseren Umstände aufrechterhalten, die zur Entstehung einer Krankheit geführt haben, so kann auch Geistheilungsbemühen zu keinem Erfolg führen. Hat zum Beispiel tägliche Überbeanspruchung der Augen bei minutiösen Arbeiten die Sehkraft eines Patienten geschwächt und er hört mit diesen Arbeiten nicht auf, so verhindert er selbst die Gesundung seiner Augen, wenn auch die Geistheilung einen den Umständen entsprechenden, bestmöglichen Zustand aufrechterhalten wird. Oder wenn ein Arthritis- oder Rheumapatient in feuchter Luft arbeiten oder in einem nasskalten Bett schlafen muss, so wird damit den Heilungskräften von vornherein entgegengewirkt. So gehört auch der Gehorsam gegenüber den elementaren Gesundheitsregeln zu den Voraussetzungen völliger Heilung.

Ich denke hier an eine Patientin, die an schwerer Arthritis litt. Ich stellte an ihr mehrere tote Zähne fest. Wahrscheinlich ging von diesen eine Vergiftung des gesamten Bluthaushaltes aus. Ich versuchte ihr nahezulegen, sich alle diese schlechten Zähne ziehen zu lassen, was sie aber aus Angst vor dem Zahnarzt unterliess. So besserte sich ihre Arthritis nur geringfügig, und ihr Fall hätte als „Misserfolg" registriert werden müssen. Schliesslich aber raffte sie allen Mut zusammen und liess die kranken Zähne ziehen. Von Stund an liess ihr Leiden zusehends nach und verschwand mit der Zeit ganz.

Hat die Krankheit ihre Ursachen im seelischen Bereich, so hängt der Verlauf der Heilung davon ab, wie schnell von Jenseitiger Seite die inneren Spannungen und Unstimmigkeiten besänftigt und abgebaut werden können. Häufig haben sich diese Frustrationen so tief im Innern des Patienten festgesetzt, dass er seine ganze Lebensführung darauf eingestellt hat. Hier wird sich die Heilung oftmals nur sehr schleppend vollziehen.

Oft wird noch während der letzten kritischen Tage vor dem Hinscheiden eines Patienten um Geistheilungshilfe gebeten, als letzte Hoffnung der Angehörigen, nachdem die Ärzte dem Patienten nur noch kurze Zeit zu leben gegeben haben. Gelegentliche Heilungen solcher höchst kritischer Zustände finden zwar statt, doch sind sie die Ausnahme. So heisst es in diesen Fällen, die Geistheilung habe versagt. Dennoch widerfährt dem Patienten unzweifelhaft wirksame Jenseitige Hilfe auch dann, wenn seine Wiedergenesung nicht im Göttlichen Plan liegt. Er verliert das Schmerzempfinden, seine Seele erfährt Trost, Kraft und inneren Frieden. Und er findet Schlaf und schlummert sanft hinüber. Solch ein Fall wird als „Misserfolg" gezählt, doch ist es fraglich, ob es sich wirklich um einen solchen handelt.

In diesem Zusammenhang möchte ich die Krankengeschichte meiner Mutter erzählen. Sie litt seinerzeit an so bedrohlichen Schwindel- und Herzanfällen, dass der Arzt fürchtete, sie könne einer solchen Herzattacke erliegen. So erbaten wir selbstverständlich Geistheilungshilfe für sie. Und tatsächlich verschwanden nicht nur die Schwindelanfälle, sondern auch sämtliche Symptome ihres Herzleidens. Im

Alter von 92 Jahren war meine Mutter wieder völlig gesund, widerstandsfähig und in erfreulich gutem Allgemeinzustand, und blieb es auch bis zu ihrem Hinschied im 98. Lebensjahr. Es stellte sich lediglich eine zunehmende Schwerhörigkeit ein. Je mehr das Gehör nachliess, desto stärker nahm ein furchtbares Ohrensausen zu. Vergeblich versuchte ich, eine Besserung des Gehörs bei ihr zu erzielen. So wandte sich meine Mutter schliesslich an Mrs. Olive Burton, die damals meine langjährige, treue und enge Mitarbeiterin war, ob sie nicht wenigstens etwas gegen die Ohrgeräusche unternehmen wolle. Daraufhin hörte augenblicklich das Ohrensausen auf und kam für Jahre hindurch nicht wieder. Die Schwerhörigkeit jedoch blieb trotz aller unserer Heilungsversuche weiter bestehen. Der Grund liegt wahrscheinlich darin, dass ein altersbedingter, irreversibler Abbau ihres Gehörorganes eingetreten war. Man könnte nun den Fall meiner Mutter als „Misserfolg" buchen, da sie ihr Gehör nicht wiedererlangte. Doch dies wäre sicherlich verfehlt in Anbetracht der vielen Beschwerden, von denen sie durch Geistheilung befreit wurde.

Noch ein Weiteres kann für die „Misserfolge" verantwortlich sein. Die Geistheilung beruht, wie ausführlich besprochen wurde, auf mehreren Faktoren: Das Naturgesetz bildet den Rahmen, es bedarf der passenden Heilungskräfte und diese wiederum müssen auf vernunftbegabte Weise gehandhabt und gelenkt werden. Die „vernunftbegabte Handhabung" hängt ab von dem Wissensstand der Jenseitigen Heilungsführer, Kraft dessen sie den gesundheitlichen Umschwung bewirken können. Es wäre ein Irrtum, jenen höheren Intelligenzwesen, die unsere Heilungsführer sind, von vornherein alle Weisheit und allmächtige Kraft zuzuschreiben. Auch sie erwerben wie wir ihr Wissen nur allmählich und durch Erfahrung. Sie müssen sich näher mit dem Studium unserer Leiden und Nöte und mit den Möglichkeiten für deren Heilung befassen. Dieser Faktor fiel uns bei der Heilung bestimmter Leiden wie Rückgratverkrümmungen, grauem Star oder Tumoren auf: Denn heute werden diese Leiden bedeutend leichter und schneller als noch vor zehn Jahren geheilt. Dies beweist, dass Jenseitige Heilungsführer sich weiter in ihren Kenntnissen und ihren Fähigkeiten vervollkommnet haben, mit derartigen Leiden fertig zu werden. Somit befindet sich die Geistheilung in laufender Weiterentwicklung. Eines Tages werden vielleicht manche Krankheiten durch Geistheilung geheilt werden können, bei denen sie heute noch kaum zu wirken scheint.

Der Vollständigkeit halber sei hier noch auf folgende mögliche Gründe für einen „Misserfolg" hingewiesen:

Zum Beispiel kann sich der Patient so an gewisse Symptome seiner Krankheit gewöhnt haben, dass er sich in seinem Verhalten völlig an sie angepasst hat. Bei einer Hüft- oder Kniegelenksversteifung etwa nimmt der Kranke mit Rücksicht auf seine jahrelange schmerzhafte Behinderung eine Schonhaltung an und geht nur mit steifem, aus dem Becken heraus geschwungenem Bein. Wenn nun die Heilungsbehandlung die Versteifung löst, so leitet der Heiler den Patienten dazu an, seine Gelenke wieder normal zu gebrauchen, was ohne Schmerzen gelingt, und zeigt ihm, dass er hinfort wieder wird richtig gehen können. Aber trotz dieses objektiven Beweises wird mancher Patient in seine alte Gewohnheit zurückfallen und weiter mit steifem Bein laufen. Es heisst dann, die Geistheilung habe bei ihm versagt. Bei Arthritis besteht überdies die Gefahr erneuter Gelenkversteifung, wenn der Geheilte die Gelegenheit versäumt, seine wiedererlangte Bewegungsfreiheit durch Übung zu erhalten.

Unbegründete Furchtkomplexe bilden einen weiteren Grund dafür, dass sich Patienten weigern, einen Heilungserfolg einzugestehen. Sie fürchten, es sei ein Unrecht, den Segen der Geistheilung voll und ganz in Anspruch zu nehmen, und dass zur Strafe die Beschwerden zurückkehren könnten. So begnügen sie sich mit den ersten Teilerfolgen und finden sich mit einer relativen Beschwerdefreiheit ab.

Ferner begegnen wir Patienten, die psychisch auf ihre Krankheit fixiert sind. Unter dem Druck des „Ich kann das nicht schaffen" versuchen sie gar nicht erst, ihren Körper ein wenig anzustrengen, obgleich die Geistheilung ihnen bereits die dazu erforderliche Kraft und Frische verliehen hat.

Dann gibt es jene, die ihre Krankheit „pflegen", um dadurch das Mitleid und die Aufmerksamkeit ihrer Mitmenschen zu erheischen. Zwar möchten sie einerseits den Segen der Geistheilung erfahren, im Grunde aber wollen sie die Rolle des Kranken gar nicht aufgeben.

Der Heiler steht auch Hypochondern gegenüber, die mit einer ganzen Liste angeblicher Krankheiten aufwarten. Hier wird ein Erfolg der Geistheilung verneint, weil der Patient sich seine nie dagewesenen Krankheiten weiterhin einbildet.

Rechnen wir alle diese Fälle ab, bei denen solche Faktoren eine Rolle spielen, so erreicht die Zahl der echten Misserfolge erheblich weniger als 20 Prozent.

Sehen wir also die Krankheiten und deren Behandlungsmöglichkeiten durch Geistheilung in der Perspektive, wie sie dieses Buch darstellt, so brauchen wir nur mit Logik und gesundem Menschenverstand an die damit verbundenen Fragen heranzugehen. Es hat keinen Sinn, bei einem Nichterfolg der Geistheilung mit Ausflüchten zu argumentieren und die Schuld mangelndem Glauben oder gar Gott zuzuschieben.

Der Heiler muss begreifen lernen, dass tiefere Gründe vorhanden sind, wenn seine Bemühungen ohne Erfolg bleiben. Er braucht nicht die Schuld bei sich selbst zu suchen oder anzunehmen, seine Heilungsgabe sei nicht genügend entwickelt. Ebensowenig darf er die Verantwortung auf den Patienten schieben oder auf die Jenseitigen Heilungsführer. Wir sollten uns immer vor Augen halten, dass die Geistheilung das Wirken einer höheren Jenseitigen Kunst ist, die innerhalb der Möglichkeiten der Allumfassenden Gesetze der Menschenfamilie unschätzbare Wohltaten erweist.

Die Geistheilung befindet sich durch ihre unzähligen, täglich neu stattfindenden Erfolge in einer aussergewöhnlich starken Position. Täglich bestätigt sich uns das heilbringende Wirken jener weiseren Wesen der Jenseitigen Welt, die die gesetzmässigen Heilungskräfte wirksam einzusetzen wissen, und so in Gottes Heilplan tätig werden. Je mehr wir Einblick in dieses Geschehen – jenem uns von Gott, dem Schöpfer, verliehenen Erbe – erlangen, desto ergriffener stehen wir vor seiner wunderbaren Planmässigkeit und Vielfalt.

Teil B

Die praktische Ausübung

Kapitel 11

DIE KUNST DER MEDITATIVEN EIN-STIMMUNG

1. Vorbemerkung

Erinnern wir uns unseres ersten Grundsatzes: Als einleitender Schritt gehört zur Geistheilung die Aussendung einer gedanklichen Fürbitte an die Jenseitige Welt (Intercession).

Wir entwickeln unsere Heilungsgabe dadurch, dass wir uns in jenen Ein-Klang-Zustand versetzen, in dem diese Fürbitte am leichtesten von den „lauschenden" Jenseitigen Führungswesen oder Helfern empfangen werden kann. Dieser beglückende Zustand wird als „enge Verbindung" / „ Kontakt" (Affinity) oder „Geistiger Ein-Klang" / „Ein-Stimmung in die Jenseitige Welt" (Attunement) bezeichnet.

Heilen ist ein im Schöpfungsplan vorgesehenes Geschehen, bei dem der Heiler für die Übertragung der Heilungskräfte eingesetzt wird. Immer, wenn eine Übertragung oder Durchgabe empfangen werden soll, muss zwischen Übermittler und Empfänger ein Zustand der Übereinstimmung bestehen. Wollen wir nun die Rolle eines Übermittlers für die Jenseitigen Kräfte übernehmen, so müssen wir gewisse Geistige Voraussetzungen schaffen, die uns dazu befähigen. Solche Geistige Ein-Stimmung ist eine Fähigkeit unseres höheren Bewusstseins.

Der Geistige Ein-Klang ist eine Kunst von höchstem Rang. Er stellt den wesentlichen Beitrag des Heilers dar, damit die Verbindung zwischen der Quelle der Jenseitigen Heilungskräfte und dem Patienten zustande kommt. Es sind die hohen Ziele der Liebe und des Mitempfindens, die einen Heiler beseelen. Die aus der Jenseitigen Welt kommende Heilung entspringt demselben Ideal. So entwickelt sich der Ein-Klang, indem die Liebe und das Mitempfinden der Jenseitigen Welt mit der Liebe und dem Mitgefühl des Heilers verschmelzen. Das Ziel der Jenseitigen Heilungsführer, für das sie sich einsetzen und dem sie dienen, ist die Verwirklichung des Göttlichen Planes von der Überwindung der Geissel der Krankheit, auf dass dem Menschen seine Wesensverwandtschaft mit dem Jenseitig-Geistigen und der Gottheit offenbar werde. Derselben Aufgabe hat sich der Heiler verschrieben. So erstreben beide ein gemeinsames Ziel. Aus dieser Übereinstimmung erwächst von selbst der Geistige Ein-Klang, die Verbindung der Jenseitigen Wesen mit dem Geistigen Ich des Heilers.

2. Der Heiler als Werkzeug der Geistheilung

Je mehr wir uns mit der Geistheilung befassen, je mehr Erfahrungen wir sammeln, desto mehr begreifen wir, dass der Heiler nur als Werkzeug der Heilung dient. Die Rolle des Heilers selbst ist eine *sehr schlichte*, sowohl bei der Kontakt- als auch bei der Fernbehandlung. Der Heiler heilt nicht selbst. *Die Heilung strömt durch ihn hindurch, nicht aus ihm.* Der Heiler selbst besitzt nicht die Fähigkeit, die Ursachen einer der medizinischen Kunst widerstehenden Krankheit zu beheben. Durch ihn hindurch geschieht die Heilung als ein sinnvolles, vorgeplantes Werk. Bei der Kontaktbehandlung ist der Körper des Heilers Werkzeug für den Durchfluss der helfenden Heilungskräfte. Bei der Fernbehandlung erreichen die Heilungskräfte den Kranken unmittelbar. Denn nicht nur der Heiler, auch der Patient lebt als Geistiges Ich.

Es ist verständlich, dass ein Heiler sich nicht mit dieser Rolle eines blossen Übermittlers bei der Heilung begnügen möchte. Er will von sich aus mehr dazu beitragen und findet es schwer, einzusehen, dass es von seiner Seite keiner eigenen Leistungen bedarf. Es ist vielleicht das Schwierigste, was ein Heiler begreifen muss, nämlich darin seine Befriedigung zu finden, dass er auf so einfache Weise als Werkzeug bei der Heilung dient.

Unser Beitrag – und dies ist von elementarer Wichtigkeit – besteht darin, uns in der Kunst der Ein-Stimmung mit den Jenseitigen Kräften zu üben, damit wir zu brauchbaren Werkzeugen für die Jenseitigen Heilungsführer werden. Die Heilungskraft strömt durch uns hindurch und nicht aus uns.

Dieses Ein-Stimmen führt einen Zustand des Geistigen Ein-Klanges, der Schwingungsgleichheit mit den Geistführern herbei. Es entsteht zwischen dem Heiler und dem Jenseitigen Heilungsführer eine Harmonie, in der Gedankeneindrücke sowohl vom Heiler zum Geistführer fliessen können, als auch – als Eingebungen – vom Geistführer zum Heiler. Durch den Ein-Klang wird das Geistige Ich des Heilers zu einem Kanal für den Durchfluss der Heilungsenergien.

Das Ein-Stimmen bedeutet dem Anfänger oft ein Problem, doch fällt es dem geübten Heiler nicht schwer. Mit zunehmender Erfahrung wird ihm die Ein-Stimmung zur zweiten Natur. Aber sie lässt sich selbst bei einem noch so erfahrenen Heiler immer weiter verbessern und vertiefen.

3. Das Heilen in Trance

Der Ein-Stimmungs-Zustand kann einem sehr leichten Grad von Trance ähnlich sein. Manche Heiler pflegen ihre Heilungen in einem tiefen Trance-Zustand vorzunehmen. Dabei handelt es sich um eine sogenannte kontrollierte Trance, weil die Gegenwart des Jenseitigen Heilungsführers stark in den Persönlichkeitskreis des Heilers hereingezogen wird und eine beherrschende Kontrolle über ihn übernimmt. Manche Heiler haben ihre Laufbahn auf diese Weise begonnen, finden es aber mit zunehmender Erfahrung und Praxis nicht erforderlich, sich in Trance zu versetzen.

Arbeitet ein Heiler unter enger Trancekontrolle eines einzelnen Jenseitigen Geistführers, so wird der Bereich seiner Heilungen durch die Kenntnisse dieses Geistführers begrenzt. Wenn er auch ein grosses Mass an Weisheit besitzt, so kann nicht erwartet werden, dass er die ganze, unendliche Vielfalt der die Menschheit heimsuchenden seelischen und körperlichen Gebrechen zu heilen versteht. Ebenso wie sich auch die diesseitigen Ärzte angesichts der Fülle der Krankheiten spezialisieren müssen.

Verfällt ein Heiler aber nicht in Tieftrance, das heisst, lässt er sich nicht völlig von seinem Geistführer in Besitz nehmen, sondern verweilt nur in einem Zustand des Ein-Klanges mit ihm, so bleibt er frei, um als Mittler auch für jeden weiteren Jenseitigen Heilungsführer zu dienen, der für die Behandlung einer bestimmten Krankheit bessere Fähigkeiten besitzt.

Es hat noch weitere Vorteile, nur im meditativen Ein-Klang und nicht unter der vollen Trancekontrolle eines Geistführers zu heilen. Erstens nimmt der Heiler bewusst am Heilungsvorgang teil. Zweitens verfeinert sich seine intuitive Wahrnehmungsfähigkeit mehr und mehr. Drittens wird er bis zu einem gewissen Grad ein Partner mit eigenen Kenntnissen. Und schliesslich kann er bewusst den Moment miterleben, in dem er mit jener inneren Gewissheit weiss: Jetzt lassen die Krankheitssymptome nach.

Ferner versetzt die meditative Ein-Stimmung den Heiler in einen Grad mitverantwortlicher Geistiger Verbindung, so dass ihm intuitiv die Ursachen und Symptome einer Krankheit erkennbar werden und ihm ausserdem Ratschläge für die aktive Mitarbeit des Patienten zufallen.

Es kann einem Heiler, der an Trance gewöhnt ist, widerfahren, dass er um Hilfe für einen Patienten unter Umständen gebeten wird, die eine Trance nicht erlauben, zum Beispiel wenn er einen Patienten im Krankenhaus besucht. Es bleibt ihm dann nur, ganz einfach und formlos um Heilung zu beten – und meistens auch in diesem Fall mit gutem Erfolg.

Daher möchte ich denjenigen Heilern, die bisher in Tranceführung zu heilen pflegten, den Vorschlag machen, die Methode des Heilens in blosser Ein-Stimmung zu versuchen, wie in diesem Buch beschrieben – und sei es nur als Experiment.

4. Das kosmische Atmen

Es ist wichtig, dass der Heiler lernt, kosmische Energie durch gezielte Atmungs-weise in sich aufzunehmen. Für den Anfänger ist dies nicht unbedingt notwendig, denn es zählt nicht zu den Voraussetzungen für die Geistige Ein-Stimmung, die bereits vollständig behandelt wurden. Dennoch wird allen Schülern die kosmische Atmung sehr empfohlen, denn sie ist der geistigen Entwicklung förderlich und be-deutet zugleich eine grosse Hilfe für die Erhaltung unserer körperlichen Gesund-heit und unserer Reserven an innerer Kraft.

Was ist „Kosmisches Atmen"? Im Abschnitt über die kosmischen Energien haben wir bereits dargestellt, dass um uns herum heilsame kosmische Kräfte strömen. Der normale gesunde Körper nimmt beständig ein Gemisch aller dieser belebenden kos-mischen Energien in sich auf, die er zur Erhaltung des gesundheitlichen Gleichge-wichts braucht. Lassen wir dieses Einatmen zu einem bewussten Vorgang werden, so steigert sich die Wirksamkeit dieser kosmischen Kräfte bedeutend, und der innere Kraftvorrat füllt sich umso mehr.

Für das kosmische Atmen ist es wichtig, dass wir körperlich und geistig völlig ent-spannt sind. Nach einer Weile, wenn der „innere Frieden" eingekehrt ist, versuchen wir, uns unseres Atmens bewusst zu werden. Wir atmen ruhig und behutsam durch die Nase ein, lassen die Lunge sich langsam füllen, lassen das Blut einen Moment Sauerstoff und Kraft aufnehmen und atmen dann die verbrauchte Luft ebenso lang-sam wieder aus.

Beim Einatmen nehmen wir bewusst ein Mehr als nur die Luft in uns auf: wir vertrauen darauf, dass zugleich innere Stärke und Lebenskraft in uns eindringen, die unseren Körper reinigen und beleben sollen. Wir atmen wieder aus in dem Be-wusstsein, dass wir alles Verbrauchte und Schädliche ausscheiden.

Man sollte das gezielte Atmen in seinen Fernheilungs-Sitzungen der Fürbitte vo-rausgehen lassen. Die kosmischen Kräfte gehören zwar zu den diesseitigen Erschei-nungen um uns, stehen jedoch in engerer Beziehung zu den Jenseitigen Heilkräf-ten. Indem der Meditierende seine Kraftvorräte steigert und die neue Stärke in sich wachsen fühlt, kann sich auch sein höheres Bewusstsein inniger mit der Jenseitigen Welt verbinden und seine Fürbitten können dort besser aufgenommen werden.

Die bewusste, kosmische Atmung braucht übrigens nicht auf die Zeiten der Ein-Stimmung beschränkt zu werden. Man kann sich zu *jeder* Tageszeit durch gezieltes Atmen stärken: vor oder beim Aufstehen, während der Wasserkessel kocht, ehe wir das Haus verlassen, und noch einmal vor dem Schlafengehen. Sollte ein Spaziergang uns in die Nähe von Birken und Eichen oder gewisser Heckensträucher führen, die hellglänzende Blätter besitzen, so sollten wir deren Duft ebenso bewusst einatmen wie die frische, ozonhaltige Meeresluft, von der wir instinktiv wissen, wie heilsam und belebend sie für uns ist.

Man verwechsle unsere gezielte Atmung nicht mit jener heftigen forcierten, raschen Atmungsweise, wie sie in manchen Zirkeln zum Zwecke der Entwicklung medialer Gaben geübt wird. Ich meine ein gleichmässiges und beruhigendes, innerlich erhebendes Atmen, das mit unseren Fürbitten verschmilzt und uns jene innere Stärke und Ruhe verleiht, aus der heraus wir unsere Gedanken zu unseren Kranken hinsenden können.

5. Die meditative Ein-Stimmung und Fürbitte bei der Fernbehandlung

Die in den Menschen guten Willens und liebenden Mitfühlens schlummernde Heilungsgabe lässt sich am besten über die *Fernheilung* erwecken. Denn bei der Fernheilung setzen wir die Fähigkeit der Ein-Stimmung ein, die ja für alle Phasen der Geistheilung von grösster Bedeutung ist. Auch kann man über die Fernheilung als Vorstufe ganz allgemein seine medialen Fähigkeiten zur Entfaltung bringen. Denn es liegt im Wesen der Fernheilung, dass sie auf ganz freie und selbstverständliche Art den Umgang mit der Jenseitigen Welt erlernen lässt.

Manche Heiler beginnen ihre Laufbahn in einem privaten oder kirchlichen Heilungszirkel unter Aufsicht eines erfahrenen Heilers. Andere werden sich ihrer Heilungsgabe bewusst, während sie in einer Gruppe andere mediale Fähigkeiten zu entwickeln suchen, unter anderem auch die der Trance. Diese ist nur insofern nützlich, als der Schüler erkennt und darauf vertrauen lernt, dass sich alles ohne eine eigene, bewusste Anstrengung vollzieht.

Dieses Buch will insbesondere denjenigen helfen, die keinem etablierten Zirkel beitreten wollen oder können, sondern ihre Heilungsgabe zu Hause still für sich entwickeln möchten.

Der Heiler sollte sich bewusst und regelmässig darum bemühen, seine Verbindung mit der Jenseitigen Welt immer enger werden zu lassen. Abgesehen von dem Nutzen für die Patienten bringt dies für ihn selber wohltuende Erhebung und Entspannung mit sich.

Es gibt mehrere Wege, sich auf die Jenseitigen Kräfte ein-zustimmen, aber die folgenden praktischen Hinweise sind dem Leser vielleicht eine Hilfe.

Beim Heilen vollzieht sich nichts Zufälliges, wir müssen unseren Gedanken immer einen Sinn geben. Deshalb sollte sich gerade der Anfänger in innerer Ruhe und freudiger Erwartung auf die Gelegenheiten zur Heilmeditation einstellen. Denn da sich die Geistheilung als ein Denkvorgang vollzieht, ist es umso besser, je ausgeglichener und glücklicher wir uns fühlen, und wir sollten uns bewusst darauf einstellen. Dazu gehört, dass wir uns auf unsere Meditationen freuen, und dass wir erfrischt und innerlich vorbereitet an die wichtige Aufgabe des Ein-Stimmens mit der Jenseitigen Welt herangehen.

Zu Anfang dürften zwei Meditationen in der Woche genügen, aber nach und nach nehmen sich erfahrenere Heiler an jedem Tag Zeit, um mit der Jenseitigen Welt zur Hilfe für die Kranken in Verbindung zu treten.

Der Heiler sollte sich irgendwohin zurückziehen, wo er ruhig und ungestört zwanzig bis dreissig Minuten sitzen kann. Die Dauer der Sitzung kann sich im Laufe der Zeit noch verlängern. Zu Anfang ist eine halbe Stunde ausreichend.

Vielleicht ist es möglich, diesen Meditationsplatz ein wenig heilig zu halten, zum Beispiel mit frischen Blumen. Denn dies ist nicht nur eine psychologische, sondern eine echte geistige Hilfe.

Wir müssen wissen, dass die Ein-Stimmung auf die Jenseitigen Kräfte ein einfacher, natürlicher Vorgang ist. Jeder Anschein einer „Zeremonie" ist zu vermeiden. Es ist beinahe wie ein Vor-Sich-Hin-Träumen, aber in dem Bewusstsein der Aufnahmefähigkeit für Geistige Dinge.

Der Heiler sollte sich bequem und mit aufrechtem Körper hinsetzen. Ein Stuhl mit Armlehnen, auf die er die Hände legen kann, trägt zur völligen Entspannung des Körpers bei und eignet sich besonders. Das Licht sollte etwas abgedunkelt werden, damit die Augen nicht geblendet und auch nicht abgelenkt werden und das Bewusstsein nicht abirren kann. Für die Verwendung farbigen Lichts besteht kein Grund, sofern der Meditierende es nicht gerade als wohltuend empfindet.

Wenn der Heiler sich völlig entspannt fühlt, sollte er sich seines Atems erinnern und bewusst kosmische Kräfte in sich aufnehmen und Verbrauchtes ausstossen.

Der Geisteszustand, den wir in diesen Stunden der Beschaulichkeit erlangen wollen, ist die innige Meditation. Er ähnelt dem, was wir „Tagträumen" nennen, wenn die Gedanken umherwandern und wir alles andere um uns vergessen. Wir sitzen still für uns, und unsere Gedanken streifen Weltliches und weniger Weltliches: frohe Aussichten, Ferien, Sehnsüchte, glückliche Erinnerungen. Je mehr sich unser körperbezogenes Ich in solche Gedanken verliert, steigt allmählich unser Geistiges, höheres Ich empor.

Mancher glaubt fälschlicherweise, zur Erreichung des geistigen Ein-Klanges sei „tiefe Konzentration" erforderlich. Doch ist dies das genaue Gegenteil des erwünschten Zustandes. Wir suchen keine gedankliche Konzentration, sondern ein Sich-Lösen und ein Sich-Verlieren in geistige Vorstellungen. Man soll allerdings nicht versuchen, alles Denken auszulöschen. Das würde nicht gelingen, denn es ist unmöglich, alle Gedanken durch geistige Anstrengung oder Konzentration zu verbannen. Man soll in gelöster, beschaulicher Betrachtung, in meditativer Stille an die Verbindung zu den Jenseitigen Führern denken, und an den Sinn dieser Verbindung, nämlich die Heilung der Kranken und die Verminderung des Leidens. Verweilen wir mit unseren Gedanken bei solchen Vorstellungen, so öffnen wir uns durch unser Geistiges Ich auch den Eingebungen, die die Jenseitigen Führer in unsere Gedanken einfliessen lassen können. Man erhalte keinen Gedankengang zu lange aufrecht, sonst stellt sich eine geistige Anspannung ein, die es zu vermeiden gilt.

Bei jeder Meditation sind unsere ersten Gedanken ein Gebet zu Gott. Vorgefasste Gebetstexte sind von geringem Nutzen, denn sie werden zu mechanischem und inhaltslosem Rezitieren. Schlichte Worte sind die besten, und sie sollten ganz zwanglos fliessen, wie eine Zwiesprache mit Gott. Wir vermeiden unnatürliche und hochtrabende Phrasen, wir erbitten Hilfe für „heute abend" und nicht „für die heutige Abendstunde". Wir sagen Gott in unseren Gedanken, dass wir Ihm und Seiner guten, gerechten Sache dienen und dazu beitragen wollen, Krankheit und Übel zu überwinden, damit in Leib und Seele unserer Patienten Glück und Gesundheit einkehren mögen. Wir bitten Gott, dass Seine Diener aus der Jenseitigen Welt uns in der Meditation leiten und beschützen mögen, auf dass uns die unumstössliche Gewissheit erwachse, dass Seine Kraft und Güte in uns einströmen.

Zur Überleitung können wir nun ein frommes Lied oder eine vertraute Melodie vor uns hinsummen, und schwingen innerlich im Rhythmus dieser Töne. So versetzen wir uns in unseren meditativen Gedanken in eine friedvolle, selige Stimmung. Wir verweilen dann bei einem geistigen Symbol, etwa der Schönheit einer Blume in der Form ihrer Blütenblätter, ihrer Farbe und ihrem Duft. Oder wir treiben in Gedanken einen ruhigen Fluss hinunter und versuchen, die sanfte Bewegung des

Wassers zu empfinden und die vorbeiziehende Landschaft einzufangen. Oder wir stellen uns vor, wie wir durch einen sonntäglichen Wald wandern, in dem die Sonnenstrahlen zwischen den Zweigen durchbrechen. Wir erleben die Farbenpracht der untergehenden Sonne. Oder wir machen uns ein Bild davon, wie wir gern der Menschheit grössere Dienste erweisen wollen, vielleicht als Heiler, vielleicht auf andere Weise. Wir führen uns Jesu Wirken vor Augen, wie Er den Leprakranken, den Lahmen, den Krüppel heilte, – wie Er Jairi's Töchterlein erweckte durch eben die Geistige Heilungskraft, die uns hier beschäftigt. So wird von selbst, durch Gedanken der Anmut, der Schönheit und der edlen Werte, die Geistige Seite in uns gefördert, und unser höheres Bewusstsein kann emporsteigen.

Zunächst werden wir kaum einen wesentlichen Unterschied an uns verspüren, sondern uns ganz normal vorkommen. Wir verbannen jeden Furchtgedanken. Sollte das einmal nicht gelingen, so brechen wir an diesem Tag die Meditation lieber ab. Es darf bei unserer Sitzung keinesfalls zu einer echten Trance oder unserer Inbesitznahme durch ein Jenseitiges Geistwesen kommen. Trancesitzungen darf man nie allein, sondern immer nur unter der Aufsicht eines qualifizierten Leiters in einem wohlgeführten Zirkel veranstalten. Das Ziel unserer Sitzung sind die Meditation und der Ein-Klang mit der Jenseitigen Welt, nicht aber die Herbeirufung spiritueller Wesenheiten.

Es ist wichtig, dass Sinn und Ziel unserer Meditation uns bewusst bleiben. Es erleichtert das Zustandekommen der Verständigung mit der Jenseitigen Welt.

Durch unsere friedvollen Gedanken und unseren Wunsch zu heilen werden sich jetzt in uns Gefühle der Liebe und des Erbarmens für die in ihrer Krankheit Leidenden entfaltet haben. So ist unser höheres Bewusstsein allmählich in den Vordergrund getreten. Wenn wir dann das Gefühl haben, dass ein Zustand Geistigen Ein-Klanges erreicht ist, bedarf es nur noch der einfachen, schlichten Fürbitte für den Kranken. So lenken wir unsere Gedanken hin zu einem kranken Verwandten oder Freund. Wir vergegenwärtigen uns für ein paar Augenblicke sein Bild in seiner Umgebung und auch seine uns wohlbekannte Krankheit, deren Symptome wir sicherlich aufzählen können. Wir tun dabei genau so, als wollten wir unsere Gedanken an jemanden weitergeben, der in uns „hineinlauscht". Das ist alles. Der Vorgang ist einfach und ungezwungen. Wir versuchen, unser gedankliches Bild hinauszuprojizieren und das Jenseitige Wesen zu erreichen, das dieses Bild empfangen soll. Unser höheres Ich hat sich dem Geistigen geöffnet. Daher wird unser Bild bei denjenigen, die sich mit uns verbunden haben, auch ankommen.

So richten wir an die Jenseitigen Helfer, die nunmehr um uns sind, in Gedanken die einfache und schlichte Bitte, sie mögen dem Patienten helfen, dass seine Schmerzen, seine Behinderungen und seine Verkrampfungen gebessert und überwunden werden.

Dies ist die Aussendung der auf die Heilung gerichteten gedanklichen Botschaft. Damit haben wir den ersten, unumgänglichen Schritt vollzogen, damit die Geistheilung ihren Lauf nehmen kann.

Unsere Gedankenbitte soll sinnvoll und gezielt sein im Unterschied zu einem unbestimmt geäusserten Hilferuf. Hat der Patient zum Beispiel Armschmerzen, so bitten wir ausdrücklich um Schmerzlinderung und Besserung für eben diesen Arm. Wir dürfen übrigens auch für uns selbst um Hilfe bitten, wenn wir ihrer bedürfen.

Wir sollten den Vorgang nicht dadurch komplizieren, dass wir den Jenseitigen Führer herbeizurufen oder persönlich anzureden versuchen. Denn wir dürfen dessen gewiss sein, dass ein Jenseitiger Heilungshelfer in unseren Gedanken lauscht und sie aufnimmt und dass er genau versteht, welchen Patienten wir mit unseren guten Wünschen meinen.

Ist dem Heiler bekannt, welcher Jenseitige Geistführer ihm beigeordnet ist, so stellt er seine Gedanken auf diesen ein. Er darf sich dessen Gestalt auch bildlich vorstellen, so wie er ihn kennt. Sobald der Meditierende empfindet, dass der Ein-Klang mit dem Geistführer hergestellt ist, übermittelt er ihm die Fürbitten für die Kranken, und zwar so frei und natürlich, als führe er mit dem Geistführer eine „Unterhaltung".

Es besteht kein Grund zur Sorge, falls dem Meditierenden Individualität oder Namen seiner Jenseitigen Heilungsführer nicht bekannt sind. Er darf dennoch gewiss sein und mit grösstem Vertrauen an dieser Gewissheit festhalten, dass „Jemand" um ihn ist und seine innersten Gedanken aufnimmt. Denn solange wir uns unseres höheren Bewusstseins bedienen, können und werden die Geistführer uns zuhören.

Wir brauchen nur unser eigenes Vorstellungsbild hinauszusenden, so dass der Geistführer es empfangen kann. Zusammen mit der Fürbitte dürfen wir unsere Zuversicht ausdrücken, dass unsere Jenseitigen Zuhörer tatsächlich zu helfen befähigt sind und den Schmerz, die Versteifung oder die Verkrampfung des Patienten auflösen können.

Es wäre ein grosser Fehler, die Situation dadurch anzuspannen, dass wir Gott oder die Jenseitigen Helfer beschwören und inbrünstig um Heilung unseres Patienten anflehen. Dies würde Krampf und Verwirrung in unsere Gedanken bringen, und den Ein-Klang mit den Jenseitigen Kräften zerstören.

Ebensowenig sollen wir aber zu lange bei demselben Patienten verweilen, denn auch dies birgt die Gefahr, dass unsere eigenen Gedanken wieder aufkommen und den meditativen Ein-Klang unterbrechen. Unsere Fürbitte soll nur die Aufmerksamkeit der Jenseitigen Helfer auf den einen, an einer bestimmten Krankheit leidenden Patienten lenken. Das ist alles.

Haben wir für den ersten Patienten Hilfe erbeten, so bringen wir diesen Gedankengang zum Abschluss und wenden uns in unserer Fürbitte dem nächsten Patienten zu. Wir behalten die innere Gewissheit, dass die Heilungsführer weiter „mithören". Es braucht nur so viel Zeit auf jeden Kranken verwendet zu werden, als es für die Aufzählung seiner Beschwerden bedarf. Langatmige Fürbitten tragen nicht zu der Wirksamkeit der Heilung bei.

Anfangs soll man in der Meditation nicht zu viel zu erreichen suchen oder die Verbindung zu lange aufrechterhalten wollen. Nachdem wir alle Fürbitten ausgesprochen haben, lassen wir unsere Gedanken zur Ruhe kommen. Wir verweilen noch ein wenig im Zustand geistiger Entspannung, summen vielleicht noch einen schönen Choral und danken Gott für das Geschenk, anderen helfen zu dürfen.

Wir dürfen die Jenseitigen Heilungsführer als unsere guten, persönlichen Freunde ansehen. Wir sollten deshalb auch ihnen für ihre Mitwirkung bei eingetretenen Besserungen unsere grosse Freude und Dankbarkeit ausdrücken. Dann führen wir unser Bewusstsein ganz behutsam in den normalen Alltag zurück.

Wer für Musik empfänglich ist, kann sie als Einleitung oder Ausklang der Meditation mit einbeziehen. Falls es sich als hilfreich erweist, darf sanfte Musik durchaus die ganze Meditation begleiten.

Es gibt keine festen Regeln, wie lange eine solche Meditation dauern sollte. Während der ersten Male scheinen die Minuten stillzustehen. Doch nach und nach vergeht einem die Zeit dabei immer schneller und erfüllter, und wird einem schliesslich zur Wohltat, auf die man sich schon den ganzen Tag freut.

Es bietet sich an, in die Fernheilungsmeditation auch die Kranken mit einzubeziehen, die eine Kontaktbehandlung empfangen haben, und die Bitte um Heilung zu wiederholen. Daraufhin wird der Heiler meist feststellen, dass die nächsten Kontaktbehandlungen leichter vonstatten gehen, weil die Patienten bereitwilliger auf sie ansprechen und der Geistige Ein-Klang sowohl mit den Kranken als auch mit dem Jenseitigen Führer sich inniger gestaltet.

Zu Anfang wird es am besten sein, die Sitzungen auf eine bestimmte Zahl in der Woche — etwa zwei oder drei – zu beschränken, möglichst an festen Tagen. Dies ist zwar nicht zwingend, trägt aber zu einer gewissen Regelmässigkeit in unserer Entwicklung bei und ist daher besser, als gelegentliche, zu allen möglichen

Zeiten abgehaltene Sitzungen. Andererseits braucht man sich auch keinen starren Anfangszeiten zu unterwerfen. Die Wesen in der Jenseitigen Welt leben nicht, wie wir so oft, unter strenger Zeiteinteilung. Wir beginnen erst, nachdem wir in Ruhe die Pflichten des Tages erledigt haben, auch wenn sie etwas länger als vorgesehen dauern. Man darf sie nicht übereilen, sondern soll Befriedigung in ihrer Erfüllung suchen. Wenn wir dann frei sind und in uns der Wunsch aufsteigt, uns mit dem Jenseitigen zu verbinden, ist der Zeitpunkt genau richtig.

Vielleicht ist der Eindruck entstanden, dass nur abends die rechte Zeit zum Meditieren sei. Das trifft nicht zu. Für viele, die tagsüber arbeiten müssen, ist die Abendstunde aber am besten geeignet, weil sich ihnen nach Beendigung des Tagwerks die Gelegenheit für Ruhe und Entspannung bietet.

Jede andere Tageszeit ist ebenso recht, wann immer wir das Bedürfnis zur Meditation verspüren. Selbst auf einem einsamen Spaziergang, wenn es ruhig um uns ist und wir langsam vor uns hinschlendern können, lassen sich die Gedanken auf Geistige Dinge lenken.

Man braucht sich für die Meditation keine asketischen Übungen wie Fasten, barfuss Sitzen oder Schweigezeiten aufzuerlegen. Man soll so natürlich sein wie immer und eine unverkrampfte Haltung einnehmen, um sich so leicht und so einfach wie möglich entspannen zu können.

Viele Anfänger werden dadurch verunsichert, dass sie nicht recht wissen, wann der Zustand des Ein-Klanges mit den Jenseitigen Kräften erreicht ist. Er lässt sich auch mit Worten schwer beschreiben, da das rein körperliche Befinden sich nicht ändert: es wird einem zum Beispiel weder heiss noch kalt. Es ist ein fein abgestimmter Zustand zwischen Bewusst-Sein und geistigem Gewahr-Werden, eine innere Gewissheit, oder auch das glückliche Empfinden von Kraft und innerem Frieden. Den Unterschied erkennt man oft erst dann, wenn man seine Sinne wieder in den Alltag zurückkehren lässt: man fühlt sich „anders", so als wäre man von einem „Zustand des Wissens" wieder in seinen irdischen Gesichtskreis eingetaucht. Der nachträgliche Beweis kommt dann, wenn unsere Patienten, für die wir gebetet haben, viel schneller als erwartet und entgegen den ärztlichen Voraussagen gesund werden.

Wir würden diese Meditation nicht abhalten, wären wir nicht von dem Wunsch beseelt, in enge Verbindung mit der Jenseitigen Welt zu treten: dies ist an sich schon ein Ausdruck unseres höheren Bewusstseins, ein geistiger Wunsch. Wenn wir in diesem Sinne zu meditieren beginnen, dürfen wir uns fest darauf verlassen, dass uns die Geistige Ein-Stimmung gelingen wird. Unsere Jenseitigen Mentoren wünschen sie ebenfalls voller Ungeduld herbei.

In der Jenseitigen Welt ist der Wunsch nach dem Ein-Klang immer vorhanden. Aber von Seiten des als Werkzeug dienenden Menschen muss er ausdrücklich hinzukommen. Je öfter der Heiler danach strebt, desto leichter wird ihm die Ein-Stimmung gelingen, bis sie ihm zur „zweiten Natur" wird und sich von selbst einstellt, sobald er fürbittende Gedanken für einen Kranken aussendet.

Dies ist also unsere innere Vorbereitung für den Geistigen Ein-Klang und zugleich der erste Schritt in unserer weiteren Entwicklung als Geistheiler. Überstürzen wir nichts – ein langsames, aber sicheres Hineinwachsen gibt uns mehr Halt als vorschnelle Fortschritte. Dem einen wird die Verbindung mit der Geistigen Welt rascher gelingen als dem anderen. Es lassen sich hier keine allgemeinen Massstäbe festlegen. Für jeden Menschen gelten eigene Gesetze. Man kann bei der Kunst der Geistigen Ein-Stimmung nie auslernen, und sie wird, indem wir sie mit wahrem Grund suchen, immer tiefer und vertrauter, bis wir mit den Jenseitigen Führungswesen so natürlich in Verbindung zu treten lernen, als unterhielten wir uns mit irdischen Freunden.

Dabei wird die eigene geistige Entwicklung des Heilers immer nur gefördert. Wir werden der mit dieser Entwicklung verbrachten Zeit nie nachtrauern. Sie beschenkt uns mit innerer Heiterkeit und dem Gefühl des Glücks. Unsere Heilungsgabe wird sich mehr und mehr entfalten und wir dürfen immer tauglichere Instrumente für die Jenseitigen Heilungsführer werden.

Immer stärker werden wir uns in so reichem Masse belohnt fühlen, wie es sich in irdischen Begriffen nie wird ausdrücken lassen.

6. Der meditative Ein-Klang bei der Behandlung des anwesenden Patienten (Kontaktbehandlung)

Bei der Behandlung des anwesenden Patienten wird sich der Heiler leichter bewusst, wann der Zustand des Geistigen Ein-Klangs erreicht ist. Das Zeichen ist die in seinem Innern aufstrahlende grosse Freude, wenn der Schmerz des Patienten nachlässt oder ein Leiden sich bessert oder geheilt wird. Dieses Hochgefühl inneren Jubels übertrifft jede andere Glücksempfindung. Es ist eine Freude, die unserem höheren Bewusstsein entspringt, und die wir nie erleben könnten, wenn wir uns nicht im Geistigen Ein-Klang befänden.

Bevor der Heiler mit dem Handauflegen beginnt, verweilt er einige Augenblicke still, um den meditativen Ein-Klang mit der Jenseitigen Welt zu erlangen, und selbst wenn gleichzeitig im Raume anderweitige Betriebsamkeit im Gange ist oder ein Patient durch den nächsten abgelöst wird, kann der Heiler mit zunehmender Erfahrung im Zustand der Ein-Stimmung bleiben.

Der Heiler beginnt die Behandlung damit, dass er sich, erfüllt von Mitgefühl für den hilfesuchenden Patienten, zunächst auch in diesen ein-stimmt bzw. „ein-fühlt". Dazu lässt man den Patienten sich entspannen, und ebenso soll der Heiler einen Augenblick still werden, um die innere Verbindung zu beiden, sowohl zum Patienten als auch zur Jenseitigen Welt, zu vertiefen. So erreichen wir den Idealzustand: Ein-Klang des Heilers mit Jenseitiger Welt und Patienten – und dadurch Ein-heit aller drei. Wie wichtig das Ein-Fühlen in den Patienten ist, kann nicht genug betont werden. Denn – wie wir wissen –vollzieht nicht der Heiler die Heilung, sondern er ist nur das Instrument, durch das die Heilungskräfte hindurchgeleitet werden. Gleiches kann nur mit Gleichem in Verbindung treten: die Jenseitigen Kräfte fliessen durch das Geistige Ich des Heilers, das in dessen Körper wohnt, hin zum Geistigen Ich des Patienten und von da aus in dessen kranken Körper hinein.

Daher muss bei der ersten Berührung zwischen Heiler und Patient das Gefühl vollkommenster harmonischer Übereinstimmung der beiden erreicht werden.

Kapitel 12

DIE FERNBEHANDLUNG

1. Vorbemerkung

Wir erleben, dass medizinisch für unheilbar erklärte Patienten allein dadurch geheilt werden, dass in ihrer Abwesenheit für sie Heilungsfürbitte stattfindet. Wenn wir uns entschliessen, diese Heilungsmöglichkeit als Tatsache zu akzeptieren, eröffnet sich uns der Einblick in ein Geschehen von grösster Bedeutung, das gewiss eines Tages die wichtigste unter den verschiedenen Arten zu heilen werden wird.

Wir sprechen von „Fernbehandlung" im Gegensatz zur Kontaktbehandlung des anwesenden Patienten, bei der durch die Begegnung von Heiler und Patient ein tatsächlicher Kontakt gegeben ist. Eine andere sehr treffende Bezeichnung, die mehr in religiösen Kreisen gebraucht wird, ist „Göttliche Heilung" oder „Gebetsheilung". Aber gleich unter welchem Namen, es kommt immer nur darauf an, dass die Fernbehandlung aus dem richtigen Geist heraus und unter den richtigen Umständen geschieht, um zum Wohle der Kranken wirken zu können.

Wenn ein Patient von einem körperlichen oder seelischen Leiden – teilweise oder ganz – gesundet, sobald die ersten Heilungsfürbitten für ihn ausgesandt werden und jede andere Erklärung für eine Besserung ausscheidet, ist der Beweis für die Wirksamkeit der Fernbehandlung erbracht. Denken wir an den typischen Fall des Schwerkranken, dem nach jahrelanger ärztlicher Behandlung und Krankenhauspflege eröffnet wird, es könne nun für ihn nichts weiter getan werden und er müsse mit seiner Krankheit leben lernen. Bis auf Schmerztabletten und zum Beispiel ein Stützkorsett werden alle Behandlungsmassnahmen und Arzneien abgesetzt. In diesem Stadium kommt die Bitte um Fernheilung: Und in verhältnismässig kurzer Zeit lassen die Beschwerden und Schmerzen zusehends nach und verschwinden schliesslich ganz.

Unter den Geistheilern in der ganzen Welt breitet sich die Ausübung der Fernbehandlung immer mehr aus. Kirchen und Sekten befassen sich mit der Fernheilung in Gebetskreisen und ähnlichen Gruppen. Das Geistheilungszentrum (Spiritual Healing Sanctuary) des Verfassers in Shere bei Guildford in der englischen Grafschaft Surrey ist zum Hauptausgangspunkt für Fernheilung in der Welt geworden. Millionen haben hier um Fernheilung gebeten und Heilung ihrer Beschwerden erfahren. Die Entfernung stellt kein Problem dar. Der wöchentliche Posteingang in Shere liegt beständig zwischen neun- und elftausend Briefen, und seit 1948 wurden über 15 Millionen Heilungs-Bittbriefe empfangen und beantwortet. Ohne den hohen Prozentsatz tatsächlicher Heilerfolge wäre dieser Strom von Briefen rasch versiegt. Schliesslich schreiben nur wenige Menschen gern, oder sie werden dessen bald überdrüssig. Ist jemand gesund geworden, so bricht er oft ohne nähere Begründung den Briefwechsel mit dem Heiler ab. So legt das alljährliche Eintreffen von unverändert nahezu einer Million Briefen ein beredtes Zeugnis zugunsten der Fernheilung ab. Das ist deshalb umso bedeutsamer, als die Menschen selten wegen geringfügiger Beschwerden zur Feder greifen, sondern erst dann, wenn eine medizinische Behandlung nicht anspricht oder der Patient gar für „unheilbar" erklärt worden ist, oder in dringenden Notfällen, wie zum Beispiel bei kritischen Unfallverletzungen.

Die Fernbehandlung wird von den Heilern selbst oft als Stiefkind der Heilbewegung angesehen, einfach weil sie den Sinnen nicht greifbar, abstrakt und unpersönlich erscheint, denn der Heiler kennt den Patienten möglicherweise gar nicht, bekommt ihn vielleicht nie zu Gesicht. Oft hört er von ihm nur über dritte Personen, und seine einzige Quelle ist nur ein Brief, eine mündliche Mitteilung oder ein Telefonanruf. Anders bei der Kontakt-Behandlung, wo der Heiler körperlich mitwirkt und sich bewusst als Werkzeug bzw. Mitarbeiter seiner Jenseitigen Helfer erlebt. Er spürt den Durchfluss der Heilenergie von sich auf den Patienten und wird Zeuge des unmittelbaren und greifbaren Rückgangs der Beschwerden: Wie der Patient sich freier bewegt, sein Schmerz nachlässt, seine Nerven ruhiger werden, dass er besser hört und sieht oder andere Störungen beseitigt werden.

All das kann der Heiler im Falle der Fernbehandlung nicht persönlich miterleben. Auch für den Patienten entfällt der psychologische Vorteil der körperlichen Behandlung, denn er steht dem Heiler nicht gegenüber, hört ihn nicht sprechen, fühlt nicht das Einströmen der Heilenergie. Am Anfang, solange sie keine Besserung empfinden, können Patienten den Wert der Fernbehandlung oft noch gar nicht ermessen. Vielleicht haben sie ihr überhaupt nur zugestimmt, weil sie ihnen in ihrer verzweifelten Hoffnungslosigkeit den letzten Rettungsversuch bedeutet.

Oft entsteht auch auf folgende Weise Skepsis gegenüber der Fernheilung: Ein vielbeschäftigter Heiler wird um einen Hausbesuch bei einem entfernt wohnenden Patienten gebeten. Er möchte diesen aber lieber in die Zahl der von ihm durch Fernfürbitte betreuten Patienten aufnehmen. Der Bittsteller sieht darin häufig eine ausweichende Antwort und ein indirektes Abschlagen seiner Bitte. Denn heutzutage glaubt der Durchschnittsmensch nicht mehr an die Wirksamkeit einer Fürbitte im Gebet, geschehe sie nun durch einen Heiler oder einen Priester. Sie ist abgewertet worden zu einer oberflächlichen Sympathiebezeugung.

Die Fernheilung aber ist sehr, sehr viel mehr. Sie ist eine hochentwickelte Geistige Kunst. Sie steht auf höherer Stufe noch als die Geistheilung durch Handauflegen, die uns schon als Wunder erscheint. Denn bei der Fernheilung werden die Heilkräfte ohne die vermittelnde Gegenwart des Heilers wirksam.

Es entspricht der Mentalität der heutigen Zeit, einen Fernheiler als zweitrangig gegenüber einem Geistheiler einzuschätzen, der durch Kontaktbehandlung heilt, zumal die Fernfürbitte wegen der für die Geistheilung erforderlichen Ein-Stimmung meist als Vorstufe für das Handauflegen geübt wird. Die Kunst des In-Ein-Klang-Tretens mit der Jenseitigen Welt ist die wesentliche Grundlage für jede Form von Geistheilung überhaupt, und es liegt im Wesen der Fernheilungsmeditation, dass sie auf ganz freie und selbstverständliche Art den Umgang mit der Jenseitigen Welt erlernen lässt. Ich möchte aber noch einmal betonen, dass die Fernbehandlung nicht zur blossen Vorstufe für den Anfänger abgewertet werden darf. Sie ist die aufgeklärteste Methode der Krankenheilung überhaupt und eine hohe Geistige Kunst, so sehr sie sich in ihrer Abstraktheit – zumindest was den beteiligten menschlichen Einsatz betrifft – auch der Greifbarkeit entziehen mag. Sie wird uns aber tausendfach und täglich durch ihre Erfolge bewiesen, und unserem Verstand wird sie leichter fasslich, wenn wir uns ihre Voraussetzungen erklären können. Je stärker das allgemeine Verständnis für das Wesen und die Tragweite der Fernheilung wächst, desto mehr wird sie in Zukunft nach und nach die anderen Heilmethoden überflügeln und im grossen Rahmen sogar zur Krankheitsvorbeugung eingesetzt werden können.

2. Die Herstellung der Verbindung zum Patienten

Bisher besitzt der Mensch nur geringe Kenntnisse über das Wirken Jenseitiger Kräfte. Manche der erzielten Heilungen können wir naturwissenschaftlich nicht erklären. Sie finden aber nachweislich statt, und so müssen wir sie als wahr hinnehmen. Wer sich noch nie oder nur wenig mit Jenseitigen Dingen befasst hat, wird es absurd finden, dass man über weite Entfernungen Hilfe für einen unheilbaren Kranken durch einen Jenseitigen Helfer sucht. Und wir können es diesem Skeptiker nicht übelnehmen, wenn er nicht glauben kann, dass die dann erfolgte Heilung tatsächlich auf die Fernbehandlung zurückgehen soll. Die Heiler selbst vermögen oft nicht zu durchschauen, auf welchem Wege die Jenseitigen Führungswesen bei der Fernheilung die Verbindung zum Patienten aufnehmen, zumal wenn dieser auf der anderen Seite der Erdkugel wohnt.

Dass die Verbindung hergestellt wird, müssen wir als Tatsache hinnehmen, denn ohne sie gäbe es keine Fernheilung.

Wir können uns die Vorgänge unseres irdischen Lebens nicht anders als den naturwissenschaftlichen Dimensionen von Raum und Zeit unterworfen vorstellen. Eine solche Begrenzung besteht aber nicht notwendigerweise in der Jenseitigen Welt. Sie gilt daher auch nicht für die Aufnahme der Verbindung durch Jenseitige Führer mit dem Patienten.

Versuchen wir uns dem Problem über folgenden Vergleich zu nähern: Jemand in London möchte mit einem Freund in New York telefonieren, kennt aber dessen Rufnummer nicht. Er braucht der Telefonistin in London nur den Namen und andere sachdienliche Informationen mitzuteilen. Die Auskunft in New York wird den Gesprächspartner ermitteln und die Verbindung herstellen. Während des Gespräches werden die Schallschwingungen am einen Ende der Leitung in elektrische Impulse umgewandelt, die durch den Draht übermittelt werden können. Um die drahtlose Strecke des Ozeans zu überbrücken, werden die Stromimpulse weiter in

Radiorichtstrahlen umgewandelt. In New York kommt der Schall der Stimme in Form von Radiorichtstrahlen an und wird an Ort und Stelle in die geeignete Energieform zurückverwandelt, so dass er den Gesprächspartner wieder als Schall aus dem Hörer erreicht.

Wenn der Mensch die Kenntnisse besitzt, einen so komplizierten Vorgang ablaufen zu lassen, sollten dann nicht auch die Jenseitigen Führungswesen – die höhere Kenntnisse besitzen und mit feinstofflichen Kräften umgehen können – auch Verbindung mit Patienten an jedem Ort der Erde aufnehmen können?

Es ist jetzt allgemein anerkannt, dass man Gedanken als eine bestimmte Energieform ansehen muss. Wir können, auf unseren Erfahrungen fussend, ferner als erwiesene Tatsache ansehen, dass gedankliche Verbindungen zwischen der Jenseitigen und der irdischen Welt stattfinden. Verknüpfen wir beide Tatbestände, so folgt daraus, dass eine gezielte Gedankenkraft in die Jenseitige Welt übermittelt und dort empfangen werden kann. Es entstehen zwei Energiekreise: der eine dadurch, dass dem Heiler vom Patienten oder dessen Freund die Bitte um Heilung vorgetragen wird, und der andere, indem der Heiler in meditativer Verbindung mit dem Jenseitigen Führer steht, und diesem das Bild und die Not des Kranken übermittelt. Es müssen jetzt die zwei Energiekreise in der Jenseitigen Welt nur zusammengeschlossen werden, damit der Jenseitige Heilungsführer unabhängig von Zeit, Ort und Entfernung die Verbindung mit dem Patienten aufnehmen kann. Hierdurch kann der Jenseitige „Arzt" den Kranken auf seine Art „sehen" und die Diagnose stellen, damit die heilende Behandlung eingeleitet werden kann.

Bis jetzt ist diese Erklärung des Heilungsvorganges noch unbewiesen, aber die Logik spricht für sie. Auch wenn wir eine andere Erklärung versuchen, können wir an der *Tatsache* nicht vorbei, dass die Jenseitigen Führer ausreichende und eindeutige Verbindung zum Patienten herstellen und so die Art und Stärke der für die Überwindung der Krankheit erforderlichen Heilungsenergien bestimmen können.

Schliesslich sei zur Bestätigung noch hinzugefügt, dass der Verfasser und andere Heiler sich zuweilen durch astrales Reisen in die Gegenwart eines Patienten versetzt gesehen haben.

Es ist dem Verfasser wiederholt widerfahren, dass er daheim in Fürbitte für einen Patienten sass und im selben Moment – ohne bewusstes Erleben einer Ortsveränderung – sich im Krankenzimmer bei dem Patienten wiederfand. Die nachträgliche Überprüfung – anhand der genauen Beschreibung des ihm unbekannten Krankenzimmers, des Patienten und etwaiger anwesender Personen – hat sich seine Wahrnehmung jedesmal in allen Einzelheiten als zutreffend erwiesen, so dass sich sein

Bewusstsein tatsächlich zu jenem Zeitpunkt in dem betreffenden Raum befunden haben muss.

Manche Heilungen finden noch unmittelbarer zwischen Patient und Jenseitiger Welt statt. Mir erging es zuweilen so, dass ich den Angehörigen eines Schwerkranken traf. Ich hörte mir die Einzelheiten der Krankheit an und versprach ernsthaft, den Patienten am Abend in meine Fürbitte einzuschliessen – und vergass es. Nach ein paar Tagen kam der Angehörige voller Dank für die inzwischen erfolgte Heilung zu mir – dabei hatte ich nicht mehr getan, als voller Sympathie (und auf diese Weise in meditativem Ein-Klang) den Bericht von der Krankheit des Patienten in mich aufzunehmen.

Ich fragte eine Versammlung von Heilern anlässlich eines Lehrganges, ob unter ihnen ähnliche Erfahrungen gemacht worden seien. Eine grosse Zahl von ihnen stimmte zu. Demnach kommt dies bei der Fernheilung sehr häufig vor, und das bedeutet: Während dem Heiler gerade erst das Krankheitsbild geschildert wird, hört sein Jenseitiger Heilungsführer bereits mit und kann sofort die Verbindung zum Patienten aufnehmen und mit der Heilung beginnen. Hier begegnen wir der Fernheilung in ihrer einfachsten Form.

Vielleicht trägt sich der Heilungsvorgang im folgenden Fall sogar noch kürzer und einfacher zu: Ein Kranker oder dessen Freund bittet einen Heiler brieflich um Fernheilung, er fasst einen ins Einzelne gehenden Bericht ab und übergibt ihn der Post. Der Brief ist etwa zwei Tage unterwegs, ehe der Heiler ihn öffnen kann. Die Beschwerden lassen aber bereits innerhalb dieser zwei Tage nach: Der Knoten schwillt ab, die Steifheit des Gelenks, die Sehstörung oder die allgemeine Körperschwäche gehen zurück, noch ehe der Brief in die Hand des Heilers gelangte. Das bedeutet, dass der Bittsteller sich beim Abfassen des Briefes selbst mit dem Jenseits in Geistigem Ein-Klang befand, und dass seine Heilungsfürbitte in der Jenseitigen Welt unmittelbar empfangen und erfüllt wurde. Jede andere Erklärung scheidet aus, zumal es sich meist um sehr ernsthafte Krankheitsbilder handelt, wenn schriftlich um Geistheilung gebeten wird.

Wir dürfen also darauf vertrauen, dass die Doktoren der Jenseitigen Welt die Verbindung zu einem Patienten an jedem Ort herstellen können.

Es wäre ein Missverständnis, wenn der Anfänger aus den bisherigen Ausführungen entnehmen wollte, dass der Name des Kranken nur beiläufig erwähnt zu werden braucht und die Heilung sich daraufhin von selbst einstellt. Die Fernheilung ist keineswegs ein zufälliges Geschehen. Sie ist eine höhere Geistige Kunst, und jede Bemühung auf unserer Seite muss gezielt und absichtlich erfolgen. Man vermeide jedoch auch das andere Extrem, nämlich in übersteigerte Emotionen und ange-strengte Konzentrationsübungen zu verfallen.

3. Wann soll die Fürbitte gehalten werden?

Bei unserer Arbeit im Geistheilungszentrum in Shere stellen uns Patienten häufig die Frage: Zu welchem Zeitpunkt erreichen die Geistheilungskräfte den Kranken?

Sie möchten oft wissen, um welche Zeit wir unsere Fürbitte für sie halten, damit sie sich ihr zum selben Zeitpunkt in Gedanken anschliessen können. Oder sie bitten uns, die Fürbitte zu einer bestimmten Stunde abzuhalten, damit wir zeitlich mit entsprechenden Bemühungen zusammenwirken können.

Ich möchte diese Frage beantworten, indem ich meine persönlichen Erfahrungen berichte. Vor dem Einsatz der V1-Bombe im letzten Krieg pflegte ich mit jedem Pa-tienten einen eigenen Zeitpunkt für die Fürbitte zu vereinbaren, so dass der Kranke oder seine Angehörigen sich zur selben Stunde in die Fürbitte ein-stimmen konn-ten. Damit erzielten wir gute Heilungsergebnisse.

Dann zerstörte eine V1 unser Haus mit allen meinen Patientenunterlagen, auch solchen über zeitliche Abreden. Mir war, als hätte ich allen Boden unter den Füssen verloren, da ich ohne meinen Zeitplan die Fürbitten nicht mehr zu den verabrede-ten Zeiten wiederaufnehmen konnte. Ich war darauf gefasst, aus den Briefen und Berichten meiner Patienten ein Absinken der Heilungserfolge zu erfahren. Zu mei-ner Überraschung hielten diese aber nicht nur an, sondern verbesserten sich noch kräftig – das machte mich nachdenklich.

Es wurde mir zweierlei klar: Erstens, dass die von der Jenseitigen Ebene kommen-de Heilung nicht an die Uhrzeit gebunden ist, denn im Jenseits gibt es keine Zeit an sich. Unsere bisherige zeitliche Festlegung der Fürbitten war nur in Anpassung an unsere irdischen Lebensbedingungen geschehen.

Zweitens wurde meine Aufmerksamkeit stärker auf die wesentliche, aber einfa-che Notwendigkeit gerichtet, mich vom Alltagsdenken abzuwenden und mit den Jenseitigen Kräften ein-zustimmen. Ich erkannte, dass diese Ein-Stimmung durch die Einhaltung eines Zeitplanes eher erschwert wurde – insbesondere für den Pati-enten. Man braucht eine lange Zeit, tatsächlich Jahre, um die feine und zarte Kunst der inneren Ein-Stimmung zu erlernen, auf der unsere Heilungsgabe beruht. Wie hatte ich auch erwarten können, dass meine schmerzgeplagten und hilfesuchenden Patienten zu einer bestimmten Stunde ihr Alltagsdenken würden ablegen können, um sich in geistiger Versenkung in die Fürbitte ein-zustimmen?

Mir wurde klar, dass es nicht richtig war, die Geistheilung irgendwelchen Zeiten zu unterwerfen, und dass die Jenseitigen Wesen das Heilungsgeschehen jeweils dann lenken, wenn die Umstände dafür günstig sind, also wahrscheinlich unaufhörlich.

Bei manchen Patienten mag es sich anbieten, die heilenden Kräfte auf sie einwirken zu lassen, solange sie schlafen und ihr Geist ruht, da dann die günstigste Gelegenheit ist, ihre Lebenskraft wiederherzustellen und die Ursachen ihres Leidens zu überwinden. So bemühten wir uns in der Fürbitte für solche Kranken vom späten Abend bis in die frühen Morgenstunden. Bei anderen, die ihre Krankheit durch Kummer und Ängstlichkeit förderten, hielten wir es für notwendig, die nervlichen Spannungen während der Tagesstunden zu beruhigen, in denen sich ihre verstörte Gemütsverfassung auswirkte.

Auch kam mir der Gedanke, dass die Jenseitigen Heilungsführer sich am ehesten während der Aktivität des Tages die intelligente Selbststeuerung des Körpers zum Verbündeten machen können, um die Heilung zu beschleunigen.

So haben wir seit dem V1-Bombenangriff keine zeitlichen Vereinbarungen mehr für unsere Fürbitten getroffen, mit Ausnahme von aussergewöhnlichen Umständen wie bei Operationen. Das Heilen hat darunter nicht gelitten. Im Gegenteil, die Heilungserfolge traten eher noch leichter ein.

Die Geistheilung untersteht keinerlei zeitlichen Begrenzungen. Sie ist nicht wie eine Arznei, die alle vier Stunden eingenommen werden muss. Sie wirkt immerfort, je nach den Nöten des Patienten und den sich bietenden Gelegenheiten.

So lautet die Antwort auf die oben gestellte Frage: *die Geistheilungskraft fliesst dem Kranken JEDERZEIT zu.*

Doch gibt es bei Fragen, die die Geistheilung betreffen, keine starre Antwort. So kann es vorkommen, dass uns ein dringender Telephonanruf erreicht wegen einer besonderen Notlage, zum Beispiel wegen plötzlichen Fiebers oder starker Schmerzen, wegen der Unmöglichkeit der Nahrungsaufnahme und dergleichen. Auf derartige Hilferufe erfolgt eine besondere Fürbitte, von der der Patient meist nichts erfährt, und die oft unmittelbare Erleichterung bringt.

Es gibt somit für keinen Patienten einen begrenzten Zeitraum, wie etwa „fünf Minuten vor acht", an dem die Heilungsfürbitte für ihn wirksam wird. Den einen erreichen die Heilungskräfte den ganzen Tag über, den anderen während des Schlafes, und entfalten dann ihre ganze Wirkung. Sie stärken und erquicken Leib und Seele, beseitigen Krankheitsherde, lindern Ängste und Sorgen und schenken somit neue Gesundheit und ein glücklicheres Lebensgefühl.

4. Die Weltgebetsminute

Die Einhaltung der Weltgebetsminute um 10 Uhr abends (Westeuropäische Zeit) hat eine ganze andere Bedeutung. In ihr verbinden sich zahllose Menschen, um zur gleichen Zeit in vereinter Gedankenkraft den Kanal zu erweitern, durch den der Christusgeist alle Leidenden erreichen kann. Ausserdem will sie dem Frieden der Welt dienen.

Auch während der Gebetsminute können ein Kranker oder seine Angehörigen Jenseitige Hilfe erbitten, und immer wieder hat sich dies als wirksam erwiesen. Denn während der Heilungsminute senden viele Menschen positive Gedanken aus, und hiervon kann nur Gutes ausgehen.

Die Einhaltung der Gebetsminute ersetzt aber nicht unsere besonderen Fürbittezeiten, bei denen wir nicht ganz allgemein um Linderung für alle Kranken, sondern gezielt um Hilfe und Gesundung für den Einzelnen bitten. Auch wir schalten uns in die Weltgebetsminute ein und verbinden uns in gemeinsamem Gebet mit allen, die daran teilnehmen. Gewiss erhält auch schon dabei mancher Patient Hilfe, wenn er in die Minute des Gebets ein-stimmt.

5. Die wiederholte Fürbitte und die Dauerfürbitte

Es werden häufig die Fragen gestellt: Wie lange sollte die einzelne Fürbitte dauern? Und: wie oft müssen die Fürbitten wiederholt werden?

Zur ersten Frage wurde bereits ausgeführt, dass für das Gebet nur die Zeit benötigt wird, in welcher dem Jenseitigen Heilungsführer die Bitte um Heilung und der Bericht über alle bekannten Diagnosen, Symptome und Beschwerden vorgetragen werden können. Wer meint, mehr tun zu müssen, betätigt eigene aktive Gedanken und beeinträchtigt damit den Geistigen Ein-Klang.

Die zweite Frage ist ebenso leicht beantwortet: hat ein Heiler die Verbindung zum Jenseitigen Heilungshelfer erreicht und seine Fürbitte vorgetragen, so darf er darauf vertrauen, dass die Jenseitigen Führungswesen bereits damit beginnen, mit allen verfügbaren Mitteln an der Gesundung des Patienten zu arbeiten. Wir brauchen nicht täglich unseren Arzt aufzusuchen und uns seiner Hilfe zu vergewissern, wenn dieser die Diagnose einmal gestellt und die ihm nötig erscheinende Behandlung eingeleitet hat. Ebensowenig braucht dieselbe Heilungsfürbitte täglich den Jenseitigen Helfern neu vorgetragen zu werden, sofern wir gewiss sein können, dass während unseres Geistigen Ein-Klanges unsere Bitte tatsächlich übermittelt worden ist. Dies gilt allerdings mehr für den erfahrenen Heiler. Demjenigen, der sich noch unerfahren in der Fernbehandlung fühlt und nicht ganz sicher ist, ob ihm die meditative Ein-Stimmung gelingt, wird durchaus empfohlen, etwas mehr Zeit und häufigere Fürbitten auf seine Patienten zu verwenden.

Um Schwerkranke und Krisenpatienten muss man sich allerdings besonders kümmern, sie bedürfen der dauernden Fürbitte. Es ist sehr gut, wenn dem Heiler in diesen Fällen tägliche Berichte, mündlich oder fernmündlich, erstattet werden. So bleibt er über den Zustand des Patienten auf dem Laufenden, und er kann diese Informationen dem Jenseitigen Heilungsführer sofort weitervermitteln.

In unserer Fernheilungspraxis in Shere halten wir es so, dass wir in bestimmten, sehr schweren Fällen täglich mit den neuesten Berichten anrufen lassen. Hierauf kann dann die nächste, gezielte Fürbitte aufbauen, so dass der Jenseitige Doktor ein möglichst aktuelles Bild vom Zustand und den Bedürfnissen des Kranken erlangt. Dies setzen wir so lange fort, bis die Krise überstanden ist. Bei diesen täglichen Ferngesprächen versuchen wir, möglichst alle Einzelheiten zu erfahren, unter anderem die Temperatur, ob der Kranke Appetit hat, wie er schläft, wie stark seine Schmerzen und welches seine Gemütsverfassung sind, und wir übermitteln alles getreulich dem Jenseitigen Heilungshelfer. Am nächsten Tag wird dann verglichen, inwieweit bestimmte Symptome erleichtert und ob etwa neue hinzugekommen sind. Auf diese Weise kann der Jenseitige Heilungsführer durch uns erfahren, wie der Patient *körperlich* auf die Geistheilung anspricht, und von daher den Verlauf weiter bestimmen.

Diese Ausführungen scheinen in manchem dem vorher Gesagten zu widersprechen und werfen daher bei den meisten Lesern eine Anzahl Fragen auf. Wenn der Jenseitige „Arzt", so wird gefragt, seine eigenen zutreffenden Diagnosen stellen kann, warum muss man ihm dann in neuer Gebetsverbindung vom Krankheitsverlauf berichten? Die Antwort lautet: die Erfahrung hat es uns gelehrt. Waren im Laufe einer Krankheitskrise neue Symptome, zum Beispiel eine neue Schwellung oder Schmerz, Schlaflosigkeit, Erbrechen oder dergleichen aufgetreten, so verschwand das neue Symptom oft wieder genauso schnell, wie es gekommen war, nachdem der Jenseitige Heilungshelfer davon unterrichtet worden war.

Die Erklärung müssen wir darin suchen, dass wir nicht beurteilen können, mit welchen „Augen" der Jenseitige Helfer uns „sieht". Vermag er uns direkt und körperlich zu sehen, oder nimmt er nur unser Geistiges Bewusstsein und unseren Geistkörper wahr? Das letztere scheint der Fall zu sein. Genau wie wir die Jenseitigen Geistwesen nicht in der Gestalt erkennen können, wie sie sich gegenseitig wahrnehmen, sehen auch sie uns nicht, wie wir uns untereinander in unserer leiblichen Form sehen. Sie haben daher wohl auch keine „Augen" für leiblich-funktionelle Symptome. Man sollte daher die Fernheilungsfürbitten immer wiederholen, so oft dem Jenseitigen Heilungsführer neue Umstände mitzuteilen sind, denn an einer bewährten Übung soll man festhalten.

Bei manchen Krankheiten können wir nur auf allmähliche Besserung hoffen. Bei Muskelschwund und stark reduzierten Kraftreserven zum Beispiel werden die Muskeln nicht von einem Tag auf den anderen in neuer Lebenskraft ihre Tätigkeit wieder voll aufnehmen können. Das richtige Zusammenwirken der Glieder nach Lähmungen, ebenso wie die Loslösung aus einer verwirrten Gemütsverfassung werden ebenfalls einige Zeit in Anspruch nehmen. Es empfiehlt sich daher, dass der Heiler auf regelmässigen, allwöchentlichen Berichten besteht. So werden die Jenseitigen Heilungsführer über die Reaktionen des Patienten auf dem Laufenden gehalten, und die Beständigkeit des Heilungsgeschehens wird gewährleistet. Negative Berichte sind dabei ebenso wichtig wie positive.

Wird dem Heiler nicht regelmässig berichtet, weder mündlich, fernmündlich noch schriftlich, so wird die Fernfürbitte für den Heiler zu einer unbefriedigenden Angelegenheit, denn er ist im Ungewissen, ob überhaupt Besserung eingetreten ist, und er wird versucht sein, das Interesse zu verlieren. In diesem Fall sollte er den Patienten noch geraume Zeit in seine Fürbitten weiter einbeziehen. Aber dies kann von einem Heiler nicht endlos erwartet werden, weil in der dauernden Wiederholung derselben Bitte schliesslich kein echter Sinn mehr liegt.

Auch wenn ausser dem ersten Brief nie wieder eine Nachricht gekommen war, erfährt der Fernheiler in der Mehrzahl der Fälle eines Tages doch, dass seinem Patienten, der von den Ärzten bereits aufgegeben worden war, wunderbar geholfen wurde. Hier war die einmal begonnene Heilung also von den Jenseitigen Führern weiter fortgesetzt worden, obgleich die Verbindung zwischen Heiler und Patient abgerissen war. Hier zeigt sich die Unbeständigkeit der Menschen: Geht es dem Kranken erst einmal besser, so ist das Interesse an weiteren Bittbriefen erloschen – und er versäumt es, dem Heiler die frohe Kunde und seinen Dank zu übermitteln. Dies gehört zu den Dingen, die der Heiler mit Gelassenheit tragen lernen muss.

6. Der Briefwechsel zwischen Heiler und Patient

Die Bedeutung des Briefwechsels

Fernheilung ist keine abstrakte wissenschaftliche Theorie, sondern soll konkreten Aufgaben dienen. Es genügt nicht, nur ihre Wirkungsweise zu erläutern, sondern es sollen hier auch einige praktische Hinweise für den Briefwechsel gegeben werden, damit das wirksame Arbeiten erleichtert wird.

Die Berichte an den Heiler werden mündlich, fernmündlich und in der Mehrzahl der Fälle brieflich erstattet. Bei Schwerkranken und Krisenpatienten kommt es auf stündliche oder tägliche Berichte an, aber auch bei den übrigen Patienten braucht der Heiler regelmässige Information in kurzen Abständen. Die Patienten, die sich sehr gut erholen, werden nur von Zeit zu Zeit zu schreiben brauchen, weil ihre Heilung im Gange ist. Selbst nach ihrer Genesung ist es aber von Nutzen, wenn sie eine lose Verbindung zum Heiler aufrechterhalten, weil dies zur Festigung des Erfolges beiträgt.

Manche Heiler lassen sich monatlich, andere wöchentlich berichten. Hier darf man beweglich sein und von Fall zu Fall entscheiden. Bei sich nur allmählich rückbildenden Leiden, wie zum Beispiel einem Klumpfuss, genügen sicherlich monatliche Briefe; im Allgemeinen erfordern die Krankheiten aber wohl wöchentlichen Bericht. Natürlich spielt es auch eine Rolle, ob dem Heiler viel Zeit zum Antworten übrigbleibt und wie viele Patienten er betreut. Das Verfahren muss immer den praktischen Gegebenheiten angepasst bleiben.

Denn nicht nur die Berichte an den Heiler sind wichtig. Von derselben Bedeutung ist es, dass der Heiler auch antwortet – und zwar ohne unnötige Verzögerung, da wir ja wissen, wie bange der Kranke auf diese Antwort wartet.

Was vollzieht sich nun während des Briefwechsels zwischen Heiler und Patient? Der Bittsteller konzentriert beim Schreiben seine Gedanken auf den Heilungswunsch. Ebenso sind auch die Gedanken des Heilers, während er antwortet, auf das Heilungsziel gerichtet. Diese Gedankenanstösse sind es, die die Heilungsprozesse in Gang bringen. Jede Aussendung von Heilungsgedanken Geistiger Natur fördert die Fähigkeit der Ein-Stimmung mit den Jenseitigen Heilungskräften. Während der Abfassung des Briefes geht also bereits vom Patienten oder dessen Freund ein Gedankenimpuls aus, und wenn eine Geistige Verbindung zwischen dem Patienten und dem Jenseitigen Heilungsführer einmal besteht, wird sie immer enger und kann zur Hinlenkung der Jenseitigen Heilungskräfte auf den Kranken genutzt werden.

Beim Lesen und Beantworten des Briefes macht sich der Heiler in seinem höheren Bewusstsein ein detailliertes Bild vom Zustand des Patienten. Er soll die ankommenden Briefe deshalb nicht überfliegen, sondern sich die geschilderten Symptome des Patienten richtig vergegenwärtigen. Später am Tage sollte er dann eine besondere Fürbittemeditation abhalten, wobei er die Briefe vor sich liegen hat und vielleicht zum zweiten Mal durchliest, um die Nöte des Patienten wieder vor Augen zu haben, und sie so an den Jenseitigen Heilungsführer weiterleiten zu können. Mit wachsender Erfahrung lernt er vielleicht, sich so leicht ein-zustimmen, dass dem Heilungsführer die Information schon *beim ersten Lesen und Beantworten des Briefes* übermittelt wird. Dies entwickelt sich aber erst mit zunehmender Erfahrung, und deshalb ist es sicherer, des Patienten noch einmal in der Stille der Abendmeditation mit gezielter Fürbitte zu gedenken. So sollten auch die in dem Bericht beschriebenen Beschwerden an den folgenden Tagen Gegenstand der Fürbitte sein, bis der nächste Brief des Patienten eintrifft.

Erreicht die Antwort des Heilers nun den Patienten, so wird diesem erneut das Ziel der Heilung bewusst, und neuer Mut wird ihm zuteil. Dies wiederum führt zu einer Anregung der Selbstheilungskräfte und -triebe im Patienten, die wir bereits im Kapitel über die intelligente Eigensteuerung im Körper kennengelernt haben, und der Kranke macht Fortschritte.

So sind diese Briefe von ungeheurer Bedeutung — in beiden Richtungen. Sie sind nicht nur ein Bindeglied zwischen Heiler und Patient, sondern sie verbinden diese beiden zugleich mit dem Jenseitigen Heilungsführer.

Das Abfassen der Briefe

Es hat sich erwiesen, dass wir ohne einen recht umfangreichen Briefwechsel nicht auskommen, wenn wir unsere Fürbitte sinnvoll und mit Erfolg aufrechterhalten wollen. Dies mag manchen Anfänger, der ungern Briefe schreibt, zunächst abschrecken, aber völlig zu Unrecht. Der Patient und seine Verwandten erwarten nämlich keinen gelehrten Arztbericht oder gar eine medizinische Abhandlung über das Wesen seiner Krankheit. Die meisten sind ganz normale Menschen und wollen nicht mehr als einen Brief, der von Herzen kommt und in einfachen, klar verständlichen Worten gehalten ist.

Im mündlichen Gespräch würden dem Heiler ohne weiteres die passenden Worte einfallen, um auf den Patienten mit seinen Nöten und Hoffnungen richtig einzugehen. Beim Schreiben tun wir nichts anderes, sondern stellen uns nur vor, der Patient sässe uns gegenüber.

Schreiben wir so, wie wir reden würden, so kommen unsere Zeilen von Herzen und sind für den Empfänger keine toten Buchstaben. Auch den Heiler wird diese ungezwungene Art befriedigen, so dass er gern zu schreiben beginnt und sich mit seinen Briefen identifiziert, denn sie bringen ihn dem Patienten nahe und er weiss, dass er damit Gutes tut.

Unpersönliche und abgedroschene Redensarten, unverständliche oder hochtrabende Phrasen vermeiden wir. Ein paar einfache, warmherzige Zeilen, so wie wir sie an Bruder oder Schwester bei gesundheitlichen Sorgen schreiben würden, sind alles, was der Patient braucht. Wir versuchen, ihn zu beruhigen, indem wir ihn wissen lassen, dass die Heilungsfürbitte seine Angst und seine Schmerzen lindert, ihm in seiner Schwäche neue Kraft und Lebensmut gibt, und seine jeweiligen Krankheitssymptome behebt.

Der umfangreiche Briefwechsel soll mehr darstellen als nur eine „Korrespondenz". Jeder Brief an den Heiler legt Zeugnis ab von einem menschlichen Schicksal voll Schmerzen, Verstrickung und Elend. Aus jedem Brief klingt aber auch der konzentrierte, hoffnungsvolle Ruf nach Heilung. So sollte für den Heiler jeder Brief wie eine persönliche Begegnung sein.

Noch eines sei erwähnt: der Heiler soll kein billiges Briefpapier verwenden. Denn seine Briefe besitzen einen Wert in sich. Sie sollen schon äusserlich als etwas Besonderes erscheinen, deshalb nehme man einen ansehnlichen, würdevollen Briefbogen mit aufgedruckter Adresse.

Es ist durchaus berechtigt und nicht zu viel verlangt, wenn der Heiler für seine Rückantwort um einen adressierten Freiumschlag bittet. So wird garantiert, dass der Antwortbrief richtig ans Ziel kommt. Ausserdem werden die Zeit und die sonst ziemlich beträchtlichen Portokosten des Heilers geschont.

Der Heiler will aus den Worten des Patienten ein genaues „Bild" von der Krankheit entnehmen können. Die Kranken sind aber zu veranlassen, nur kurz und bündig über ihren jeweiligen Zustand unter Angabe etwaiger Besserungen oder Verschlimmerungen zu schreiben.

Manche Hilfesuchende schreiben allerdings langatmige Briefe, die die ganze Geduld des Heilers beanspruchen. Dies gilt es zu ertragen, denn wahrscheinlich hat bereits das ausführliche Schreiben dem Patienten Erleichterung bedeutet. Vielleicht steht er unter einer starken nervlichen Anspannung, und kann sich in seinem Brief befreien, und seine ganze Bürde auf den Heiler abladen. Möglicherweise lebt der Patient auch sehr einsam, und das Eintreffen der Antwort seines Heilers ist das grosse Ereignis für ihn, weil sich sonst niemand mit ihm unterhält. So tut es ihm gut, dass er dem Heiler, seinem verständnisvollen Freund, seine Gedanken mitteilen kann.

Die Sorgfalt des Heilers

Der Heiler muss seine Antworten immer sehr sorgfältig formulieren, denn die Patienten wägen oft ein jedes seiner Worte ab und neigen dazu, sie in ihrem eigenen Wunschdenken falsch auszulegen und misszuverstehen.

Zum Heiler geht der Kranke, oder schreibt ihm, weil er Besserung erhofft - zum Arzt geht er, um behandelt zu werden. Welch ein weltweiter Unterschied! Dies gilt besonders für die Fernbehandlung. Oft bedeutet sie für den Patienten die letzte Hoffnung. Der Patient und seine Angehörigen erhoffen Trost und Vergewisserung aus des Heilers Briefen, und deshalb soll man ihr Vertrauen in die Fernbehandlung stärken.

Daher dürfen die Briefe des Heilers nicht entmutigend wirken. Sie sollen auf den Patienten Lebensmut und die zuversichtliche Grundstimmung übertragen, dass die Heilungsfürbitte eine Besserung einleiten wird. Heiler sind Optimisten – sie müssen Optimisten sein. Sie selbst sollten mit Fortschritten rechnen und den Patienten ebenfalls lehren, an die Möglichkeit seiner Gesundung zu glauben.

Dies muss der Heiler aber allgemein, und nicht auf den Einzelfall bezogen, ausdrücken, damit seine Worte nicht als Versprechen missverstanden und alle seine Äusserungen überbewertet werden. Er darf keine festen Zusagen machen – selbst dann nicht, wenn ihm intuitiv Kenntnis eingegeben wurde, dass oder wann der Patient geheilt werden wird. Denn selbst in eine erfolgreich begonnene Heilung können unvorhergesehene Zwischenfälle eingreifen, und den Krankheitsverlauf einstweilen in neue Bahnen lenken, etwa ein Infekt, ein Sturz oder eine seelische Erschütterung.

Der Patient überblickt oft nicht die Möglichkeiten und Grenzen der Geistheilung (vgl. hierzu das Kapitel „Grenzen der Geistheilung"). Der Brief des Heilers darf daher keine unberechtigten Hoffnungen im Patienten erwecken, falls eine völlige Wiederherstellung nicht möglich ist.

Oft verlangen die Patienten von ihrem Heiler eine *Diagnose* oder wollen wissen, wie es zu der Krankheit gekommen sei. Hierauf darf man nur in allgemein gehaltenen Worten erwidern, und sollte möglichst eine genau bezeichnete Diagnose, insbesondere in schriftlicher Fassung, vermeiden, und dies aus gutem Grund. Es gibt viele unglückselige Patienten, die sich auf „ihre" Diagnose fixieren, sich mit ihr belasten und von ihr einschüchtern lassen, was den Heilungsbemühungen entgegenwirkt. Ausserdem vermeidet der Heiler die Peinlichkeit, dass er sich durch eine etwaige Fehldiagnose unglaubwürdig macht.

Allgemeine Ratschläge für den Patienten

Natürlich will der Patient vom Heiler beraten werden, wie er sich durch eine vernünftige Lebensweise und einfache Massnahmen weiterhelfen kann. Man erreicht viel Gutes, wenn man sich den Patienten selbst zum Verbündeten in der Bekämpfung seiner Krankheit machen kann. Aber es würde den Heiler sehr viel Zeit kosten, wollte er jedem Patienten einzeln alle Ratschläge brieflich auseinandersetzen. Es ist daher zu empfehlen, dass sich der Heiler eine Zusammenstellung solcher Anweisungen in gedruckter Form zulegt, die er bei Bedarf seinen Briefen beifügt.

Der Rat, den Arzt aufzusuchen

Es gibt Patienten, die sich nur auf die Fernbehandlung verlassen und es ablehnen, den Arzt aufzusuchen. Zum Beispiel gilt dies für viele Frauen, die einen Knoten in der Brust entdecken und fürchten, vom Arzt sofort zur Operation geschickt zu werden. Es ist unfair, den Heiler mit dieser Verantwortung zu belasten, denn sollte der Knoten wachsen und eines Tages inoperabel werden, so wird dem Heiler die Schuld gegeben.

Enthält der Brief des Patienten also Hinweise auf Beschwerden ernsthafterer Natur, und ist nicht ersichtlich, ob ein Arzt konsultiert worden ist, so muss der Heiler dem Patienten dringend hierzu raten. Sobald ärztliche Behandlung eingeleitet ist, ist der Heiler gedeckt.

Man formuliert das so, dass es unvernünftig wäre, sich die Erkenntnisse der Medizin nicht zunutze machen zu wollen, und dass Geistheilung und ärztliche Kunst sich zu ergänzen haben. Ein kluger Heiler vermeidet jede Kritik an Ärzten und veranlasst seinen Patienten, deren Rat und Behandlungsmassnahmen ernst zu nehmen.

Rat bei chirurgischen Eingriffen

Oft fragt ein Kranker, ob er sich einer vom Arzt vorgeschlagenen Operation unterziehen solle oder nicht. Es würde des Heilers Befugnisse überschreiten, hier mit Ja oder Nein zu antworten. Denn meistens sind dem Heiler die näheren Umstände und die genaue Art der Operation unbekannt, und er darf voraussetzen, dass der Arzt sich erst nach reiflicher Überlegung und nur zum Besten des Patienten zu dem Eingriff entschlossen hat. Die Verantwortung liegt beim Chirurgen und nicht beim Heiler. Es würde den Heiler ein furchtbarer Vorwurf treffen, wenn er davon abriete, und es träte eine Verschlimmerung ein oder gar der Tod.

Dennoch ist es im Grunde das Ziel der Geistheilung, Operationen zu vermeiden. So muss man dem Patienten klar machen, dass nur er und seine Angehörigen die Entscheidung treffen können, dass der Heiler aber für den Fall des Eingriffes den Patienten in seine Fürbitten einschliessen wird, damit alles erfolgreich und komplikationslos und möglichst schnell vorübergehen möge.

Briefe bei besonders schweren Krankheitsfällen und beim Hinscheiden eines Patienten

Zwei Arten von Briefen fallen sehr schwer, und für sie gibt es auch keine festen Vorlagen. Nur Verständnis und Mitgefühl des Heilers können sie diktieren.

Das eine sind die Fälle, in denen als letzte Hoffnung, sozusagen fünf Minuten vor zwölf, um Heilungsfürbitte gebeten wird. Da lesen wir von der überaus ernsten Lage, in der die Ärzte alle Hoffnung aufgegeben haben - vielleicht ein Krebsfall, wo der Leib bei der Operation nur auf-und wieder zugemacht und die Angehörigen auf das nahe Ende des Kranken vorbereitet wurden. So wenden sie sich an den Heiler und hoffen auf ein Wunder, nachdem von den Ärzten keine Hilfe mehr erwartet werden kann.

Die Sorge der Angehörigen ergreift auch den Heiler sehr. Er weiss einerseits, dass unser Verstand nicht ermessen kann, wie gross in der Jenseitigen Welt das Vermögen zu heilen ist. Andererseits ist ihm aber bekannt, dass auch die Geistheilung durch die Gesetze des Lebens begrenzt ist. Vielleicht ist der Patient schon zu schwach, um sich durch Nahrungsaufnahme zu stärken. Oder es verbleibt zu wenig Zeit, um die zerstörerische Wirkung der Krankheit wieder auszugleichen, wenn diese schon so tief und umfassend von dem Patienten Besitz ergriffen hat, dass ihr nicht mehr Einhalt geboten werden kann.

Der Heiler muss seine Antwort daher sehr vorsichtig abfassen, denn er darf keine falschen Hoffnungen erwecken, und dennoch muss er den Bittsteller überzeugen, dass in der Fernbehandlung Möglichstes getan werden wird. Er lässt also sein Mitgefühl über den ernsthaften Zustand des Kranken aus seinen Zeilen sprechen und versichert dem Schreiber, dass bereits mit der Gebetsfürbitte für den Leidenden begonnen wurde; hierbei werde um Kraft und Zuversicht für den Kranken und jede noch mögliche Art der Stärkung und Heilung gebeten.

Wir wissen nämlich, dass auch im äussersten Stadium einer Krankheit die Geistheilung noch grossen Segen stiften kann. Denn sollte der Patient sterben, so werden in seinen letzten Stunden die Schmerzen erleichtert, er findet Schlaf, und der Übergang in das Jenseitige Leben vollzieht sich leicht. So kann der Heiler vielleicht die folgenden Worte wählen, wenn der Bittbrief erkennen lässt, dass nach menschlichem Ermessen der Patient kaum am Leben erhalten werden kann: „Sollte dem gesetzmässigen Verlauf der Krankheit nicht mehr Einhalt geboten werden können, so wird dem Kranken doch von Jenseitiger Seite Beistand zuteil werden, auf dass Trost und Frieden in ihn einkehren und er jede innere Hilfe erfahren möge."

Solche Worte geben den Angehörigen Trost durch die Versicherung, dass alles getan werden wird, was im Rahmen des Möglichen liegt. Der Heiler selbst aber wird in seinem Fürbittegebet sich vor jeglichem Zweifel verschliessen und darauf vertrauen, dass die aus der Jenseitigen Welt kommende Hilfe für den Patienten alle Möglichkeiten ausschöpfen wird.

Die anderen Briefe, die dem Heiler sehr schwerfallen, sind die, wenn ein Patient verstorben ist. Aber der Heiler *muss* schreiben: er darf die Hinterbliebenen in ihrem schmerzlichen Verlust nicht ohne Trost und Zuspruch lassen.

Er drückt sein Beileid aus und fährt dann etwa wie folgt fort: „Es möge Sie die Gewissheit trösten, dass Ihr lieber . . . in ein grösseres und erfüllteres, von Schmerzen und Kümmernissen freies Jenseitiges Leben eingetreten ist. Seine Liebe für Sie lebt weiter, und er möchte nicht, dass Sie trauern. Liebende Arme haben ihn in Freundlichkeit empfangen, und wenn die Zeit erfüllt ist, werden auch Sie wieder mit ihm vereint."

Oft heisst es in den verzweifelten Briefen der Trauernden: „Warum liess Gott ihn so leiden? Warum hat Gott ihn von mir genommen?" oder „Ich habe allen Glauben an einen gütigen Gott verloren!"

Der Heiler muss auch diese Aufgabe auf sich nehmen, die Leidtragenden in ihrer Verzweiflung wieder aufzurichten. Er wird antworten, dass das Leiden des Verstorbenen nicht Gottes Wille war – denn unsere Gebrechen werden nicht von Gott gesandt, sondern sind die Folge irdischer Verstrickungen. Dies und der erste, oben vorgeschlagene Text, helfen hier vielleicht nicht nur trösten, sondern auch den Glauben der Trauernden in die richtige Richtung weisen. Ausserdem gehört in die Antwort des Heilers, dass er weiterhin auch die Hinterbliebenen in seine Gebete um Kraft und Trost eingeschlossen hält, und er wird in seinen nächsten Fürbitten ihrer besonders in diesem Sinne gedenken.

Verständnis für eine Ablehnung der Fernbehandlung

Zuweilen muss sich der Heiler damit auseinandersetzen, dass eine ursprünglich erbetene Fernbehandlung später aus religiösen Gründen abgelehnt wird. Der Brief des Heilers hat zu erkennen gegeben, dass er ein Spiritualist ist, und man schreibt ihm zurück, dass man auf solche Hilfe verzichte, etwa: „Eher soll mein geliebter Kranker sich quälen und sterben, als dass ihm aus spiritualistischer Quelle geholfen werde." Ein kluger Heiler ist in solchen Fällen tolerant und enthält sich der Erwiderung. Jeder Versuch, gegen einen so verhärteten Standpunkt zu argumentieren, wäre Zeitverschwendung. Jedermann hat ein Recht auf allgemeine und religiöse Meinungsfreiheit, und wir sollten gegenteilige Ansichten achten, wie wir auch die unsrige respektiert sehen wollen.

Wenn jemand aus Glaubensgründen verlangt, dass der Heiler weitere Fürbitten unterlässt, so dürfen wir uns in diese freie Willensentscheidung nicht einmischen. In diesem Falle trägt der Betreffende und nicht der Heiler die Verantwortung.

Erwidert der Heiler trotzdem, so sollte er es in sehr höflicher Form tun. Denn mit dem Gegenteil würde er für die gute Sache der Geistheilung nichts erreichen. Er sollte in aller Ruhe darlegen, dass jede Art Heilung von Gott kommt und im Göttlichen Plane liegt, und dass auch die Geistheilung ein Geschenk Gottes an alle Seine Kinder ist, gleichgültig welcher Rasse und Religion. Man füge hinzu, dass der Wunsch respektiert werden wird, und beende den Brief etwa mit den Worten: „Sollte ich in Zukunft irgendwie helfen können, so brauchen Sie nur zu schreiben." Eine solche Haltung des Heilers macht einen guten Eindruck, und die Tür wird nicht zugeschlagen. Vielleicht erhält der Briefpartner sogar einen neuen Denkanstoss.

Es ist übrigens fraglich, ob die Jenseitigen Heilungsführer sich wegen einer so trivialen menschlichen Schwäche überhaupt davon abhalten lassen, das einmal begonnene Werk der Heilung fortzusetzen.

7. Die Fernbehandlung ist nicht blosse Suggestion

Skeptiker behaupten – und auch die Ausführungen über den Briefwechsel lassen möglicherweise diesen Schluss zu – dass Fernheilung nichts weiter sei als angewandte Psychologie und Suggestion. In der Tat spielt die Psychologie eine erhebliche Rolle bei jeder Art von Heilung. Auch Ärzte machen sich diese zunutze und versuchen, den Optimismus und den Gesundungswillen des Patienten aufrechtzuerhalten. Bei unseren Bemühungen nun wirken Psychologie und Jenseitige Hilfe zusammen.

Es haben schliesslich unendlich viele Beschwerden ihre Ursache im Seelischen. So überrascht es uns nicht, wenn die nächsten Briefe des Patienten verlauten lassen: „Ich empfinde seelischen Aufschwung" oder: „Ich fühle mich allgemein besser". Dies ist ein Hinweis, dass der erste Schritt in der Geistheilung schon stattgefunden hat, dass sich nervliche und seelische Spannungen zu lösen beginnen und die Zuversicht steigt, so dass die Bedingungen für eine Anhebung des Allgemeinzustandes geschaffen werden. Mit diesen Anzeichen können wir bei der Fernbehandlung immer rechnen, und so schadet es auch nichts, wenn wir den Patienten darauf schon im ersten Brief vorbereiten und es ihn geistig vorwegnehmen lassen. Man nenne es Suggestion. Aber keine Suggestion in der Welt kann neue Gesundheit vorspiegeln, ehe sie tatsächlich eingetreten ist. Dies ist bereits die beginnende Heilung. Es zeigt an, dass an den Ursachen des Leidens gerüttelt wurde und der Weg frei wird für die Behebung der körperlichen Auswirkungen dieser Ursachen. Diese guten Vorzeichen treten bei der Fernbehandlung öfter auf als bei der Kontaktbehandlung, die sich ja mehr mit der unmittelbaren Beseitigung der körperlichen Symptome befasst.

Wer so krank ist, dass er um Fernbehandlung bittet, befindet sich meistens in sehr schlechtem Allgemeinzustand und in mutloser Stimmung. Es ist immer gut, jemandem das Gefühl grosser innerer Freude zu vermitteln, und das um so mehr, wenn damit gleichzeitig der Heilung vorgearbeitet werden kann.

8. Die Dankbarkeit des Heilers

Der Heiler kommt mit viel Leid und Krankheit, Schmerz und Kummer in Berührung, aber er erfährt auch grosse Freude, wenn ihn mit den Briefen eine Nachricht von der Besserung erreicht.

Welche Beglückung, wenn der Heiler von allmählicher oder endgültiger Gesundung lesen kann, welch erhebendes Gefühl der Erfüllung, wenn die Beschwerden, denen seine Fürbitte gegolten hatte, verschwinden und er weiss, dass er hier als Werkzeug der Heilung einbezogen war!

Aber dies wechselt wieder mit Zeiten der Betroffenheit, wenn der ersehnte Erfolg nicht eintritt.

Der Heiler soll die Wirkungskraft der Fernheilungsbitte nicht nach ihren Misserfolgen bemessen, sondern nach ihren Erfolgen. Denn wir wissen, dass ja meist nur in hartnäckigen, tiefverwurzelten Krankheitsfällen an den Fernheiler herangetreten wird, wenn die Grenzen der ärztlichen Kunst erreicht sind. Unter diesen Umständen gibt bereits ein einziger Erfolg Anlass zu grossem Jubel. So wiederhole ich meine These: man soll die Fernheilung nach ihren Erfolgen bemessen.

Wenn in manchen Fällen kein augenscheinlicher Erfolg zu verzeichnen ist, so hat dies tiefere Gründe. Diese Gründe, von denen wir weiter oben näher gesprochen haben, bleiben Patient und Heiler möglicherweise verborgen. Keinesfalls aber darf der Heiler unsicher werden und an der Geistheilung und ihrer Wirksamkeit zweifeln, oder sich selbst als ein unwürdiges oder zu unerfahrenes Werkzeug vorkommen, noch darf er die Schuld bei den Jenseitigen Heilungsführern suchen, oder sich sonst eine Erklärung zurechtlegen. Bei jedem Erfolg, und sei er noch so klein, sollte der Heiler im Innern Dank sagen für alles, was seinen Patienten zuteil wurde.

9. Zusammenfassung

Es ist mir hoffentlich gelungen, all den guten Menschen, die den Leidenden auf eine tätige Weise helfen wollen, nützliche Hinweise zu geben. Die Fernheilung ist nicht nur eine abstrakte Theorie, sondern eine in vielen Erfahrungen erprobte Geistige Kunst. Ich habe versucht, dem Schüler Vertrauen und ein umfassenderes Verständnis für die Möglichkeiten der Fernbehandlung zu vermitteln. So möge er sich im Umgang mit jenen grossen Persönlichkeiten, den Jenseitigen Heilungsführern, vervollkommnen, die als Gottes Diener den Göttlichen Plan in die Tat umsetzen und den Menschen zu der Erkenntnis hinführen wollen, dass er schon in seinem irdischen Leben ein Geistiges Wesen ist, und er das unendliche Erbe Geistiger Entwicklung antreten soll.

Kapitel 13

DIE BEHANDLUNG DES ANWESENDEN PATIENTEN (KONTAKTBEHANDLUNG)

1. Vorbemerkung

Mit tieferem Eindringen in spirituell-geistige Zusammenhänge erwachsen dem Heiler und dem Patienten ein immer grösseres Verständnis für das Geschehen, das bei der Geistheilung stattfindet. Jede durch Geistheilung bewirkte Genesung ist das Ergebnis von Vorgängen, die sich auf der Ebene der Gedanken abspielen. Zuerst wird durch den Heiler eine gedankliche Bitte um Heilung des Kranken ausgesandt; darauf folgen durch die Jenseitigen Heilungsführer die Diagnosestellung und der Einsatz gezielter Heilungsenergien.

Die Fernbehandlung ist genauso wirkungsvoll wie die Kontaktbehandlung des anwesenden Patienten, wenn auch keine Berührung zwischen Heiler und Patient vorhanden ist. Wenn durch Fernbehandlung sowohl körperliche als auch psychische Krankheiten überwunden werden können, so besteht im Grunde keine Notwendigkeit für Kontaktbehandlungen oder irgendeine Art von Handauflegen. Vielleicht kommt einmal die Zeit, in der die Geistheilung derart entwickelt ist, dass es nur noch der Aussendung von Gedanken bedarf und sich alle Formen praktischer Behandlung – einschliesslich der auf den folgenden Seiten empfohlenen – als überflüssig erweisen. Bis dahin müssen wir uns abfinden mit den Beschränkungen, die sowohl dem Patienten als auch uns als Heiler auferlegt sind.

Kommt ein Patient zum Heiler, und ihm werden keine Hände aufgelegt, so ist er sicher enttäuscht und verliert das Vertrauen in die Geistheilung. Der Heiler wird auch kaum die Zeit haben, die geistigen Zusammenhänge so darzustellen, dass der Patient sie in ihrer ganzen Tragweite begreifen lernt. Dieses Ideal liesse sich nur im Laufe der Zeit verwirklichen, zumal wir zugeben müssen, dass die meisten Heiler selbst nicht auf einer so hohen Stufe geistiger Entwicklung und Erkenntnis stehen, dass sie unseren Jenseitigen Lehrern ebenbürtig wären.

Ein Kranker geht zum Arzt „zur Behandlung", zum Heiler aber, „um gesund zu werden". Diese unbewusste Erwartung des Patienten spielt eine grosse Rolle: er will spüren, dass er geheilt wird.

Deshalb muss der Heiler die Möglichkeiten seiner Persönlichkeit und seines Geistes voll und zum grössten Nutzen des Patienten ausschöpfen. Es werden ihm daher in den folgenden Kapiteln Methoden an die Hand gegeben, wie er die verschiedenen Krankheiten behandeln kann, mit einfachsten Mitteln („Techniken"), die letzten Endes nur ein Symbol seines Wunsches sein sollen, zu helfen.

Ich zweifle nicht daran, dass selbst diese Methoden eines Tages noch mehr vereinfacht werden können. Aber einstweilen mögen sie dazu beitragen, dass die Behandlungen auf einfache und würdige Weise vollzogen werden, und der Heiler übertriebene Gesten und Rituale vermeiden lernt, die der Schlichtheit der Geistheilung zuwiderlaufen würden.

2. Die Hände des Heilers

Die Geste des Heilenwollens

Unsere Hände selbst besitzen keine Heilungskräfte. Wir gebrauchen sie lediglich als Körperteile unseres Willens und drücken mit ihnen die Geste unseres Heilungswunsches aus.

Wenn wir einen Kranken mit sanften Bewegungen streicheln, so als wollten wir seinen Schmerz fortwischen, so bekräftigen unsere Hände den Wunsch, zu heilen und Schmerz zu lindern. Unsere Hände besitzen eine grosse Sensitivität. Wir können mit ihnen ebenso die Feinheit einer Holzschnitzerei oder die Weichheit eines Gewebes erfassen, wie die Regungen unseres Gefühls ausdrücken, indem wir zum Beispiel die Hände eines lieben Menschen ergreifen oder sein Gesicht streicheln als Ausdruck der Zärtlichkeit.

Unsere Hände sind mit ihrer Empfindsamkeit allerdings nur Helfer bei den Wahrnehmungen und den Äusserungen unseres Geistes. Es ist gerade so, als wären die Hände ein Stück unseres Bewusstseins, und als läge in ihnen unsere Seele. Kaum eine Tätigkeit lässt sich denken, bei der die Harmonie zwischen Händen und Geist deutlicher wird als bei der Heilungsbehandlung.

Noch einmal müssen wir daran erinnern, dass eine Heilung weder unserer Hände noch unseres Geistes Werk ist, sondern hier läuft ein von anderer Seite klug durchdachtes Geschehen ab, bei dem die jeweils richtige Heilungsenergie gegen die betreffende Krankheit eingesetzt wird. Der menschliche Geist besitzt nicht die Befähigung, mit diesen Kräften umzugehen, und hat sie nie besessen. Daher können auch die Hände, mit denen nichts anders ausgedrückt wird als der Wille zu heilen, keine eigenen Heilungskräfte haben.

Während der Heiler Genesung für den Kranken erbittet, werden seine Hände automatisch in das Geschehen einbezogen. Sie stellen das Bindeglied zwischen den Heilungsenergien und dem Patienten dar, und können zuweilen auch als Umformer dieser aus dem Jenseits stammenden Energien in irdisch-diesseitige Kräfte wirken. Die Hände „streichen" den Schmerz fort, und dem Heiler können sie dazu dienen, Art und Sitz der Krankheit festzustellen.

Beim Lesen dieses Kapitels sollte man nicht zu dem Schluss gelangen, dass die Hände unbedingt als Durchflusskanal für die heilenden Kräfte benötigt werden, obwohl sie oft als solcher dienen. Denn das Beispiel der Fernbehandlung zeigt, dass das Handauflegen nicht in allen Fällen erforderlich ist.

Das Ein-Fühlen in den Patienten

Die Hände unterstützen den Heiler aber sehr bei seinem Bemühen, sich in den Kranken einzufühlen. Der Heiler lässt ihn Platz nehmen, ergreift seine Hände und hält sie liebevoll fest. Er beginnt ein ruhiges Gespräch und erfragt die Beschwerden. Auf diese Weise wird der Heiler die Verbindung mit dem Patienten erreichen.

Einen nervösen oder aufgeregten Besucher sollte der Heiler zunächst beruhigen. Kopfschmerzen lassen sich oft aufheben durch ein sanftes Streichen über die Stirn, worin die Absicht des Heilens zum Ausdruck kommt.

Die Hände des Heilers als Durchflusskanal für die Heilungsenergien

Die Hände des Heilers dienen gleichsam als Brennpunkt für die heilenden Energien.

Wir müssen auch daran denken, was der Patient von der Behandlung erwartet. Er will natürlich, dass der Heiler seine Aufmerksamkeit auf die Körperstellen richtet, an denen sich die Krankheitssymptome zeigen. Es ist wichtig, das Vertrauen des Patienten in den Heiler und dessen Behandlung zu stärken. So sollte die Hand des Heilers auch aus psychologischen Gründen da ruhen, wo sich der Herd der Krankheit befindet.

Es bietet sich bei Beginn der Behandlung nun folgendes Bild: als erstes hat sich der Heiler geistig ein-gestimmt auf seine Jenseitigen Heilungsführer und auf seinen Patienten. Entweder hat dieser seine Beschwerden mitgeteilt, oder der Heiler hat die Diagnose – vielleicht auch zusätzlich – von seinen Jenseitigen Führern intuitiv empfangen.

Der Jenseitige Helfer ist zu einer Diagnose dadurch gelangt, dass er auf die ihm als Jenseitig-Geistigem Wesen eigene Weise die Ursachen und die Symptome der Krankheit „gesehen" hat, bzw. bei dem Heiler „mithörte", als diesem die körperlichen Beschwerden des Patienten berichtet wurden. Auf dieser Grundlage bestimmt der Jenseitige Heilungsführer die hier passenden Heilungsenergien. Jetzt ist der Augenblick gekommen für die Durchführung der Behandlung.

Wahrscheinlich werden nun die Hände des Heilers, wenn sie in der Nähe der erkrankten Körperstelle ruhen, als Kanal für die Jenseitigen Heilungsenergien verwendet. Der Heiler legt seine Hand zum Beispiel auf ein arthritisches Schultergelenk und stimmt sich innerlich ein auf die Bitte, dass sich die Versteifung des Gelenkes lösen möge. Bei einer tastbaren Geschwulst oder einem Kropf wird der Heiler seine an die Jenseitigen Heilungsführer gerichtete Bitte mit vorsichtigen Fingerbewegungen begleiten, als wollte er das krankhafte Gewebe lockern und auflösen. So können die Heilkräfte durch seine Hände hindurchströmen und die krankhaften *Strukturen* zerstreuen.

Genauso geht der Heiler bei den meisten anderen organischen Krankheiten vor. Erst macht er sich aufgrund eigenen Urteils oder durch eine intuitive Eingebung seines Jenseitigen Geistführers ein genaues Bild davon, was dem Kranken fehlt. Danach braucht der Heiler im Grunde nichts anderes zu tun, als – im Zustande Geistigen Ein-Klanges – zu erbitten, dass die Krankheit seines Patienten, gleich welcher Art sie sei, überwunden werde. Diese Bitte an den Jenseitigen Heilungsführer kann kurz gefasst sein, denn in der Regel wird das Einwirken der Heilungsenergien, soweit es zu dem betreffenden Zeitpunkt möglich ist, in Sekundenschnelle erfolgen. Es kann geschehen, dass der Jenseitige Heilungsführer über die Intuition die Hand des Heilers führt, ohne dass sich dieser solcher Einwirkung aus dem Jenseits besonders bewusst zu werden braucht.

Die Prüfung der eingetretenen Besserung

Schliesslich helfen die Hände des Heilers bei der Prüfung, inwieweit die Beschwerden behoben sind, damit der Patient selbst die durch die Geistheilung erzielte Besserung bestätigt findet. Der Heiler zeigt ihm, wie seine Wirbelsäule oder sein Hals nicht mehr unbeweglich und steif sind, oder dass durch verstärkte Koordination bisher gelähmte Glieder sich wieder bewegen lassen. Bei dieser Prüfung wird keinerlei Gewalt angewendet. Der Heiler bleibt immer in enger Ein-Fühlung mit dem Patienten, und seine Hände sind nur eine Verlängerung des eingestimmten Geistes. Mit zunehmender Erfahrung spürt der Heiler, welche Bewegungsübungen er dem Patienten zumuten kann. Dabei kann nicht genug betont werden, dass seine Hände auch bei den Lockerungsübungen nichts weiter sind als blosse Werkzeuge.

Bei vielen Krankheiten lässt sich der Heilerfolg allerdings nicht sofort mit den Händen nachweisen, zum Beispiel nach der Behandlung eines Sinnesorgans oder nervöser Leiden wie Migräne oder Schlaflosigkeit, von inneren Krankheiten oder Geschwulstleiden. Hier muss der Heiler an seiner Grundeinstellung festhalten, dass die Geistheilung jedes Mal die zu diesem Zeitpunkt erreichbaren Besserungsmöglichkeiten ausschöpfen wird.

Wenn der Patient keine Erleichterung verspürt, muss der Heiler dies hinnehmen und von einer weiteren Behandlung ablassen. Wenn die Jenseitigen Doktoren die erwünschte Besserung nicht erzielen können, so vermag es der Heiler wahrscheinlich auch nicht. In solchen Fällen darf der Heiler weder sich selbst, noch dem Patienten, noch seinem Jenseitigen Heilungsführer Vorwürfe machen, sondern er muss sich für den Augenblick bescheiden und die nächste Behandlungssitzung oder eine nächste Fernfürbitte abwarten. Seit der Heiler eine nähere Verbindung zum Patienten durch die Kontaktbehandlung gefunden hat, sind übrigens die Voraussetzungen für die Fernbehandlung günstiger geworden. Der Heiler darf nicht vergessen, dass es mitunter längere Zeit dauern kann, bis die Ursache einer Krankheit verschwunden ist und eine Besserung eintreten kann. Auch die Geistheilung kann sich nur im Rahmen der Schöpfungsgesetze vollziehen, die uns von der Geburt bis zum Tode begleiten.

Übertriebene Handbewegungen und andere Praktiken

Der Vorgang der Geistheilung an sich ist einfach. Aber oftmals sind wir Heiler damit nicht zufrieden und wollen mehr hinzutun. Auf diese Weise kommt es häufig zu übertriebenen Handbewegungen. Es ist nur natürlich, dass der Heiler die Behandlung fortsetzen möchte, wenn das gewünschte Ergebnis noch nicht erreicht ist. Da er immer noch von dem Wunsche zu heilen beseelt ist, vollführt er vielleicht eine Art „wegnehmende" Handbewegung, um die Beschwerden doch noch zu lindern.

Aber wie wir gesehen haben, bewirken die Gesten als solche keine geistige Heilung.

Manche Heiler haben die Angewohnheit, an dem Patienten und um ihn herum kräftige Streichbewegungen auszuführen. Dies wird besonders bei Heilern beobachtet, die in Trance arbeiten. Solche unnötigen Techniken werden wahrscheinlich aus dem Unterbewusstsein gesteuert, denn ein erfahrener Geistheiler braucht sie nicht. Sie drücken den starken Wunsch des Heilers aus, den Patienten von seiner Krankheit „gereinigt" zu sehen. Es soll nicht geleugnet werden, dass durchaus Heilungen bei dieser Methode stattfinden – sie werden aber nicht durch die Streichbewegungen bewirkt, sondern allein durch den *Heilungswunsch*.

Manche Heiler empfinden nach solchen Handstrichen das Bedürfnis, die Hände durch eine Art „Wegwerf-Bewegung" zu reinigen. Eine Übertreibung führt zur nächsten: manchmal werden sogar so heftige Wegwerf-Bewegungen vollzogen, als wolle der Heiler die Krankheit auf den Boden werfen. So etwas ist natürlich absurd - und noch lächerlicher ist es, die Dabeistehenden aufzufordern, beiseite zu gehen, damit sie sich nicht anstecken oder die Krankheit auf sich ziehen.

So wurde auch früher angenommen, dass sich der Heiler unbedingt nach jeder Heilbehandlung die *Hände waschen* müsse, damit keine Reste der Krankheit haften blieben und möglicherweise auf andere Patienten übertragen würden. Heute wissen wir, dass sich diese Vorstellung nicht halten lässt.

Natürlich empfiehlt sich das Waschen der Hände aus hygienischen Gründen. Nach der Berührung eines an einer ansteckenden Hautkrankheit Leidenden *muss* sich der Heiler die Hände *in heissem Wasser waschen*, dem eine Desinfizierlösung zugesetzt ist. Für die eigentliche Heilung aber hat das Händereinigen keine Bedeutung.

Der menschliche Körper wird von einer Ausstrahlung umgeben, der Aura. Ihre Breite beträgt meist 10 Zentimeter, mitunter mehr oder weniger. Nach aussen verflüchtigt sie sich. Diese Aura kann von Hellsichtigen gesehen werden, ist aber anderen Menschen nicht wahrnehmbar. Sie weist mehrere Farben auf von unterschiedlicher Lebhaftigkeit, die den körperlichen und seelischen Zustand der Person erkennen lassen.

Ist jemand unpässlich, erschöpft oder niedergedrückt, oder ist sein Gesundheitszustand überhaupt labil, so zeigt seine Aura düstere und drückende Farben. Die Aurafarben eines kerngesunden Menschen sind hell, funkelnd und strahlend. So ist die Aura ein Spiegelbild des geistigen, körperlichen und seelischen Gesundheitszustandes des Menschen.

Früher war man der Ansicht, man könne durch Streichbewegungen die Aura „reinigen" und damit zugleich das schlechte Befinden eines Menschen bessern. Die darin liegende Heilungsabsicht war gut gemeint. Heute weiss man, dass man ein

Spiegelbild ebenso wenig „heilen" kann wie etwa einen Schattenwurf. An der Aura lässt sich eigentlich nur eine eingetretene Besserung ablesen.

Eine weitere unerwünschte Praxis sei noch erwähnt, nämlich das *Einblasen* „heilender Kraft", indem der Heiler den Mund an eine – zuweilen mit einem Taschentuch abgedeckte – Körperstelle des Patienten hält und mit lang anhaltendem Atemzug „hinein"-bläst. Dabei fühlt der Patient die Wärme des Atems, was das Gefühl einer scheinbar in den Körper eindringenden Wirkung und Kraftübertragung vermittelt. Doch der einzige Wert dieser Technik liegt in ihrer guten Absicht.

Bei rechter Überlegung wird deutlich, dass auf diese Weise keine Heilwirkung erreicht wird, denn jeder kann diesen blossen Wärmeeffekt erzielen. Doch der Atem kann nicht in das Körperinnere eindringen. Und die Vorstellung, dass die Jenseitigen Heilungsenergien auf diesem Umwege übertragen würden, ist absurd. Sicher mag von dieser Übung für den unbefangenen Patienten eine gewisse psychologische Wirkung ausgehen. Sie ist aber schon deshalb fehl am Platze, weil sie die Geistheilung der Gefahr der Lächerlichkeit aussetzt.

Früher wurden noch andere Heilungstechniken angewendet, wie etwa Einreibungen mit „geistig präparierten" Ölen, Verabreichung von „magnetisiertem Wasser", Auflegen von „Heilpflastern" usw. Letzeres beruht auf der Vorstellung, dass ein Stück Stoff mit heilender Kraft durchtränkt werden könnte, wenn ein Heiler dies in der Hand hält, und dass diese Wirkung auf den Patienten übergehen und ihn heilen könnte.

Viele Patienten haben bezeugt, hierdurch Hilfe empfangen zu haben, und dies soll gar nicht angezweifelt werden, denn die Heilung kann auch trotz solcher Übertreibungen eintreten, die an dem Verständnis der Geistheilung vorbeigehen. Nehmen wir einmal an, dass die Jenseitigen Heilungskräfte wirklich in den Lappen einfliessen – warum sollten sie zunächst darin ruhen bleiben und erst später in den Körper des Patienten weiterfliessen – zumal sich nicht einmal elektrische oder magnetische Kräfte derart aufhalten liessen! Der Unsinn dieses Verfahrens wird ganz offensichtlich, wenn der Heiler den Lappen in einen Umschlag steckt, damit die Kraft nicht verlorengeht. All das sind nur Versuche, die Geistheilung auszuschmücken und den Patienten, der mit spirituellen Dingen nur wenig vertraut ist, durch Äusserlichkeiten zu beeindrucken, die er nicht in Frage stellen wird.

Erfreulicherweise verschwinden solche Praktiken mehr und mehr aus der Heilungspraxis, denn wir müssen alle rituellen Zutaten vermeiden, die der Würde eines geistigen Vorgangs zuwiderlaufen. Sie würden die Geistheilung nur in Verruf bringen und in den Augen von Vernunftmenschen lächerlich machen.

3. Das Zusammenwirken mehrerer Heiler

Mehrere Heiler können sich zusammentun zu einem Zirkel oder einer gemeinsamen „Praxis". In England werden auch regelmässig öffentliche Geistheilungsveranstaltungen abgehalten, bei denen eine Gruppe von Heilern Behandlungen durchführt.

Die Heiler arbeiten meist gemeinsam in einem grösseren Raum zusammen. Entweder behandelt jeder seinen Patienten für sich, oder die Heiler unterstützen einander durch gegenseitiges „Kraftspenden". Im letzteren Fall fühlt sich der zweite Helfer ebenfalls in den Patienten und in die Heilungsbehandlung ein. Er streckt die geöffneten Hände zu dem ersten Heiler und dem Patienten hin und drückt damit sein „Helfenwollen" aus. Seine Hände heilen nicht selbst, sondern werden nur in das geistig gelenkte Geschehen einbezogen.

Wie wir in unserem Alltag günstige Bedingungen für unsere Tätigkeiten schätzen, etwa Ruhe und Ungestörtsein beim Schreiben, so wirkt es sich auch bei den Heilungsbehandlungen aus, wenn die richtigen Bedingungen vorhanden sind. In einem Heilungszirkel ergeben sich diese durch das gemeinsame Mitgefühl der anwesenden Heiler, denn Nächstenliebe und der Wunsch zu heilen sind ohne Zweifel genauso reale „Bedingungen" wie Behaglichkeit und Ungestörtsein. Wenn sich Heiler in ihren Sitzungen gegenseitig „Kraft" spenden, so spenden sie in Wahrheit Liebe und Mitgefühl und verbreiten eine strahlende Energie, die die Bedingungen für die Geistheilung erleichtert.

Ein weiterer Umstand soll nicht übersehen werden: die Seele des Patienten wird von dem harmonischen Ein-Klang der vielen anwesenden Heiler erfasst. Der Eindruck der so liebevoll gemeinsam gewährten Hilfe gibt dem Kranken Stärkung und Zuversicht.

Schliesslich – und das wird oft übersehen – sind auch die Jenseitigen Helfer der unterstützenden Heiler zugegen. Wir müssen uns also das Bild vorstellen, wie sich eine Gruppe sichtbarer und unsichtbarer Persönlichkeiten hier zum gemeinsamen Heilen zusammengefunden hat. Könnten wir nur den wunderbaren Anblick schauen, der sich bei den öffentlichen Heilungsveranstaltungen mit ihren vielen mitwirkenden Helfern darbietet! Wir wissen, dass es bei der Geistheilung darauf ankommt, Jenseitige Heilungskräfte gezielt und vernünftig zu steuern. Wir vermuten daher, dass beim Zusammenwirken mehrerer Heiler in erster Linie *nur einer der Jenseitigen Heilungsführer* die Leitung des Heilungsvorganges übernimmt, und zwar meist der dem ausübenden Heiler beigeordnete.

Einem Heiler stehen oft mehrere Jenseitige Heilungsführer zur Seite, es sei denn, er arbeitet in Trance unter der Kontrolle eines bestimmten Geistführers. Wahrscheinlich besitzen die Jenseitigen Doktoren unterschiedliche Kenntnisse und Erfahrungen. Manche mögen mit der Behandlung bestimmter Krankheiten besonders vertraut sein – mit anderen Worten, es gibt vermutlich in der Jenseitigen Welt „Fachärzte" wie bei den Menschen. Es kann daher im Einzelfall auch ein dem unterstützenden Heiler beigeordneter Jenseitiger „Facharzt" die Leitung einer Behandlung übernehmen.

Jeder Heiler ist berechtigterweise stolz auf seine Jenseitigen Heilungsführer. Er mag daher den selbstgefälligen Wunsch hegen, sein eigener Führer möge eine bestimmte Heilung bewirken. Solche Eitelkeiten bestehen in der Jenseitigen Welt mit Sicherheit nicht. Auch fremde Geistführer können durchaus in eine Behandlung eingreifen.

4. Allgemeine Gesundheitsregeln für den Patienten

Jeder Fall liegt anders und muss individuell behandelt werden. So muss auch jeder Kranke auf eigene Weise bei seiner Heilung mitwirken. Es lassen sich jedoch die folgenden allgemeinen Empfehlungen geben, die sowohl für den Heiler als auch für den Patienten hilfreich sind.

Eine Krankheit kann nicht eher ausheilen, als ihre Ursache beseitigt ist. Die meisten Leiden haben heute eine psychosomatische Ursache, ohne dass sich der Kranke dessen bewusst zu sein braucht. Die erste Voraussetzung ist daher, dass der Patient gelassen und heiter wird, dass er wieder in sich ruht und darauf vertraut, dass er gesund wird. So wird er empfänglich für die Jenseitigen Heilungskräfte. Die innere Befreiung ist übrigens meist die erste Wirkung der Geistheilung, und deshalb soll der Patient sich darauf vorbereiten und freuen. Er sollte dazu angehalten werden, Ausgeglichenheit und Heiterkeit auch in seinem äusseren Verhalten zu zeigen. All dieses schafft eine günstige Ausgangslage für den Heilverlauf.

Die zweite Regel ist, auf die körperliche Hygiene zu achten. Viele innere Krankheiten gehen auf Stuhlverstopfung zurück, weil die nicht ausgeschiedenen Giftstoffe im Blut verbleiben und dessen belebende und reinigende Funktion stören. Notfalls muss der Patient die Verstopfung mit leichten Abführmitteln bekämpfen.

Schlechte und insbesondere tote Zähne sind unbedingt zu entfernen, denn sie streuen ständig Giftstoffe in den Blutkreislauf und können Rheumatismus, Arthritis und Verdauungsbeschwerden verursachen.

Ausserdem sollen dem Körper durch ein volles, bewusstes Atmen Sauerstoff und kosmische Energien zugeführt werden. In der Lunge soll ein Austausch der verbrauchten und der neu eingeatmeten Gase stattfinden können. Der Patient muss sich prüfen, ob er wirklich tief genug atmet, oder ob er sich ein kurzes Luftschnappen angewöhnt hat. Er muss dazu angehalten werden, die bewusste Atmung nicht nur wenige Minuten am Tage, sondern dauernd zu pflegen.

Die Massage des gesamten Körpers ist eine weitere gute Hilfe, um das Gewebe zu lockern und den Blutkreislauf zum Abtransport von Abfallstoffen anzuregen. Man glaube nicht, dass Massage nur bei Gliederschmerzen und -versteifungen angebracht ist. Es braucht keine fachmännische Massage zu sein. Ein leichtes, nicht zu kräftiges Verreiben von Öl oder Creme wirkt wunderbar. Nach dem Zubettgehen kann man ein Kissen unter seine Knie legen und den Leib massieren und kneten. Dies hilft oft gegen Verstopfung.

Zu reichliches Essen, insbesondere zu fette Speisen und Tiefkühlkost, sind zu vermeiden. Menschen mit robuster Gesundheit können „alles" essen, nicht aber diejenigen, die zu Darmträgheit neigen. Auf jeden Fall empfehlen sich frische Salate, Obst und alles, was „Sonnenenergie" und Vitamine enthält. Die Mahlzeiten sollen etwas Besonderes bleiben, der Patient soll Essen und Trinken – und selbst eine Diät – geniessen, und sich dabei sagen: „Das tut mir gut".

Es ist wichtig, dass der Patient gut schläft. Er soll sich nicht einbilden, er könne nicht schlafen. Er soll sich hinlegen und entspannen und darf nicht an seine Probleme und früheren schlaflosen Nächte denken. Wenn er dennoch vor dem Einschlafen an etwas denken muss, so sollten es schöne und erfreuliche Dinge sein. Der Patient muss sich darauf „programmieren", bis zum Morgen durchzuschlafen.

Diese praktischen Ratschläge gebe ich allen meinen Patienten. Manche meinen, dies sei blosse „Naturheilweise" - und das ist richtig. Aber wie kann die Geistheilung besser unterstützt werden, als durch natürliche Lebensweise? Es mag leichter sein, diese Regeln zu lesen als zu befolgen. Aber das Atmen und das Massieren zum Beispiel erfordern keine grosse Mühe. Wenn der Patient einmal damit angefangen hat, macht er auch bald mit den anderen Regeln ernst und wird sich dadurch immer wohler fühlen. So schafft er die körperlichen Voraussetzungen, damit die Jenseitigen Führer ihm besser helfen können.

Kapitel 14

Die Kontaktbehandlung bei verschiedenen Krankheiten

1. Wirbelsäulenleiden

Allgemeine Bemerkungen

Man wird sehr häufig feststellen, dass es keine strikte Trennung zwischen den verschiedenen Krankheiten gibt. So werden wir sehen, dass durch die Behandlung der Wirbelsäule nicht nur solche Erkrankungen beeinflusst werden, die direkt mit ihr zusammenhängen, wie zum Beispiel Bandscheibenvorfälle, Rückgratverkrümmungen und -verletzungen. Auch Krankheiten wie Arthritis, Hexenschuss, Ischias, Muskelrheumatismus, Nervenentzündungen, Lähmungen, Multiple Sklerose, Parkinsonsche Krankheit und selbst Erkrankungen der Atmungsorgane können mit der Wirbelsäule zusammenhängen.

Bei vielen Beschwerden spielt die Wirbelsäule deshalb eine wichtige Rolle, weil in ihr das Rückenmark verläuft, der Hauptverbindungsstrang zwischen dem Gehirn und dem peripheren Nervensystem, das für die inneren Funktionen und die Bewegungen zuständig ist.

Der Heiler sollte daher mit dem Bau der Wirbelsäule und ihren Funktionen vertraut sein, mit dem Ineinandergreifen und -bewegen der einzelnen Wirbel, mit der polsternden Funktion der zwischen den einzelnen Wirbeln liegenden Bandscheiben, und mit den Aufgaben der Hauptnervenstränge, die jeweils an den Seiten aus der Wirbelsäule austreten.

Das Rückenmark ist im Grunde ein Teil des Gehirns und steht mit ihm in direkter Verbindung. Daher erleben wir es immer wieder, dass Krankheiten, die auf einer organischen Störung des Gehirns beruhen, über eine Heilungsbehandlung des Rückenmarks beeinflusst werden können, oft sogar besser, als wenn man die Heilungsenergien auf den Kopf einwirken lässt. Es sei betont, dass dies jedoch nur für organische Erkrankungen des Gehirns gilt, wie zum Beispiel gewisse Formen von Lähmungen, Folgen von Gehirnhautentzündungen usw. Psychische Störungen können zu solchen organischen hinzukommen: eine psychisch bedingte Anspannung der Nerven kann zu Krampferscheinungen an den Extremitäten führen, eine bestehende Nervenschwäche verschlimmern und das koordinierte Wirken der Nerven behindern, wie zum Beispiel bei der Parkinsonschen Krankheit und der Multiplen Sklerose. Aber das Rückenmark spielt bei vielen Erkrankungen eine grosse Rolle, und es können häufig gute Ergebnisse erzielt werden, wenn die Heilungskräfte auf das Rückenmark gelenkt werden.

Bei gewissen Krankheiten finden wir eine Versteifung der Wirbelsäule, zum Beispiel bei Bandscheibenvorfall, Arthritis der Wirbelsäule und bestimmten Lähmungen. Eine solche Versteifung weist untrüglich auf *Verhärtungen* rings um die Wirbel hin. Dadurch entsteht ein Druck auf die austretenden Nerven, der diese erlahmen lässt und die Fortleitung der aus dem Gehirn kommenden Impulse zu den Muskeln hin behindert, was wiederum starke Schmerzen verursacht.

Eine solche Versteifung der Wirbelsäule findet sich bei allen Fällen von Hexenschuss und Ischias. Sie wird noch begünstigt dadurch, dass der Patient aus Angst vor Schmerzen jede Beugung der Wirbelsäule vermeidet. Zur Schonung und Stilllegung werden orthopädische Stützkorsette verordnet, die jedoch die Bildung einer Rückgratverkrümmung eher fördern, denn sie sind nur ein Behelf zur Schmerzlinderung (es sei denn, dass sie im Falle akuter Wirbelsäulen- oder Muskelschwäche zur Stützung unumgänglich sind). Hier kommen wir zu einem Punkt, an dem die Meinungen der Medizin und der Geistheilung auseinandergehen. Das Ziel der Medizin ist – denn sie hat keine andere Alternative – die Wirbelsäule unbeweglich zu halten. Das Ziel der Geistheilung ist es, die Unbeweglichkeit zu beseitigen, die Nerven von dem auf sie lastenden Druck zu befreien und wieder ihre normale Funktion zu ermöglichen.

Wirbelsäulenversteifungen

Wir kommen nun zu der Heilungsbehandlung selbst.

Manche Heiler arbeiten im Stehen, während ihr Patient sitzt. Hierfür besteht kein zwingender Grund. Auch der Heiler muss entspannt sein. Dies fällt im Sitzen leichter als im Stehen. Ich schlage daher vor, dass sich bei der Heilungsbehandlung Heiler und Patient gegenübersitzen.

Am günstigsten ist es, den Patienten auf einem Schemel Platz nehmen zu lassen. Ein Stuhl mit Lehne eignet sich weniger für die Behandlung, da Bewegungsübungen auf ihm nicht ungehindert durchgeführt werden können.

Der Heiler legt seine Hand auf die Wirbelsäule des Patienten und fordert ihn auf, den Oberkörper vorzubeugen. Auf diese Weise erkennt der Heiler, inwieweit noch eine Beweglichkeit der Wirbelsäule vorhanden ist.

Meistens kann der Patient den Oberkörper nur aus der Hüfte heraus bewegen, aber die Wirbelsäule selbst ist fixiert. Im Falle von Hüftarthritis kann der Kranke nicht einmal die Bewegung aus der Hüfte heraus vollbringen.

Das Ziel der Heilung ist es, die Beweglichkeit der Wirbelsäule wiederherzustellen. Der Heiler hat sich ein-gestimmt in die Verbindung mit den Jenseitigen Kräften und fühlt sich auch in den Patienten ein. Er legt seine Hand fest auf die Lendenwirbelsäule, etwa in Taillenhöhe, und die andere Hand auf die Schulter des Patienten. Damit ist alle Vorbereitung getroffen. Der Heiler richtet seine Gedanken nun an seinen Jenseitigen Heilungsführer. Er bittet ihn, mit Hilfe der Heilungskräfte die Ablagerungen und Verhärtungen aufzulösen und die Beweglichkeit der Wirbelsäule wiederherzustellen.

Wir wissen, dass die eigentliche Heilung nur Sekunden in Anspruch nimmt, und nach einem kurzen Innehalten kann der Heiler sich bereits vergewissern, was erreicht worden ist.

Der Patient wird aufgefordert, sich zu entspannen und die Glieder ganz schlaff hängen zu lassen. Es ist wichtig, dass sich der Heiler von dem Entspanntsein überzeugt, ehe er den nächsten Schritt tut. Jetzt fordert der Heiler den Patienten auf, den Rücken ganz locker zu lassen und sich vorsichtig nach hinten zu lehnen, über die dort noch ruhende Hand des Heilers. Mit der anderen Hand, die mit leichtem, aber bestimmtem Druck auf der Schulter ruht, gibt der Heiler Hilfestellung. *Es darf auf keinen Fall Gewalt angewendet werden.* Wir sollten bedenken, dass kein noch so grosser Druck eine spastische Wirbelsäule zu biegen vermag – sie muss von selbst nachgeben.

Der Patient ist seit langem an seine Wirbelsäulenversteifung gewöhnt, und der Gedanke an die Möglichkeit einer Bewegung ist ihm fremd. Deshalb darf das Beugen zuerst nur sehr behutsam und allmählich wieder aufgenommen werden.

Hat sich der Patient ein wenig zurüklehnen können, so fordern wir ihn als nächstes auf: „Beugen Sie sich vor, machen Sie den Rücken krumm." Mit jeder Vor- und Rückwärtsbewegung nimmt die Beweglichkeit zu, bis die Wirbelsäule im Wesentlichen frei ist.

Der Heiler soll sich bemühen, sämtliche Bereiche der Wirbelsäule zu lockern, indem er seine Hand von Wirbel zu Wirbel hinunter bis zum Becken und hinauf bis zu den Schultern führt und vorsichtig das Beugen an jedem einzelnen Wirbel übt. Bei Schmerzen oder Steifheit, die sich in der Becken-Kreuzbein-Gegend befinden oder von dort ausgehen, legt der Heiler seine Hand auf die Lendenwirbelgegend. Der Patient soll die obere Wirbelsäule steif und gerade halten und sich über die Hand des Heilers nach hinten lehnen. Anschliessend soll er eine vorsichtige Drehbewegung in Höhe der aufgelegten Hand vollführen, ohne dass sich dabei das Becken rührt. Auch wenn die Wirbel der Sakralgegend sich in das Becken verlagert haben, wird der Heiler beobachten können, wie bei dieser Übung die Flexibilität zurückkehrt.

Kann der Patient die Vor- und Rückwärtsbewegungen einigermassen ausführen, so legt der Heiler seine Hand wieder in Taillenhöhe auf und lässt den Patienten leichte Pendelbewegungen zur Seite vornehmen, wobei die Hüfte nicht bewegt werden soll. Diese Übung fällt meist leicht, und der Patient wird dazu angehalten, das Schwingen *allein* weiter zu üben, um so die Wirbelsäule immer weiter zu lockern.

Endlich legt der Heiler seine Finger nacheinander zwischen die einzelnen Wirbel und prüft, inwieweit diese sich aufeinander hin- und her bewegen lassen, wobei der Patient die Beine und Hüften stillhalten muss. Bei diesen Übungen dürfen keine Schmerzen auftreten.

Auf ähnliche Weise behandeln wir den Nacken. Wieder halten wir zuerst inne, damit die Heilungsenergien die Versteifung lösen können. Danach wird die Bewegung durch Kopfnicken geübt. Dabei legt der Heiler zur Hilfestellung die eine Hand auf die Stirn und die Finger der anderen Hand von oben nach unten auf die einzelnen Wirbelgelenke des Nackens. In der Regel sind der fünfte, sechste und siebente Halswirbel und die oberen Brustwirbel am meisten von einer Versteifung betroffen. Nun sollte der Patient an die Zimmerdecke blicken. Dabei stellt der Heiler fest, inwieweit sich der Kopf jetzt nach hinten beugen lässt.

Bei diesen Übungen hilft es dem Patienten sehr, wenn der Heiler ihm jede Bewegung genau erklärt, damit er mitarbeiten kann und entgegengesetzte Bewegungen vermeidet. Wenn er jahrelang einen versteiften Rücken gehabt hat, werden ihm die verlangten Bewegungen so ungewohnt vorkommen, dass er sich oft unbewusst gegen sie sträubt. Der Heiler bleibt hier freundlich, aber bestimmt, bis dem Patienten die Bewegungen selbstverständlicher werden. Das erfordert viel Geduld.

Während der ganzen Heilungsbehandlung muss der Heiler das Bewusstsein Geistigen Ein-Klanges mit seinen Jenseitigen Heilungsführern und mit dem Patienten aufrechterhalten. Solange dieser Ein-Klang besteht, dürften keine Schmerzen auftreten. Hier geschieht nicht das, was man üblicherweise als „Manipulation" der Wirbelsäule bezeichnet, sondern es findet ein allmähliches Gefügigwerden nach den

Anweisungen des Heilers statt. Sollten dennoch Schmerzen empfunden werden, so ist keine Heilung eingetreten und die Bewegungen stellen nach wie vor eine übermässige, physische Anstrengung dar. In der Regel wird jede Wirbelsäule bereitwillig nachgeben. Ist dies aber nicht der Fall, so sollte der Heiler das Resultat der dieses Mal erzielten Besserung mit Dankbarkeit verzeichnen und weitere Behandlungen abwarten. Bei Spondylitis (Wirbelentzündung) zum Beispiel kann die Versteifung sehr hartnäckig sein und sich vielleicht nur sehr wenig in jeder Sitzung lockern, so dass etliche Heilungsbehandlungen erforderlich werden.

War die Behandlung erfolgreich und ist die Beweglichkeit der Wirbelsäule wiederhergestellt, so ist der Patient in der Lage, sich wieder ungehindert und ohne Schmerzen vor- und zurückzubeugen. Gleichzeitig verschwindet auch der Druck auf die aus der Wirbelsäule austretenden Nerven, die ihre normalen Funktionen wieder aufnehmen. Viele Leib- und Gliederschmerzen verschwinden damit von selbst. Anders ist es bei Schmerzen, die ihre Ursache in einer Verletzung, Quetschung oder Entzündung der Nerven selbst haben. Hier dauert die Geistheilung in der Regel länger.

Es ist allerdings in diesem Zusammenhang zu beachten, dass der Patient zuweilen ein unangenehmes Gefühl oder sogar einen Schmerz in der Rücken- oder Halsmuskulatur empfindet, was lediglich auf Gewebeverhärtungen zurückzuführen sein dürfte, die sich gebildet hatten. Hier wird meistens eine leichte Massage (verbunden mit der Bitte um Heilung) den Muskel wieder geschmeidig machen und die Beschwerden verschwinden lassen.

Der Patient sollte diese Bewegungen der Wirbelsäule täglich üben und sich ausserdem massieren lassen. Hiermit ist keine richtige Massage gemeint, sondern eine einfache Einreibung nach Hausgebrauch, deren Wert allein in der Anregung der Durchblutung zum Abtransport von Schlacken und dergleichen liegt. Jede beliebige Art von Öl, Creme oder Puder darf dazu verwendet werden, Wärmespendende Einreibemittel übertragen einen Wärmeeffekt durch die Epidermis hindurch, indem sie eine Reizung der auf Berührung reagierenden Nervenfasern verursachen, die zum Beispiel auf rheumatische Nervenschmerzen lindernd wirkt.

Bei Wirbelsäulenbehandlungen ist es für den Heiler immer angenehm, einen *Assistenten* bei sich zu haben. Dieser steht hinter dem Kranken und ersetzt die Rückenlehne. Der Assistierende legt eine Hand auf die noch freie Schulter des Patienten und lässt die andere über der Hand des Heilers ruhen, die auf der Wirbelsäule des Patienten liegt. Auch der Assistierende fühlt sich in den Patienten ein, aber er unterstützt nur immer die Übungen, die der Heiler bestimmt, und darf nicht selbständig Bewegungen mit dem Patienten durchführen. Er darf nicht vergessen, dass er nur assistiert.

Rückgratverkrümmungen

Auch bei Rückgratverkrümmungen beginnen wir als erstes mit der Bitte um Wiederherstellung der Flexibilität der Wirbelsäule. Erst wenn dies erreicht ist, kommt als zweiter Schritt das Geraderichten der Wirbelsäule. Der Heiler fühlt sich aufs Innigste in den Patienten ein, und legt seine Hand auf den Punkt der Verkrümmung, der am meisten hervortritt. Er fordert den Patienten auf, sich nach der anderen Seite hinüberzulehnen, so dass die seitliche Verkrümmung noch mehr hervortritt. Jetzt – und das ist sehr wichtig – kommt der Moment des Innehaltens, in dem der Jenseitige Heilungsführer um seine Hilfe und Korrektur gebeten wird. Erst dann fordert der Heiler den Patienten auf, sich ganz langsam wieder aufzurichten. Dabei rückt der Heiler vorsichtig und behutsam die Seitwärtskrümmung gerade. *Wiederum darf keinerlei Gewalt angewendet werden.* Jede Kraftanwendung wäre sinnlos, und auch die Hilfestellung des Heilers ist nur Symbol des Wunsches, die Wirbelsäule wieder aufzurichten. Der Jenseitige Heilungsführer wird es vollbringen, dass sie die richtige Form wieder annimmt.

Der Vorgang ist im Wesentlichen der gleiche, ob die Wirbelsäule nach einer Seite, oder wie im Fall des bekannten „Buckels" nach hinten, verkrümmt ist. Während der Patient sich wieder aufrichtet, versucht die Hilfestellung jeweils, die hervortretende Krümmung zu beseitigen.

Eine geringfügige Rückgratverkrümmung lässt sich oft in einer einzigen Sitzung beheben. Ist sie aber sehr ausgeprägt oder schon längere Zeit vorhanden, so wird eine gewisse Anzahl von Behandlungen erforderlich sein, um weitestgehende Besserung zu erreichen.

Häufig führt die Rückgratverkrümmung zu einer Verformung und Auswärtswölbung des Brustkorbes. Mit der Wiederaufrichtung der Wirbelsäule müssen auch die Rippen nachgeben, was aber oft noch nicht ausreicht, um die Verformung ganz verschwinden zu lassen. Wir dürfen hier keine sofortige, magische Rückbildung erwarten, aber meistens kommt es im Laufe der Zeit zu einem allmählichen, sichtbaren Rückgang, wenn die Geistheilung weiter fortgesetzt wird, zum Beispiel in Form von Fernbehandlung. Schliesslich hängen der ganze Oberkörper, das heisst der Brustkorb mit Lungen und Herz, sowie die ganze Beckengegend mit der Wirbelsäule zusammen. Bei jahrelanger Rückgratverkrümmung passen sich die inneren Organe der veränderten Form des Brustkastens bzw. des Beckens an, und die Rückbildung darf nur allmählich erfolgen, um den inneren Organen die Möglichkeit erneuter Anpassung zu geben.

Es ist eine grosse Freude für den Heiler, wenn er beobachten kann, wie mit der Streckung der Wirbelsäule sich zum Beispiel auch allmählich das Becken ausrichtet und der Patient wieder aufrecht gehen kann, ohne zu hinken.

Von der Wirbelsäule ausgehende Schmerzzustände

Bei einem Bandscheibenvorfall kommt es zu Wirbelschmerzen, weil der Zwischenwirbelknorpel auf die austretenden Nerven drückt, oder zwei aufeinander folgende Wirbel nicht justiert sind. Im letzteren Fall kann der Heiler diese Stelle oft als das Schmerzzentrum lokalisieren.

Wir behandeln die Wirbelsäule, wie bereits beschrieben, bis sie ihre Flexibilität wiedererlangt hat. Doch achten wir darauf, dass die ersten Bewegungsübungen nur minimal und äusserst vorsichtig ausgeführt werden. Man steigert sie allmählich, je mehr die Beweglichkeit zunimmt. Es darf bei der Behandlung nicht der geringste Schmerz auftreten. Ist die Beweglichkeit wiedergekehrt, so springt die Bandscheibe von selbst zurück und die verlagerten Wirbel richten sich wieder aus. Falls diese Behandlung nicht ausreicht, so versucht der Heiler mit seinen Fingern leichte Seitwärts- und Hebelbewegungen an den betroffenen Wirbeln in dem Vertrauen, dass der Jenseitige Heilungsführer die Korrektur nun vornehmen wird.

Auch bei Hexenschuss, Ischias, Neuritis, Schmerzen oder Stechen in den Beinen, und so weiter, ist zuerst die Beweglichkeit der Wirbelsäule wiederherzustellen. Danach wird das Bein vorsichtig aus dem Hüftgelenk zunächst vor- und zurück- und dann drehend bewegt. Zuletzt soll der Patient das untere Bein frei schwingen lassen. In der Regel werden die Beschwerden verschwunden sein.

Entsprechende Schmerzzustände in den Armen rühren von der Halswirbelsäule her, die einen Druck auf die austretenden Nerven ausübt. Zuerst wird vorsichtig die Bewegungsfreiheit der Halswirbel wiederhergestellt. Die darauf folgende Bewegungsübung dient dazu, den Arm vorsichtig im Schultergelenk zu bewegen, bis das Schulterblatt allmählich frei wird und der Arm wieder normal schwingen kann.

Es gibt Schmerzen, die als „Gürtel" oder „Ring", der den Körper in der unteren Rippengegend umschliesst, beschrieben werden. Diese können ebenfalls ihren Ursprung in Spannungszuständen der Nerven haben, und zwar dort, wo die Brustwirbelsäule in die Lendenwirbelsäule übergeht.

Auch solche Schmerzen lassen nach, wenn die Beweglichkeit in dem betreffenden Wirbelbereich wieder einkehrt.

Die Heilungen von Wirbelsäulenleiden gelingen heute *viel leichter* als früher, so dass ein Heiler mit grösstem Vertrauen an diese Behandlungen gehen kann. Wenn er vorsichtig nach den obigen Anleitungen verfährt und im Geistigen Ein-Klang mit der Quelle der Jenseitigen Heilungskräfte bleibt, so muss es sich schon um einen Ausnahmefall handeln, wenn keine Besserung erzielt wird. Eine solche Ausnahme hätte andere Ursachen, etwa vorausgegangene, grössere operative Veränderungen, wie zum Beispiel Knochenverpflanzungen oder künstliche Verschweissung von Gelenken.

2. Arthritis, Rheumatismus und verwandte Krankheitsbilder

Arthritis, Rheumatismus, Fibrositis, und so weiter, bilden eine verwandte Gruppe von Krankheiten. Es bedarf zwar in jedem Fall der individuellen Behandlung, doch gelten einige gemeinsame Richtlinien.

Wie bei jeder menschlichen Krankheit kann auch hier im Frühstadium eine sehr rasche Heilung erzielt werden. In chronischen und hartnäckigen Fällen lässt sich eine nennenswerte Erleichterung oder gar eine völlige Genesung oft erst nach längerer Zeit erreichen, wobei jeder Fall individuell verläuft.

Als Heiler sollte man immer sehr wachsam sein, um bereits die ersten Anzeichen eines solchen Leidens zu erkennen und zu behandeln. Wenn ein Patient sagt: „Ich habe ein bisschen Rheumatismus, aber darüber mache ich mir keine Sorgen", so sollte sich aber der Heiler welche machen. Wenn alle jene Menschen, die heute durch Arthritis verkrüppelt sind, bei den ersten Anzeichen einen Heiler aufgesucht hätten, so wären heute nicht so viele Tausende zur „Unheilbarkeit" verdammt.

Bei Rheumabeschwerden im Bereich der Hüften und Beine befindet sich der Sitz der Krankheit häufig im Bereich der Lendenwirbelsäule, bei Rheumabeschwerden der Schultern und Arme im Halswirbelsäulen-Bereich. Die eigentliche Ursache der Krankheit muss nicht notwendigerweise dort lokalisiert sein, doch es handelt sich hierbei häufig um das Zentrum, insbesondere bei Knochenarthrose und bei rheumatischer Arthritis.

Arthritis ist eine ernährungsbedingte Stoffwechselkrankheit. Die Blutfunktion ist unzureichend, und Stoffwechselprodukte der Zellen bleiben in den Gelenken und in den Muskelgeweben liegen, anstatt über die Atmungs- und Ausscheidungssysteme aus dem Körper entfernt zu werden. Die primäre Ursache kann psychosomatisch sein, wodurch die Spannkraft des Patienten geschwächt und einer Krankheitsentwicklung im Körper der Weg bereitet wurde.

Deshalb erreicht die Geistheilung häufig als erste Wirkung, dass sich der Allgemeinzustand des Patienten bessert. Dadurch wird die Funktion des Blutes gestärkt, und die dem Körper innewohnende Selbststeuerung wird angeregt, was schliesslich zur Auflösung der Ablagerungen führt.

Bei der Behandlung aller dieser untereinander verwandten Krankheiten ist es von grösster Wichtigkeit, dass der Patient *völlig entspannt* ist. Er hat vermutlich über lange Zeit hinweg bei jeder kleinsten Bewegung starke Schmerzen verspürt und wird sich verständlicherweise aus Angst vor den Bewegungsübungen verkrampfen. Dadurch würde er aber der Geistheilung entgegenwirken, und Schmerzen würden ausgelöst. Der Heiler soll dem Kranken daher versichern, dass während der Bewegungsübungen keine Schmerzen auftreten werden, solange er sich nicht verspannt. Manchmal muss ein Heiler seine ganze Überredungskunst aufbieten und lange mit dem Patienten plaudern, ehe dieser Vertrauen fasst und irgendwelche Bewegungen an sich vornehmen lässt.

Der Heiler sitzt seinem Patienten gegenüber und lässt sich dessen Beschwerden schildern. So gewinnt er ein vollständiges Bild davon, was dem Kranken fehlt.

Bei jeder Behandlung von Arthritis muss der Heiler darauf achten, ob eine *Versteifung der Wirbelsäule* oder des Nackens vorliegt, und diese dann behandeln, wie im vorigen Kapitel beschrieben.

Als nächstes wendet sich der Heiler nacheinander den Gelenken zu und erbittet Geistheilung für jedes einzelne. Ist beispielsweise das *Schultergelenk* steif oder blockiert, so umschliesst er es mit einer Hand und hält mit der anderen den Unterarm des Patienten fest. In dieser Haltung fühlt er sich in den Patienten ein, und hält einen Moment inne, damit die Geistheilungsenergien durch ihn hindurchfliessen und sich die Bewegungshindernisse auflösen können.

Danach *prüft* der Heiler, welche *Besserung* eingetreten ist. Er belässt die eine Hand auf dem Schultergelenk und bewegt mit der anderen den Arm des Patienten vorsichtig aus der Schulter heraus vor und zurück. Zu Anfang mag die Bewegung noch etwas ungelenk erscheinen, sie wird jedoch von Mal zu Mal lockerer, bis der Arm schliesslich frei schwingen kann, das heisst, nach hinten so weit wie normal, und nach vorn bis zum waagerechten Ausstrecken.

Als nächstes wird geprüft, ob die Drehbewegung möglich ist, da es sich bei der Schulter ja um ein Kugelgelenk in einer Pfanne handelt. Der Heiler belässt die eine Hand weiter auf der Schulter, und mit der anderen nimmt er kleinste Drehbewegungen vor, die er allmählich ausweitet, bis sich der Oberarm horizontal bis in die Höhe der Schulter anheben lässt. Wenn sich der Heiler vergewissert hat, dass soweit volle Bewegungsfreiheit erlangt ist, kann er als nächstes versuchen, den Arm in die Höhe zu heben.

Während dieser Übungen wird der Patient ständig ermuntert, entspannt mitzuarbeiten. Der Heiler „spricht" mit dem Arm und sagt etwa: „Der Arm soll frei schwingen", – „es tut nicht weh" – „nun versuchen Sie es selbst mit meiner Hilfe" – „der Arm soll hochgehen ... ganz behutsam ... der Ellbogen sich strecken ... und noch die Hand sich heben".

Während der Heiler seine Hände an derselben Stelle belässt, wird der Arm des Patienten samt Ellbogen langsam aufwärts gestreckt, bis der Arm senkrecht hochsteht. Dieses muss sehr behutsam vollzogen werden, und der Heiler muss merken, ob noch die geringste Anspannung verblieben ist. Ist dies der Fall, *so darf der Heiler keinerlei Kraft anwenden.* Die Bewegung soll sich in freiem Nachgeben vollziehen. Ist der Arm einmal erhoben, folgt als nächstes die Abwärtsbewegung, die der Heiler dadurch unterstützt, dass er seine Hand auf den Ellenbogen legt und diesen beugt.

Wir müssen bedenken, dass vor unserer Heilungsbehandlung das Auf- und Abwärtsbewegen des Armes sicher äusserst schmerzhaft war, und der Patient daher zur Verkrampfung neigen wird. Dies kann der Heiler mit seiner auf dem Schultergelenk ruhenden Hand erfühlen und den Patienten dazu anhalten, die Schulter zu entspannen. Der Heiler wiederholt diese Auf- und Abwärtsbewegungen etliche Male und sagt dem Patienten, er solle den Arm frei von der Schulter herabfallen lassen. Wenn dann der Arm nach oben gestreckt werden kann, lassen wir den Patienten den Ellenbogen beugen und die Hand auf den Kopf legen. Dies wird mancher Patient seit längerer Zeit nicht mehr haben ausführen können. Es wird nochmals betont, dass diese neuen Bewegungen nur sehr zurückhaltend gesteigert werden dürfen.

Als nächstes sollten am Ellenbogengelenk die Dreh-, Beuge- und Streckbewegungen geübt werden. Ist hier das völlige Durchstrecken durch ein Hindernis im Ellbogengelenk blockiert, so halten wir einen Moment inne und bitten unseren Geistführer, durch Hinlenken von Heilungsenergien das Gelenk freizumachen. Danach lässt sich der Arm bei nur geringer Hilfestellung meist ganz durchstrecken. Bleibt aber noch ein Hindernis, so sollte man es dabei bis zur nächsten Behandlungssitzung belassen.

Beim Handgelenk finden wir meistens eine völlige oder teilweise Blockierung vor. Der Heiler ergreift fest mit einer Hand den Unterarm des Patienten knapp über dem Handgelenk. Mit der anderen fasst er mit festem Griff unter die Handfläche des Patienten mit dem Daumen nach oben. Nun folgt die sehr heikle Aufgabe der Lockerung des Handgelenkes, wobei der Heiler sehr vorsichtig erfühlen muss, wie weit die Bewegung zumutbar ist. Der Unterarm muss so festgehalten werden, dass er sich nicht bewegen kann, und nun wird die Hand vorsichtig gedreht, um zu prüfen, wie weit das Handgelenk mitzugehen vermag. Die anfangs meist nur sehr geringe Beweglichkeit wird allmählich zunehmen, wenn wir unsere Bitte darauf hinlenken. Als nächstes werden die Seitwärtsbewegung, und als letztes, das Heben und Senken der Hand aus dem Gelenk heraus geübt. Hat sich eine Heilung vollzogen, so kann der Patient der Aufforderung folgen, die Hand einfach fallenzulassen.

In gleicher Weise werden die Heilungsenergien auf Finger und Daumen gelenkt. Ein Finger nach dem anderen wird an den Knöcheln (Grundgelenken) gedreht und an den beiden Fingergelenken gebeugt, ebenso der Daumen am Ballen und an seinen beiden oberen Gelenken.

Bei alledem muss der Heiler ein Feingefühl dafür haben, wie weit er mit den Bewegungsübungen gehen kann. Besteht noch eine gewisse Spannung, darf er weder Druck noch Kraft anwenden. Der Heiler muss sich sowohl ganz in den Patienten hineinversetzen, als auch mit den Jenseitigen Führern in Ein-Klang verbleiben. Er muss alles um sich herum vergessen, und darf sich in diesem Moment nur der Heilung seines Patienten widmen. Das Wollen und Fühlen des Heilers haben sich in seine Finger verlegt, während er um Heilung der Gelenke bittet.

Oft sind die Finger des Patienten verdreht und verkrüppelt, oder die Gelenke verknöchert. Dann ist der Gelenkmechanismus zerstört, und eine Wiederherstellung mag den Heilungsgesetzen widersprechen. Doch sollte der Heiler sich in seinem Vertrauen nicht beirren lassen, *dass die Geistheilung die für diesen Zeitpunkt grösstmögliche Besserung bringt.*

Empfindet der Patient nur den geringsten Schmerz bei den Bewegungsübungen, so sollte der Heiler sofort aufhören, weil er zu viel versucht hat. Immer wieder sei der Heiler daran erinnert, dass nicht er es ist, der heilt, und es nichts fruchten würde, wenn er es aus eigener Kraft versuchte. Was hierbei zählt sind die geistige Entwicklung und die Erfahrung des Heilers, und so mögen die Gelenke oft schon frei werden, ohne dass der Heiler noch innehalten muss, um Geistheilungskräfte einfliessen zu lassen, sondern die geschieht allein durch seine hochentwickelte Gabe, darum bitten zu können.

Ähnlich wird bei der *Behandlung der Beine* vorgegangen. Ist die Hüfte blockiert, so heben wir das Knie des Patienten behutsam und ganz wenig an, und bitten um Wiederherstellung der Hüftbewegung. Erst danach hebt der Heiler das Knie des Patienten immer etwas höher. Erst wenn eine weitestmögliche Bewegung nach oben und unten erreicht ist, werden Drehbewegungen aus der Hüfte versucht.

Eine häufige Begleiterscheinung der Arthritis sind die kontrahierten und verwachsenen Bänder und Sehnen. Als Folge davon verspürt der Patient ein häufiges „Ziehen" in der Leisten- oder Gesässgegend, was jedoch kein echter Schmerz ist. Es ist daher das Bemühen des Geistheiler, den Sehnen und Bändern ihre Beweglichkeit und Elastizität wiederzugeben.

Für die Lockerung des Knies empfiehlt es sich, wenn der Heiler, der ohnehin vor dem Patienten sitzt, dessen Fuss auf seinen Oberschenkel nimmt. Man lässt den Patienten dann das Knie leicht heben und senken. Falls dies dem Patienten nicht möglich ist, so kann es daran liegen, dass die Kniescheibe festsitzt. Mit vorsichtigen Fingerbewegungen kann der Heiler sie wieder verschiebbar machen, was eine zunehmende Beweglichkeit des Kniegelenks nach sich zieht. Sollte das Knie durch Entzündungen und Ödeme schmerzhaft sein, dürfen nur kleinste Bewegungen vorgenommen werden. Falls erforderlich, muss die Behandlung des Knies auf die nächste Sitzung verschoben werden.

Nachdem wir das Bein des Patienten wieder heruntergesetzt haben, wird der Patient aufgefordert, das Bein locker im Knie vor- und zurückschwingen zu lassen. Die Gelenke an Fuss und Zehen erhalten die gleiche Behandlung wie Handgelenk und Finger.

Als letztes lassen wir den Patienten aufstehen und sich an den Schultern des Heilers festhalten. Nun muss der Patient das Knie anheben zur Bestätigung, dass sich das Bein in der Hüfte wieder frei und ohne Schmerzen bewegen lässt.

Der Patient muss dazu angehalten werden, alle diese neuen Bewegungen täglich zu üben, damit auf der erreichten Besserung aufgebaut werden kann, und die arthritischen Ablagerungen sich nicht erneut festsetzen. Dem Patienten ist zu raten, dass er sich täglich zu Hause massieren lässt, wie bereits beschrieben. Diese Massage soll die Blutzirkulation anregen, damit die in den Gelenken befindlichen Schlacken auf natürliche Weise vom Blut abtransportiert werden können.

Wir beobachten oft, dass ein Patient auf wunderbare Weise auf die Geistheilung anspricht, Dennoch behält er die Angewohnheit bei, wie zu Zeiten seiner jahrelangen Behinderung wie ein Krüppel umherzugehen. Deshalb muss dem Patienten das normale Gehen gezeigt und ihm wieder beigebracht werden, die Knie anzuheben und den Fuss richtig abrollen zu lassen. Am besten geht der Heiler mit dem Patienten mehrfach auf und ab und macht ihm das richtige Gehen vor.

Bei schweren Fällen wird eine Reihe von Sitzungen erforderlich sein, ehe sich eine zufriedenstellende Lockerung der Gelenke einstellt. Dies finden wir sehr häufig bei chronisch blockierten und verkrüppelten Gelenken, insbesondere der Finger. Bei diesen bedauernswerten Fällen müssen sowohl der Heiler als auch der Patient grosse Geduld aufbringen. Der Heiler muss lernen, sich mit den Teilerfolgen zufriedenzugeben, die die Heilung in den einzelnen Sitzungen bringt.

Wenn sich jedoch die erste Erleichterung einstellt, dann wird jede Heilungsbehandlung eine Steigerung bringen, und dem Heiler wird die Zeit nicht Leid tun, die er geduldig mit dem Patienten verbracht hat.

Beruht allerdings die Steifheit eines Gelenks auf einer Verknöcherung oder auf einer Fixierung durch chirurgischen Eingriff, liegt eine Wiederherstellung der Gelenkfunktion ausserhalb der Gesetze der Geistheilung.

3. Lähmungen

Es gibt eine grosse Zahl verschiedener Lähmungserscheinungen, die sich auf unterschiedliche Ursachen zurückführen lassen. Manche entstehen durch organische Störungen im Gehirn, wie beim Schlaganfall oder bei der Parkinsonschen Krankheit. Andere durch Ausfall der Nervenfunktionen, wie etwa bei der spinalen Kinderlähmung. Ein weiterer, beträchtlicher Prozentsatz von Lähmungen ergibt sich als Folge von Verletzungen oder Versteifungen der Wirbelsäule, wobei die austretenden Nerven starkem Druck ausgesetzt sind.

Allen Fällen von Lähmung liegt ein Ausfall der Nervenkoordination zugrunde. Beim gesunden Menschen erhalten die motorischen Nerven ihre Impulse vom Gehirn. Diese Impulse werden durch die Nerven bis zu den Bewegungsmuskeln hingeleitet. Soll zum Beispiel der kleine Finger gebeugt werden, so laufen die Impulse durch eben jene Nerven, die mit ihm verbunden sind, und der kleine Finger gehorcht einem zentral gesteuerten Befehl.

Lähmungen beruhen auf einer Störung dieser Impulsübertragung aus dem Gehirn, weil die Nerven lahmgelegt sind, und sie ihre Funktionsfähigkeit verloren haben. Das Ziel der Geistheilung ist es daher, die Nerven zu stimulieren und wieder reaktionsfähig zu machen.

Diese Aufgabe überlassen wir dem Jenseitigen Heilungsführer. Aber auch der Heiler kann viel dazu beitragen und den Patienten ermuntern, den Gewinn zu nutzen, den die Geistheilung bringt. Wir müssen uns bei unseren Bemühungen den Patienten zum Verbündeten machen.

Bitten wir einen beingelähmten Patienten, sein Knie anzuheben, so wird er erwidern, dass es ihm unmöglich sei, denn er hat sich vollkommen mit seiner Behinderung abgefunden. Zum Beweis wird er seine Bauchmuskeln anspannen, einen krampfhaften vergeblichen Versuch unternehmen und wieder zurückfallen. Diese Resignation des Kranken gilt es zu überwinden.

Bei Lähmungspatienten, insbesondere bei *Multiple-Sklerose-Patienten*, findet sich oft eine Rückgratverkrümmung nach aussen. Der Ursprung der Lähmung dürfte an eben dieser Stelle der *Wirbelsäule* zu suchen sein, wo ein besonders starker Druck auf den austretenden Nerven lastet. Zuerst wird der Heiler versuchen, diesen Druck zu beheben, wie oben beschrieben. Danach lässt er die Hand auf der Wirbelsäule oder den gelähmten Gliedern ruhen, und hält einen Moment inne, damit der Jenseitige Heilungsführer die Nervenfunktionen wieder in Gang bringen kann. Dabei erklärt der Heiler dem Patienten, dass die Absicht der Geistheilung dahin geht, die Leitfähigkeit der Nerven für die vorn Gehirn ausgehenden Impulse zu den Muskeln zu stärken, so dass eine Bewegung wieder möglich wird. Die Impulsübertragung wird allerdings anfangs leicht verzögert sein, weil die Nerven bisher betäubt und geschwächt waren.

Die gleiche Information gibt der Heiler dem „*Bewusstsein*" des Beines, indem er es *anspricht*. Er legt eine Hand etwa in der Gegend des Knies unter das Bein des Patienten und sagt: „Hoch das Knie – JETZT!" Nach einer Pause hilft der Heiler beim Anheben des Knies - möglicherweise besorgt es der Patient sogar selbst. Während er das Knie hochhält, wartet der Heiler einen Moment und spricht dann wieder: „Nun lassen Sie mich spüren, wie Sie das Bein langsam wieder hinunter drücken." Vielleicht kann der Heiler jetzt schon ein erstes Reagieren bemerken. Je langsamer die Bewegung, desto mehr wird die Nerventätigkeit angeregt.

Nun soll der Patient versuchen, sich das Gefühl für die Bewegung bewusst zu machen, damit er sich an diese Empfindung erinnern kann, wenn die Übung wiederholt wird.

Das Befolgen der wörtlichen Aufforderung wird wiederholt geübt. Sehr häufig wird die Reaktion beim zweiten Male besser sein, weil der Patient sich die ersehnte Bewegung bereits vorstellen kann, und er sie nicht mehr für unmöglich hält. Es würde den Patienten erhebliche Energie kosten und ihn sehr erschöpfen, wollte man gleich alles erreichen; der Versuch darf daher nicht öfter als zwei- oder dreimal unternommen werden.

Der Heiler kann auch so verfahren, dass er den Oberschenkel des Kranken umfasst mit der Aufforderung: „Beinmuskeln anspannen!" Spürt der Heiler, dass dies gelingt, kann er es als gutes Vorzeichen für den Heilverlauf werten.

Für die Fussübungen legt der Heiler das Bein des Patienten am besten auf seinen Oberschenkel und gibt dem Fuss die wörtliche Anweisung, sich auf- und abwärts und im Kreise zu bewegen. Jede anderweitige Anspannung des Beines ist zu vermeiden - nur der Fuss soll bewegt werden.

Im Fall der Lähmung von Armen oder Händen ergreift der Heiler die Hand des Kranken. Er spricht die verkrümmten Finger über das Bewusstsein des Gelähmten an und fordert sie auf, mitzuarbeiten und die Finger des Heilers fest zu umklammern, wobei der Heiler erforderlichenfalls Hilfestellung leistet.

Danach spricht der Heiler nacheinander zum Daumen und zu den einzelnen Fingern und lässt sie sich jeweils beugen oder strecken. Auf diese Weise werden nach und nach die einzelnen Muskelgruppen wieder zu einer koordinierten Funktion angeregt. Die nächste Anweisung des Heilers, der weiterhin die Hand des Patienten hält, geht dahin, den Arm mit eng an dem Körper liegendem Ellenbogen nach rückwärts und wieder nach vorn zu bewegen. Dies wird mit Hilfe des Heilers einige Male langsam wiederholt, wobei der Kranke versuchen muss, sein Bewusstsein quasi in den Arm zu verlegen. Auch der Heiler sollte die einzelne Bewegung bewusst miterleben.

Schwieriger wird es, den Patienten dahin zu bringen, den Arm zu heben, wobei er die Hand des Heilers fest umschlossen hält. Vor jeder Bewegung muss die Anweisung wörtlich ausgesprochen werden. Zu Anfang wird beim Heben des Armes die meiste Kraft vom Heiler aufgebracht werden müssen; aber zur Abwärtsbewegung fordert er den Patienten auf: „Jetzt ziehen Sie meine Hand langsam mit herunter", und der Heiler sollte abwarten, bis er eine eigene Anstrengung des Kranken feststellen kann. Es ist sehr wichtig, ihn zur Mitarbeit und zu einer bewussten Empfindung bei allen diesen Bewegungen zu bringen. Auf entsprechende Weise gehen wir bei allen Lähmungen vor, gleich welchen Körperteil sie betreffen.

Bei Lähmungen verläuft die Heilung meist schrittweise. Geduld ist erforderlich. Der Gelähmte muss lernen, unaufhörlich die Ansprache seiner Glieder zu üben, und dabei vorauszusetzen, dass als Antwort die verlangte Bewegung kommen wird. Aber von einem Patienten, der die Macht über seine Bewegungen verloren hat, kann man nicht erwarten, dass er solche Übungen lange durchhält. Deshalb ist die liebevolle, tägliche Mithilfe eines Freundes so nützlich. Der Begleiter des Patienten, sein Freund oder Angehöriger, soll daher gebeten werden, ihm täglich bei diesen Übungen behilflich zu sein. Auch eine allgemeine, anregende Massage ist förderlich, sollte jedoch nicht zu anstrengend sein, um die Muskeln des Patienten nicht zu ermüden.

Bei der *Parkinsonschen Krankheit* finden wir Nervenverkrampfungen und eine Schwäche der Kontrollfunktionen, was den Kranken immer hilfloser in seinen Bewegungen macht. Des Heilers Fürbitte richtet sich darauf, dass der Patient an der Wirbelsäule, am Nacken und an den Gliedmassen wieder freier beweglich werden möge. Der Kranke wird dringend dazu angehalten, jede eintretende Erleichterung – im Vertrauen auf die Jenseitigen Kräfte – durch tägliche Übungen zu stabilisieren.

Das Geistheilungsgeschehen liegt im Wesentlichen in der Hand der Jenseitigen Führer, welche die Nerven des Patienten entkrampfen und ihm innere Ruhe und Hoffnung vermitteln. Aber auch der Heiler kann durch seine Behandlung sehr zur Heilung beitragen. Seine vornehmste Aufgabe liegt darin, die Zuversicht des Kranken zu stärken und ihn zu lehren, auf tägliche Besserung zu vertrauen. Der Patient darf keinesfalls mit Gewalt das Gliederzittern unterdrücken wollen, sondern soll seine Glieder möglichst entspannen und dann erst die gewollte Bewegung versuchen. Ein grosses Hindernis liegt in der Angst, die es zu überwinden und durch Zuversicht zu ersetzen gilt.

Es hilft dem Kranken sehr, wenn man ihn zum Beispiel kleine Gegenstände greifen lässt, wobei er diese Zeitlupen-Bewegung mit den Augen genau verfolgen soll. Man kann ihn auch einen leeren Becher aus leichtem Kunststoff aufheben und langsam zum Munde führen lassen. Hat sich der Patient davon überzeugt, dass er dieses ohne Zittern vollbringen kann, weil sich seine Nervenkontrolle gebessert hat, so kann man ihm etwas Wasser zum Austrinken hinein füllen.

Vergessen wir nicht, dass die Heilungskräfte die ganze Zeit in dem Kranken weiterwirken. Diese kleinen, positiven Übungen helfen ihm, die ersten, durch die Geistheilung gewonnenen Vorteile wahrzunehmen und auszubauen.

Bei vielen Lähmungspatienten verflacht sich die *Atmung*, weil der Brustkorb die Fähigkeit verliert, sich auszudehnen. Hier kann der Heiler eine echte Hilfe leisten und dem Kranken wieder zu einer vollen Atmung verhelfen. Diese Behandlung ist in einem eigenen Kapitel ausführlich beschrieben.

Darm- und Blasenlähmungen hängen häufig mit einer Wirbelsäulenverletzung zusammen, oder sie sind die Folgen einer Operation. Dem Patienten fehlt dann die Kontrolle über die natürlichen Ausscheidefunktionen. Beim gesunden Menschen unterstehen diese Funktionen der Kontrolle des Gehirns, das in enger Beziehung zum Vegetativen Nervensystem steht, die die Schliessmuskeln überwachen. Darm- und Blasenlähmungen können durch Geistheilung oft günstig beeinflusst werden. Allerdings gibt es für den Heiler keine besonderen Möglichkeiten des Handauflegens, sondern nur die Fürbitte und die Beratung des Patienten. Dieser soll dazu angeleitet werden, über sein Bewusstsein die Kontrolle und Impulsübertragung für die gestörten Funktionen wieder zu üben. Dieser Prozess verlangt viel Geduld und Beständigkeit; eine Besserung erfolgt schrittweise.

4. Spastisch gelähmte und geistig retardierte Kinder

Dies ist ein umfangreiches Gebiet, doch gerade hier kann die Geistheilung einen wirkungsvollen Beitrag leisten, Menschen wieder glücklich zu machen. Besonders für den Heiler liegt hier eine dankbare Aufgabe. Zwar verläuft jeder Fall individuell, doch gelten für alle gemeinsame Grundsätze.

Die Geistheilung will bei solchen Kindern über das Gehirn und das körperliche Selbststeuerungssystem eine bessere Koordination und Aktivierung der Nerven und Muskeln herbeiführen, nervliche Spannungen und Ängste abbauen, und vor allem das Bewusstsein des Kindes wecken. Die Geistheilung führt dem Kind neue Vitalität, Kraft und Beweglichkeit zu - nötigenfalls durch biochemische Arzneimittel unterstützt - und befähigt es, die Behinderung schneller zu überwinden.

Die Behandlung solcher Kinder benötigt längere Zeit, bis sich eine Besserung einstellt. Die Geistige Seite der Heilung wird von den Jenseitigen Heilungsführern besorgt, doch wird sie von zwei Personenkreisen unterstützt: einerseits durch den Heiler als Vermittler, und andererseits durch die Eltern. Die folgenden Ausführungen sollen dem Heiler Hinweise geben, wie er die Eltern zur Mitwirkung anleiten kann. Die Kinder selbst gehen meist den Weg des geringsten Widerstandes, und wenn ein Körperteil nicht richtig arbeitet, so nehmen sie diesen Zustand hin und machen von sich aus keinerlei Anstrengungen, etwas dagegen zu tun.

Viele Spastiker sind geistig sehr rege. Die Nervenimpulse vom Gehirn werden fortgeleitet, nur der spastische Zustand der Glieder selbst macht die Behinderung aus. Hier versucht die Geistheilung, die Beweglichkeit der Wirbel wiederherzustellen, die Gelenke zu befreien, und die Muskeln und Sehnen zu entkrampfen. Wird jedoch nichts unternommen, um eine etwaige Besserung praktisch zu nutzen, so wird das Kind sich genauso bewegen wie bisher. Die Eltern müssen sich daher auf jeden Fall bemühen, die betroffenen Gelenke *vorsichtig* zu lockern und die Gliedmassen hin- und herzubewegen, soweit es gerade möglich ist. Das Kind muss dazu angehalten werden, mitzumachen und die Heilung zu unterstützen. Ausserdem sollte zur Anregung des Blutkreislaufes, zur Stärkung der Muskeln und zur Lockerung der Sehnen eine leichte Massage oder Einreibung „nach Hausgebrauch" erfolgen.

Wenn die Glieder des Kindes schlaff und gelähmt sind, so liegt das an einem Ausfall der Impulsübertragung vom Gehirn über die Nervenbahnen auf die Muskeln. Das Kind mag die Absicht haben, das Bein zu bewegen, es gelingt ihm aber nicht. Auch hier beobachten wir immer wieder, dass sich die Kinder an eine solche Schwäche gewöhnen, sich zufriedengeben und nichts dagegen tun. Leider neigen auch manche Eltern dazu, den Zustand des Kindes als unabänderlich zu akzeptieren, besonders wenn die Ärzte der Meinung sind, hier könne man nichts mehr machen.

Bei solchen Kindern müssen wir die Nerven durch Übungen anregen, die Bewegungsimpulse vom Gehirn wieder über die Nervenbahnen zu dem gelähmten Körperteil zu übertragen. Dies geht nur über den Verstand und die körpereigene Selbststeuerung mit Hilfe gesprochener Anweisungen, die die Muskeln zum Reagieren bringen sollen. Die Übungen für die gelähmten Arme und Beine wurden bereits ausführlich beschrieben.

Der Heiler wird sie das erste Mal selbst mit dem Kinde durchführen, so dass die Eltern sehen, wie sie gemeint sind. Der Heiler, beziehungsweise die Mutter oder der Vater muss selber spüren, inwieweit das Kind reagiert, und es entsprechend loben und zu weiterer Bewegung ermutigen.

Wir müssen wissen, dass dies anstrengende Übungen sind, die viel von der Energie des Kindes aufbrauchen; deshalb dürfen sie nicht zu lange ausgedehnt werden. *Das Wesentliche ist, dass das Kind bewusst mitwirkt.*

Auch wenn anscheinend keine oder nur eine geringe Reaktion erfolgt, sollten die Übungen zwei- oder dreimal täglich fortgesetzt werden, um dem Verstand und dem Körperbewusstsein des Kindes klarzumachen, was von den Nerven erwartet wird. Bei wiederholtem Üben werden wir beobachten, dass die Nerven die Impulse zu übertragen beginnen, und die Anzeichen von Beweglichkeit und Kräftigung sich mehren.

Wenn ein Kind oder Säugling nicht versteht, was von ihm verlangt wird, weil der kleine Geist nicht arbeitet, so will die Geistheilung die Koordination über die *Wahrnehmung* anregen. In diesen schwierigen Fällen benötigen wir noch mehr Geduld. Der Heiler zeigt hier den Eltern, wie sie das schlaffe Beinchen bei angewinkeltem Knie am Fuss anfassen und – zum wiederholt laut ausgesprochenen Wort „vor!" - geradestrecken müssen. So wird der Klang dieses Wortes vom Verstand des Kindes aufgenommen und mit der Beinbewegung in Verbindung gebracht, womit seine Fähigkeit geweckt wird, zu verstehen, und die Nerven anzuweisen. Ferner sei vorgeschlagen, den Klang desselben kurzen und immer wiederholten Wortes in Verbindung mit einer bestimmten Tätigkeit zu bringen, etwa „Milch ... Milch ... Milch" mit dem Trinken, oder „Schuh ... Schuh ... Schuh mit dem Schuhe Anziehen, oder einige wenige, voneinander gut zu unterscheidende Geräusche einzuführen, etwa einen Glockenton beim Baden oder das Klappern eines Löffels in einem Becher vor den Mahlzeiten. Alle diese Dinge sowie die „Ansprache" des behinderten Körperteils tragen zur Entwicklung der geistigen Wahrnehmung und einer besseren Koordination bei. Das Kind wird zu einer bewussteren Empfindung und Mitarbeit bei dem Vorgang angeregt, so dass es die Erinnerung hieran bei neuen Übungen wieder zurückrufen kann.

Während der ganzen Zeit werden für das Kind sowohl Kontaktbehandlungen als auch die Fernbehandlung weiter fortgesetzt. Wenn es dem Heiler gelingt, die Eltern zur Mitarbeit zu gewinnen, wird er beobachten können, wie dem Kind bei seiner Entwicklung sehr geholfen wird.

Alle geistig behinderten Kinder haben dieselben beiden Eigenschaften. Erstens sind sie sehr zutraulich und haben es gern, wenn man sie lieb hat. Eine Mutter kann für die Beweise ihrer Zuneigung feststehende Gewohnheiten entwickeln, so dass das Kind dabei seine Wahrnehmung erweitern wird. Nachdem die Mutter das Kleine voll Liebe ein wenig an sich gedrückt hat, streichelt sie erst den einen und dann den anderen Arm und geht bis zu den Fingerchen hinunter, denen sie hilft, sich um ihren Finger zu legen und ihn festzuhalten. Danach streichelt sie sanft die Beine und bewegt jedes Füsschen auf und ab. Diese oder auch jede andere Übung, für die die Eltern sich entscheiden, sollte ein fester Ritus werden, damit der kleine Geist sich darauf einrichtet, und auf diese Weise seine Wahrnehmungsfähigkeit geweckt wird.

Zweitens sind alle diese Kinder sehr musik- und rhythmusliebend. Auch widerspenstige Kinder lassen sich übrigens gut durch Musik beruhigen. Wir regen die Reaktionsfähigkeit an, indem wir geeignete Musik vorspielen, zu der das Kind die Arme rhythmisch schwingen soll. Zur Beruhigung spielt man zum Schluss ein Wiegenlied.

5. *Kinder mit Down-Syndrom*

Allen Heilern sind diese Kinder mit ihren typischen Gesichtszügen und der dazugehörigen geistigen Retardierung wohlbekannt. Das Down-Syndrom ist keine Erkrankung. Es wird vielfach angenommen, dass die Geistheilung hier nicht helfen könne, was auch oft zutrifft. Aber es finden sich in unseren Krankenberichten Fälle, bei denen Anzeichen des Down-Syndroms, die nur wenig ausgeprägt waren, überwunden werden konnten, besonders wenn alsbald nach der Geburt des Kindes mit der Geistheilung begonnen wurde.

6. Erkrankungen der Atmungsorgane

Wiederherstellung der Ausdehnungsfähigkeit des Brustkorbes

Es gibt eine grosse Anzahl von Erkrankungen der Atmungsorgane, von denen Asthma, Bronchitis, Lungenemphysem, Bronchiektasen und Tuberkulose die bekanntesten sind. Bis auf die Tuberkulose haben sie alle ein gemeinsames Symptom: Brustkorb und Rippen können sich nicht ausdehnen, wodurch sich die Atmung verflacht. Es kommt zur Zwerchfellatmung, das heisst, die Lungen dehnen sich nach unten zum Zwerchfell hin aus, und der Oberbauch des Patienten wird vorgedrückt. Jede grössere Anstrengung, etwa Treppensteigen, wird den Patienten kurzatmig machen und erschöpfen. Die Geistheilung will die volle Ausdehnungsfähigkeit des Brustkorbes wiederherstellen, um ein volles Durchatmen zu ermöglichen. Hierfür bestehen dieselben guten Aussichten wie für die Heilung von Wirbelsäulenversteifungen.

Gleichzeitig mit der Versteifung des Brustkorbes finden wir oft eine leichte *Wirbelsäulenverhärtung und Rückgratverkrümmung,* die ebenfalls die Lungen einengen. Darum sollte ein Heiler bei Atembeschwerden stets auf die Wirbelsäule achten und sie behandeln, wie bereits beschrieben. In den meisten Fällen werden leichtere Verkrümmungen auf die Geistheilung gut ansprechen, so dass der Patient wieder mit geradem Rücken sitzen kann.

Heiler und Patient sitzen einander gegenüber, und der Heiler stellt den ersten Kontakt her, damit sich der Patient beruhigt und entspannt. Er wird sehen, dass sich die Brust des Kranken beim Atmen nicht hebt. Legt er die Hand auf dessen Oberbauch, so fühlt er, dass die Lungen nur das Zwerchfell hinunter drücken.

Der Heiler lässt den Patienten selbst spüren, dass seine Atmung nur im Oberbauch zu fühlen ist, und sein Brustkorb zu einem jede normale Atmung einengenden Käfig geworden ist. Er erklärt dem Kranken, dass mit der Geistheilung der Brustkorb wieder frei und dehnbar werden soll, so dass er sich beim Atmen heben und senken kann. So weiss der Patient, worauf es ankommt, und kann mitarbeiten.

Die Wiederherstellung der vollen Brustatmung vollzieht sich in mehreren Schritten. Der Heiler legt seine Hände beiderseits auf die unteren Rippenpartien des Patienten und erbittet Geistheilung für ihn. Nun lässt er ihn langsam durch die Nase einatmen, wobei er die Luft dorthin fliessen lassen soll, wo er die Hände des Heilers fühlt.

Ist eine gewisse Menge Luft für den Heiler spürbar eingeatmet worden, so soll der

Patient wieder langsam durch die Nase ausatmen. Gleichzeitig drückt der Heiler die Rippen zusammen. Es ist weder ratsam noch erforderlich, hierbei grössere Kraft anzuwenden. Bei der Wiederholung wird der Heiler spüren können, dass die unteren Rippen sich wieder bei der Atmung ausdehnen und zusammenziehen.

Derselbe Vorgang wird wiederholt mit etwas höher angesetzten Händen, so dass der Heiler eine grössere Fläche der Rippen erfassen und in die Bewegung einbeziehen kann, bis er schliesslich seine Hände auf die obere Brust legt. Jetzt sollte sich der Brustkorb - für den Heiler spürbar - beim Einatmen voll ausdehnen und - unter dem leichten Druck seiner Hände - beim Ausatmen wieder ganz zusammenziehen.

Nun führt der Heiler dem Patienten diese wiedererlangte Fähigkeit seines Brustkorbes vor. Er lässt ihn tiefer und tiefer einatmen und dabei die Wirbelsäule strecken und die Schultern zurücknehmen, so dass sich die Brust voll weiten kann. Es ist sehr wichtig, dass der Patient *so langsam wie möglich* einatmet, um wieder ein Gefühl für bewusstes Atmen zu bekommen.

Der nächste Behandlungsabschnitt erfordert die Mitarbeit des Patienten. Die falsche Atmung war ihm zur Gewohnheit geworden. Ihm muss klargemacht werden, dass er diese nun ablegen und die neue Atemweise so lange bewusst pflegen muss, bis sie ihm zu einer festen Gewohnheit geworden ist. Man empfehle dem Patienten daher, bei keiner Tätigkeit das volle Brustatmen zu vergessen. Bereits beim Aufwachen soll sein erster Gedanke der Atmung gelten, und er sollte sich den ganzen Tag daran erinnern. Gelingt es dem Patienten, dies mehrere Tage bewusst durchzuführen, so tritt die Gewöhnung an das richtige Atmen bald ein, und damit werden auch Asthma, Heuschnupfen oder bronchiale Beschwerden verschwinden.

Dies ist jedoch nur die halbe Behandlung. Der Patient muss ausserdem das *gezielte oder kosmische Atmen* lernen, das in diesem Buch bereits dargestellt wurde. Es steht fest, dass er bei der neuen Atemtechnik eine grössere Menge Sauerstoff in die Lungen bekommt, und zugleich der Blutkreislauf verbessert wird. Doch die kosmische Atmung gibt uns viel mehr: nämlich die Vitalenergien, die uns strahlende Gesundheit verleihen können. In der frischen Luft haben wir den Instinkt und wissen, wie gesund die Atmung für uns ist, aber nicht bei den kosmischen Kräften. Dennoch sind sie von gleicher Bedeutung für uns.

Sobald wir den Patienten wieder an die richtige Brustatmung herangeführt haben, wird die Atemübung wiederholt, dieses Mal aber in der Absicht, ausser dem Sauerstoff bewusst *kosmische Energie* einzuatmen und neue Lebens- und Heilungskräfte hereinzuholen. Die Atemzüge sollten langsam sein, und beim Ausatmen lehren wir den Patienten, alle angesammelten Krankheitsstoffe und Sorgen mit auszustossen.

Wenn der Patient dies richtig vollzieht, so wird ihm der Vorgang bewusst, dass beim Einatmen Lebenskraft in ihn eindringt und die Luft mit angenehmer, reiner „Kühle" durch die Bronchien fliesst. Während dem Kranken diese Hilfe zuteil wird, bleibt der Heiler weiterhin innig in ihn eingefühlt und erbittet für ihn, dass die Geistheilung seine Lungen stärken und sie von Stauungen und eventuellen Infektionen reinigen möge. Die kosmische Atmung mobilisiert alle Kraftreserven und Heilungstendenzen des Körpers, und beseitigt innere Spannungen und Krankheitssymptome, wenn zugleich um Heilung gebeten wird.

Der Patient wird dazu angehalten, beide Atmungsarten täglich zu pflegen.

Ein jeder Heiler wird die kosmische Atmung nicht nur für seine Patienten, sondern auch für sich selbst als grosse Hilfe empfinden. Sie ist der natürlichste Weg, neue Kraft zu schöpfen, und verleiht körperliches und seelisches Hochgefühl.

Allergien im Bereich der Atemwege - Asthma und Heuschnupfen

Die Ursache einer Allergie kann sehr verborgen sein. Sie liegt entweder im Psychosomatischen, das heisst, in einer psychischen Fehlhaltung, oder sie kann durch bestimmte Reizstoffe ausgelöst sein. Unter die letztere Gruppe fallen Pollen- und Stauballergien oder solche, die durch die Berührung mit bestimmten Pflanzen, chemischen Farben und Geruchsstoffen ausgelöst werden. Die häufigste Allergie ist der Heuschnupfen, der sich sehr gut auf dem Wege der Geistheilung beheben lässt. Er wird verursacht durch das Einatmen pollenhaltiger Luft zu bestimmten Jahreszeiten. Nach unseren Erfahrungen kann sein Ausbruch verhindert werden, wenn rechtzeitig vor Beginn der Heuschnupfenzeit um Geistheilung gebeten wird. Bei der Geistheilung scheinen mehrere Faktoren mitzuwirken: erstens regt sie den Körper zu Gegenmassnahmen gegenüber einer Allergie an, und zweitens wird, psychologisch gesehen, die Bereitschaft des Patienten abgebaut, die bekannten Symptome wieder aufkommen zu lassen. Möglicherweise trägt auch die kosmische Atmung zur Stärkung der Widerstandskraft bei, oder die Geistheilung bringt überhaupt eine Resistenz gegenüber den eindringenden Pollen mit sich.

Der Beitrag des Heilers besteht darin, dass er an seinen Jenseitigen Heilungsführer die Bitte richtet, er möge die körperliche Abwehrkraft des Patienten gegen die eindringenden Stoffe stärken. Den Kranken selbst hält er zur richtigen Atmung an und erklärt ihm, wie diese den Sauerstoffgehalt des Blutes erhöht und den Körper kräftigt. Auf diese Weise bestärkt der Heiler in dem Patienten die Gewissheit grösserer Widerstandskraft, so dass er nicht auf das Wiederauftreten der Symptome wartet und sie gewissermassen herbeiruft.

In ähnlicher Weise lässt sich das Asthma überwinden. Asthma geht häufig mit Heuschnupfen einher. Bei Asthma besteht aber oft eine psychische Komponente, weshalb wir von „nervösem Asthma" sprechen. In diesen Fällen rechnet der Kranke gewohnheitsgemäss bereits mit Anfällen: er erwartet sie - und sie kommen, etwa zu einer bestimmten Tageszeit oder mitten in der Nacht.

Sind dem Heiler solche Einzelheiten bekannt, so wird die Behandlung einfacher. Er rät dem Patienten, seinen Tageslauf zu ändern, und sich für die Gefahrenzeit eine andere Beschäftigung vorzunehmen. Kommt ein Anfall etwa regelmässig gegen fünf Uhr beim Teekochen, so rät man, die Teestunde auf sechs Uhr zu verschieben. Kommen die Anfälle jeweils um drei Uhr nachts, so „programmieren" wir den Patienten darauf, dass er bis zum Morgen fest durchzuschlafen erwartet, während die Geistheilung weiterwirkt und ihn im Schlaf zu erreichen und zu heilen sucht. Dies führt bei der grösseren Zahl der Asthmaanfälle zum Ziel.

7. Psychosomatische und psychische Krankheiten

Vorbemerkung

Es gibt Krankheiten, die rein biologische Störungen sind, wie etwa die Bluterkrankheit oder der angeborene Herzfehler bei den sogenannten „Blue Babies". Es ist aber seit langem von medizinischen Autoritäten anerkannt, dass der grösste Prozentsatz aller menschlichen Krankheiten seinen Ursprung in psychischen Ausnahmesituationen, inneren Verkrampfungen, Frustrationen und seelischen Nöten hat. Solche Krankheiten fassen wir unter der Bezeichnung „psychosomatische Leiden" zusammen. Schliesslich gibt es gewisse rein psychische Krankheiten, die sich nicht auf die normale Drüsen- und Organtätigkeit auswirken, wie manche Arten von Wahnideen, Kleptomanie, Platzangst und dergleichen.

Bisher haben wir uns mehr mit der Handhabung und der Wirkung der Geistheilungsenergien befasst, und weniger mit den Ursachen der Krankheiten. Erst das Studium der psychosomatischen und der psychischen Krankheiten eröffnet das Verständnis für die wesentlichen Zusammenhänge und ergänzt das Bild.

Ohne Zweifel liegt der Schlüssel zur Heilung sogenannter „unheilbarer" Krankheiten darin, dass die Jenseitigen Heilungsführer das Bewusstsein des Patienten positiv beeinflussen können, so dass seine inneren Verkrampfungen und Ängste ausgeglichen werden, und er eine zufriedenere Haltung gegenüber dem Leben einnimmt. Die Jenseitigen Heilungsführer können die psychischen Zustände eines Patienten leicht diagnostizieren und beziehen sie in die Heilung ein. Das bedeutet, dass seine seelischen Frustrationen aufgelöst werden, und damit verschwindet die Ursache seines körperlichen Leidens, und der Weg für die Beseitigung der körperlichen Symptome ist frei.

Mancher hat eine empfindliche Natur geerbt, ein anderer ist der geborene „Grübler". Aber bei den meisten Menschen beruht das fehlende seelische Gleichgewicht auf gewissen Erlebnissen, wie zum Beispiel äusserster Angst im Kindesalter, dem Verlust eines lieben Angehörigen, dem Gefühl der Nichtachtung seiner Person oder einem zugefügten Unrecht. All dies sind Frustrationen, die zu Vorläufern einer Krankheit werden können.

Es ist daher sehr wichtig für jeden Heiler, sich näher mit dem Wesen der menschlichen Psyche zu befassen, denn dadurch lernt er, die sich bei der Geistheilung abspielenden Vorgänge besser verstehen, und er wird zu einem feiner ein-gestimmten Instrument für seine Jenseitigen Heilungsführer.

Das Erkennen der Zusammenhänge zwischen Krankheitsursachen und -auswirkungen ist von grösster Bedeutung für die Zukunft, damit die Geistheilung im grossen Umfange bereits zur Krankheitsvorbeugung eingesetzt werden kann.

Die Ursachen psychosomatischer Krankheiten

Wir haben gesehen, dass der Mensch eine Doppelnatur ist - er ist Körper und Geist. Befasst er sich mit den Angelegenheiten seiner körperlichen Existenz, dann regiert sein körperbezogenes Verstandes-Ich. Sein höheres Bewusstsein aber, die Seele oder Psyche, ist der Mittelpunkt aller seiner mannigfaltigen inneren Empfindungen und Antriebe.

Viele Faktoren können das Wechselspiel zwischen Leib und Seele des Menschen beeinflussen. Bei richtigem Gleichgewicht erfreut er sich eines guten Allgemeinbefindens. Leidet er aber unter psychischen Belastungen, so werden diese seinem Bewusstsein übermittelt, und das Bewusstwerden der Belastungen führt zu innerer Unruhe und depressiver Stimmung, die sich auf die Gesundheit auswirken.

Die Funktionen unseres Körpers werden weitgehend durch das System der endokrinen Drüsen gesteuert, und dieses hängt eng mit unserer psychischen Verfassung zusammen. So führen Stresssituationen zum Beispiel zu erhöhten Hormonausschüttungen, beispielsweise der Nebennieren im Falle der Angst.

Wie wir bereits gesehen haben, ist die *Hypophyse* verantwortlich für das Wachstum jeder einzelnen Zelle unseres Körpers und aller davon abhängenden weiteren Prozesse und somit für die Gesundheit unseres gesamten Zellsystems. Die Drüsentätigkeit kann beeinträchtigt werden bei einem fortdauernden psychischen Belastungszustand, der die gesamten Wechselbeziehungen im endokrinen Drüsensystem stört. Diese Erkenntnisse sind Geistheilern seit langem geläufig, werden aber erst seit kurzem von der medizinischen Wissenschaft anerkannt.

Es gibt zwei grosse Gruppen von psychischen Belastungen: Erstens solche, die mit äusseren Umständen zusammenhängen, dazu gehören Unsicherheiten, insbesondere finanzieller Art, Schreckereignisse, Bürde einer Verantwortung, Gesundheitsprobleme wie etwa die Angst vor Krebserkrankung. Die zweite Gruppe betrifft rein psychische Belastungen, etwa ein zerstörtes Lebensziel, der unerfüllte Wunsch nach Kindern, unerwiderte Liebe, oder das Nichtausleben natürlicher Körperfunktionen. Alle diese Frustrationen wirken sich auf die Gesundheit aus, indem sie das harmonische Gleichgewicht zwischen Erwartung, Begehren und Erfüllung ins Wanken bringen.

Je länger eine psychische Spannung anhält, desto schlechter wird das Befinden, denn es fehlt die Gelegenheit zur Erholung. So wird die Abwehrkraft des Körpers weiter geschwächt, und er wird immer anfälliger. Bei Frauen kommt es dann häufig zu Migräne, und bei Männern zu Magengeschwüren.

Es wird nötig sein, die verschiedenen Frustrationen zu erforschen, die unmittelbar zu Magengeschwüren, Hautkrankheiten und dergleichen führen können. So wissen wir zum Beispiel, dass Enttäuschungen aus der Versagung ureigenster Lebensaufgaben eine herausragende Rolle bei der Entstehung von Krebs spielen, und geschäftliche Sorgen und Überforderungen zu Magengeschwüren führen können. Wenn es dem Geschäftsmann gelingt, sich in seinem Urlaub von allen Sorgen freizumachen, so verschwindet sein Magengeschwür. Die Alternative der Medizin ist der „Urlaub im Krankenhaus".

Wenden wir uns nun den Ursachen der psychosomatischen Krankheiten zu.

Für manche *Ängste* besteht ein objektiver Anlass: Einer Frau, die einen Knoten in der Brust entdeckt, kommt sofort der Gedanke an Krebs – auch wenn es nur eine erkältungsbedingte Lymphstauung oder eine harmlose Drüsenschwellung ist, die der Körper von sich aus auf natürlichem Wege wieder beseitigen wird. Aber die Krebsangst ist da.

In der Mehrzahl der Fälle besteht jedoch kein eigentlicher Grund für das Vorhandensein der Angst – zum Beispiel bei dem Gefühl der Unsicherheit, oder bei Argwohn. Fragen wir eine ängstliche Person: „Wo sind die Schwierigkeiten, vor denen du vor vier Wochen solche Angst hattest? Worin bestanden diese Schwierigkeiten eigentlich?" so ist nicht sicher, ob sie sich überhaupt noch daran zu erinnern vermag. Und dennoch hat sie sich damals gequält. Oft fürchten wir uns vor Dingen, die nie eintreten.

Manche Zustände lassen sich als „veränderliche Ängste" bezeichnen: jene kleinen Sorgen, die Tag für Tag neu aufsteigen, die wir hegen und pflegen, deren Bedeutung wir übersteigern. Sie werden sehr real, wenn wir uns ihnen ständig widmen, und nur die Zeit kann sie auslöschen, wenn der momentane Anlass vorübergegangen ist, und eine neue Angst an ihre Stelle tritt.

Eine weitere Quelle der Angst sind finanzielle Sorgen oder häusliche Schwierigkeiten. Selbst wenn hierzu ein objektiver Anlass besteht, so lassen sie sich doch durch fortwährendes Grämen nicht beseitigen.

Psychische Spannungen, die auf Frustrationen zurückgehen, sitzen fester. Es lässt sich oft nicht leicht vorhersagen, zu welchem Fehlverhalten Frustrationen führen können, vor allem, wenn sie lange im Unterbewusstsein gären. Dazu gehören emotionale und sexuelle Probleme, oder das Nichterreichen eines Ideals oder der Selbstverwirklichung. Vielleicht besteht dieses Ideal in der Ausübung von Musik, oder im Reisen in ferne Länder. Vielleicht ist der Betreffende in einem eintönigen Fabrikleben gefangen und die Möglichkeiten der Entfaltung sind ihm verwehrt. Es gibt eine Vielzahl von Frustrationen, die oft kaum zu erkennen sind, und die dennoch verheerend auf das innere Gleichgewicht wirken können.

Eine andere Person ist so sehr mitfühlend, dass sie über die Probleme ihrer Mitmenschen zu grübeln beginnt, und auf diese Weise innerlich leidet. Manche wiederum sind überfordert durch das Gefühl grosser Verantwortung, zum Beispiel an ihrem Arbeitsplatz. Anstatt ihre Probleme im Büro zu lassen, bereiten sie sich damit schlaflose Nächte. Dies erklärt die Anfälligkeit leitender Angestellter für Magengeschwüre.

An dieser Stelle seien die *Stimmungszustände der Psyche*, die sowohl stimulierende als auch depressive Wirkungen auf unser Wohlbefinden ausüben, näher untersucht. Sie sind nicht zu verwechseln mit den Gedanken, die – wie wir dargestellt haben – spezifische Energieformen sind. Gefühle wie Glückseligkeit, Freude, Trauer und Angst sind nicht Gedanken, sondern Seinszustände, Stimmungszustände der Psyche. Diese Gefühle sind nur das Ergebnis unserer Gedanken. Sie werden durch

Gedanken hervorgerufen oder ausgelöscht, und ergeben sich aus der gedanklichen Verarbeitung unserer Eindrücke. Wenn durch die Umstände des täglichen Lebens unsere Sicherheit gefährdet ist, oder unsere Gesundheit angegriffen ist, entsteht das Gefühl von Angst, die unser Wohlbefinden tyrannisiert. Der Spiegel unseres Bewusstseins trübt sich mit einer ängstlichen Grundstimmung, die dann das Denken beherrscht und alle Sorgen grösser erscheinen lässt. Ist uns umgekehrt ein Erfolg beschieden, oder die Liebe brennt in unserem Herzen, so sehen wir alles durch eine „rosa Brille", Wir leben in der Hochstimmung von Freude und Zuversicht, und unser Bewusstsein ist hell und ungetrübt. Auch strahlende Gesundheit gibt uns das Gefühl des Wohlbefindens, so dass wir allen Problemen mit Mut und Furchtlosigkeit gegenübertreten können.

Die Ursachen psychosomatischer Erkrankungen, die wir als Frustrationen und Ängste bezeichnet haben, sind also Stimmungszustände der Psyche, die aus Gedankenenergien beim Durchleben bestimmter Situationen entstehen.

Die Heilung auf geistig-gedanklicher Ebene

Unser Gemütszustand lässt sich folglich dadurch beeinflussen, dass dem Gemüt andere Gedankenenergien zugeleitet werden, die mit ihm verschmelzen, und so die Grundstimmung im Bewusstsein verändern. Die Geistheilung will Ängste und Verkrampfungen lindern und lösen, damit der Patient die richtige Anschauung für seine Probleme wiedererlangt. Es sollen seiner Seele neue Gedanken vermittelt werden. Daher vollzieht sich jede Heilung psychosomatischer Krankheiten durch *gedankliche Steuerung*.

Diese Einwirkung auf den Patienten ist aus einem einfachen Grunde möglich: Genau wie der körperliche Verstand dem Gedankenaustausch im Gespräch zugänglich ist, so ist unser Geistiges, höheres Ich empfänglich für eine Beeinflussung vom Jenseitig-Geistigen her. Die psychischen Unstimmigkeiten beruhen auf Frustrationen des Geistigen Ich, unserer Seele, und diese lebt auf einer ähnlichen Geistigen Ebene wie unsere Jenseitigen Helfer, die dem verängstigten Gemüt beruhigende oder richtig-stellende Gedanken vermitteln.

Dies ist wesentlich mehr als eine blosse psychologische Heilung, wenngleich enge Beziehungen zwischen der Psychologie und jeder Art von Geistheilung bestehen.

Interessanterweise wird in den orthodoxen Kirchen zuweilen behauptet, die Geistheilung befasse sich nur mit dem Körper, während die Kirche den ganzen Menschen heile – Leib und Seele. Die Erfolge der Geistheilung beweisen aber, dass sie doch den ganzen Menschen heilt, weil vor jeder körperlichen Genesung die Seele gesunden muss.

Wenn eine Predigt, ein Zuspruch des Psychologen, oder auch eine Droge selten jemandem helfen, der unter psychischen Schwierigkeiten leidet, so mag es daran liegen, dass diese Dinge das Geistige Ich des Patienten nicht erreichen können. Unsere Seele kann nur auf der Ebene angesprochen werden, auf der sie lebt, nämlich auf der Geistigen Ebene, und deshalb ist sie den Einflüssen der Jenseitigen Welt und der Jenseitigen Helfer zugänglich.

Ebenso wie wir auf der irdischen Ebene unsere Gedanken ausdrücken können, kann sich unsere Seele den Jenseitigen Heilungsführern verständlich machen. Umgekehrt können diese unsere Gedanken in andere Bahnen lenken.

Wir haben dargelegt, dass die *Zirbeldrüse* (Epiphyse) das Tor unseres höheren Bewusstseins zur Jenseitig-Geistigen Welt ist. Wahrscheinlich empfängt die Zirbeldrüse die Gedankeneingebungen und -einflüsse von den Jenseitigen Intelligenzwesen, und übermittelt sie an unser Bewusstsein.

Das höhere Bewusstsein des Heilers steht in harmonischem Ein-Klang mit den Jenseitigen Heilungsführern und mit dem Geistigen Ich des Patienten. So können die positiven Gedanken des Heilungsführers über den Heiler zu dem Patienten hingelenkt werden, und die Überwindung der Frustration kann erreichet werden.

Die Worte des Heilers trösten den Kranken nicht nur oberflächlich, sondern sie dringen tief ein in dessen Seele. Oft wird es so sein, dass der Heiler im Zustand des engen Geistigen Ein-Klanges von seinem Heilungsführer intuitive Gedanken empfängt, und er so die richtigen Worte sprechen kann, die den Patienten wunderbar beruhigen und beschwichtigen. Vielleicht wird dem Heiler sogar von seinen Jenseitigen Helfern ein konkreter Hinweis gegeben, zum Beispiel dass dieser Patient Musik benötigt. Dann rät er ihm, sich täglich von Musik inspirieren zu lassen. Oder der Heiler erhält auf intuitivem Wege den Hinweis, er möge dem Patienten zur Unterstützung der Geistheilung zu einer kreativen Beschäftigung raten.

Es ist wichtig, dass sich der Heiler innig in den Patienten ein-stimmt, um Zuversicht und Ausgeglichenheit auf diesen übertragen zu können. Für dieses Ein-Stimmen ergreift der Heiler die Hand des Kranken, der ihm gegenübersitzt. Er weiss, dass dessen inneres Gleichgewicht gestört ist, und er gibt ihm Gelegenheit, frei über seine Probleme zu sprechen. Der Heiler bringt dem Patienten Liebe und Verständnis entgegen, und hört aufmerksam zu. Hierzu braucht es manchmal viel Zeit und Geduld. Aber nur so spürt der Kranke, dass man ihm wirklich zuhört, und dass er einen mitfühlenden Freund gewonnen hat, dem er vertrauen kann.

Der Patient wird sich darüber klar sein, dass seine Nerven angegriffen sind, und er wird dem Heiler erzählen, mit welcher Dauer-Sorge er sich belastet. Er kann sich nicht von seinen Problemen befreien, und so spricht er davon ohne Pause. Er ist stimmungslabil und antriebslos, und klagt über Konzentrationsschwäche und Schlaflosigkeit.

Mit wachsender Erfahrung lernt der Heiler, zu erkennen, wie er die erregte Psyche des Patienten beruhigen kann. Jeder Fall ist individuell, doch lassen sich allgemeine Hinweise aufstellen.

Der Patient kommt zum Heiler in der Hoffnung, bei ihm Hilfe zu erlangen. Er ist voller Vertrauen, er sucht das Gefühl von Sicherheit und Geborgenheit, und er hofft auf neues Selbstbewusstsein. Der Heiler soll dem Patienten das Gefühl geben, dass er sein Problem versteht und ihm helfen kann, damit fertig zu werden.

Der Heiler darf sein Mitgefühl durchaus zeigen und die Hände auf oder über den Kopf des Patienten halten, als wolle er Spannungen und innere Unruhe fortstreichen.

Manche Heiler haben aber gewisse Techniken entwickelt, zu denen hier Stellung genommen werden soll.

So sprach man früher von einer „offenen" *Aura*, die geschlossen werden müsse, oder von einer „Verschiebung" des Ätherleibes. Manchmal hiess es sogar, auch der Heiler müsse sich nach der Behandlung wieder „schliessen". Demzufolge nahmen manche Heiler wischende Bewegungen um den Körper des Patienten vor, in der Absicht, die Aura zu reinigen und zu versiegeln. Mit ein wenig Nachdenken wird jeder vernünftige Mensch einsehen, dass solche Praktiken unsinnig sind.

Wie bereits ausgeführt wurde, ist die Aura nichts anderes als eine Reflektion der geistigen und körperlichen Gesundheit eines Menschen. Eine Reflektion kann man jedoch nicht heilen. Ebenso wenig kann sie geöffnet oder verschlossen werden. Es ist daher nicht möglich, die Aura zu heilen. Ein Heiler, der so schlecht beraten ist und das „Versiegeln" vornimmt, lässt nur seine Unwissenheit über die Prinzipien der Geistheilung erkennen. Der einzige Wert solcher Gesten liegt darin, dass der Heiler durch sie – wenn auch auf unsachgemässe Art – seinem Wunsch zu heilen Ausdruck verleiht.

Ist der engere Kontakt zum Patienten hergestellt, dann soll der Heiler ihm durch *das gesprochene Wort* positive Gedanken übermitteln. Die Worte des Heilers müssen Ruhe und Zuversicht ausdrücken. Dabei lässt er sich von seinem gesunden Menschenverstand leiten sowie von den Eingebungen, die von seinen Jenseitigen Heilungsführern einfliessen. Für dieses Gespräch zwischen Heiler und Patient gibt es keine festen Richtlinien. Der Heiler folgt der Empfindung des Augenblicks. Seine eigene zuversichtliche Haltung, seine Sympathie und sein Verständnis können viel dazu beitragen, die Grundstimmung des Patienten zu verbessern, und ihm ein Gefühl von Sicherheit zu geben. So erwacht in dem Kranken die Hoffnung, die Last seiner Sorgen loszuwerden.

Es ist wichtig, jede Besprechung von Einzelheiten zu vermeiden und das Problem in einer allgemeinen, bejahenden Art zu behandeln, wobei der Patient davon überzeugt werden muss, dass das Vergangene der Vergangenheit angehört und die guten Heilungskräfte aus der Jenseitigen Welt Ordnung in seine verwirrten Gedanken bringen werden. Selbst wenn mehrere Faktoren für den psychischen Zustand des Patienten eine Rolle spielen, empfiehlt es sich, sie nicht im Einzelnen zu diskutieren, damit es dem Patienten leichter fällt, endlich von seinen Problemen loszukommen.

Liegt die Ursache für ein Problem erkennbar auf der Hand, etwa bei häuslichen Schwierigkeiten, so vermeidet es der Heiler trotz aller Anteilnahme, Partei zu ergreifen. Vielmehr bittet er um Geistige Hilfe und Beistand für alle Beteiligten.

Nach Möglichkeit sind keine persönlichen Ratschläge zu geben, es sei denn, sie stehen im unmittelbaren Zusammenhang mit der seelischen Krankheit.

Ein Heiler lernt allmählich, ein guter Psychologe zu sein. Aber hier ist nicht nur Psychologie im Spiel, sondern viel, viel mehr. Erstens versetzt sich der Heiler mit seinem ganzen Ich in den Patienten hinein, und zweitens schickt der Jenseitige Heilungsführer positive Gedanken in die Seele des Kranken.

Manche Patienten kommen immer wieder auf dieselben Probleme zurück. Der Heiler muss die Kontrolle über das Gespräch behalten, und die Kranken von ihren ständigen Wiederholungen abbringen. Wenn möglich, streue der Heiler eine kleine, humorvolle Bemerkung ein. Die Sache ist oft halb gewonnen, wenn man den Patienten zum Lächeln bringt. Er soll nach dem Gespräch gestärkt und mit neuer Hoffnung heimgehen.

Lebensregeln für den Patienten

Eine ernsthafte Mitarbeit des Patienten erhöht seine Empfänglichkeit für die einströmenden Heilungseinflüsse. Wir vermitteln ihm daher die folgenden Lebensregeln:
1. Lassen Sie Vergangenes der Vergangenheit angehören. Es bringt nichts, sich an unglückliche Erinnerungen zu klammern, ansonsten diese nie zur Ruhe kommen.

2. Durch die Geistheilung sollen die Probleme ihr Gewicht verlieren. Deshalb ist es falsch, sich gegen diese mit grossem, inneren Kraftaufwand zu stemmen.

3. Suchen Sie das Glück in den kleinen Dingen des täglichen Lebens. Sehen Sie den täglichen Pflichten in der Erwartung entgegen, dass Sie sie leicht und gut meistern werden. Machen Sie auch aus dem Kaffeekochen, dem Abwasch, dem Einkauf oder dem Weg zur Arbeit eine angenehme Stunde. Haben Sie ein Lächeln bereit für alle, die Sie kennen – auch für den Schaffner und die Verkäuferin. Noch wichtiger: haben Sie ein Lächeln für *sich selbst*. Achten Sie auf Ihre äussere Erscheinung, auch wenn Sie den ganzen Tag zu Hause bleiben. Vermeiden Sie jede Nachlässigkeit. Tragen Sie Kleider in freundlichen Farben. Stellen Sie das Radio an und singen Sie mit. Beginnen Sie Ihre Arbeit – und sei es nur das Staubwischen – mit Musik im Herzen. So natürlich und glücklich wollten Sie ja eigentlich immer sein – das ist es, wonach Sie immer suchen. Auch die Geistheilung ist etwas Natürliches – verschliessen Sie sich ihr nicht.

4. Wenn Sie im Beruf stehen, dann hören Sie damit auf, überall Schwierigkeiten zu vermuten. Befassen Sie sich mit den Problemen erst, wenn diese auf Sie zukommen. Vor allem aber lassen Sie diese nach Dienstschluss im Büro. Freuen Sie sich auf den Feierabend. Wenn Sie von lieben Menschen erwartet werden, dann schenken Sie ihnen Ihr Lächeln, und nehmen Sie Teil an den kleinen Sorgen derer zu Hause. Ein paar Blumen oder Süssigkeiten können viel Freude bereiten. Bemühen Sie sich, Ihrem Partner ab und zu etwas Besonderes zum Abendessen vorzusetzen.

5. Lösen Sie sich aus dem geistigen Trott. Gehen Sie spazieren, ins Kino, ins Theater, oder tun Sie sonst etwas, das Abwechslung in Ihr Leben bringt. So können Sie einen Schlussstrich unter die Vergangenheit ziehen und ein neues, froheres Leben beginnen.

Falls Sie in häuslichen Konflikten stecken, wird es für Sie etwas schwieriger. Den häuslichen Frieden kann man nicht mit langen, vorwurfsvollen Gesichtern wiederherstellen. Lassen Sie es nicht an den kleinen Aufmerksamkeiten fehlen, die Freude machen und an den guten Willen appellieren. Übersehen Sie jede kränkende Handlung Ihres Partners und spielen Sie sie nicht durch Streitereien hoch. Die Geistheilung wird Sie durch gute Vorsätze leiten und Sie können dies durch Ihre Mitwirkung unterstützen.

Wenn sich Ihr seelisches Befinden bessert, werden auch Kopfweh, Neuralgien und Magenschmerzen verschwinden.

Wenn Sie gerne lesen, dann besorgen Sie sich die richtigen Bücher. Geniessen Sie das Lesen und entspannen Sie dabei. Wenn Sie Musik lieben, legen Sie Ihre Lieblingsschallplatten oder CDs auf. Tun Sie Dinge, die Ihnen Freude bereiten, und freuen Sie sich schon vorher auf diese Stunde der Erholung.

So können Sie selbst dazu beitragen, dass die Heilungskräfte Ihre Zuversicht stärken und Ihre Ängste zerstreuen und Sie seltener dazu neigen, sich im Voraus zu sorgen – so dass Sie mehr und mehr in der richtigen Anschauung und inneren Zufriedenheit leben können.

Oft genug erlebten wir, dass sich ein Charakter wandelte, und aus einem hartherzigen, kalten Menschen ein liebevoller und zartfühlender wurde.

Unzählige Menschen konnten von psychischen Fehlhaltungen befreit werden, zum Teil solche, deren fixierte Ideen und Zwänge zu einer seelischen Marter geworden waren. So vielen konnte innere Ausgeglichenheit wiedergegeben werden und deshalb können wir damit rechnen, dass dies in Zukunft so bleibt. Hier ist die Geistheilung in ihrem eigentlichen Element.

Die Dauer des Heilungsverlaufs

Alle Gemütskrankheiten sind verschieden, so dass man keine allgemeinen Regeln über Dauer oder Verlauf aufstellen kann. Sitzt die Frustration sehr tief, so wird es allerdings längere Zeit dauern, bis die Wirkungen des Beistandes aus der Jenseitigen Welt erkennbar sind. Ein Heiler weiss, wie hartnäckig sich ein Patient an die ihn heimsuchenden Furcht- und Schuldgedanken klammern kann. Leider kommt es auch vor, dass ein gequältes Gemüt so tief verstrickt ist in Gefühle der Trauer und Einsamkeit und dass sein Bewusstsein hiervon so beherrscht wird, dass die Geistheilungseinflüsse keinen Eingang finden. Es kann jedoch der Zeitpunkt kommen, dass sich die Seele aufzulehnen beginnt gegen die dauernde innere Belastung, und in solchen Augenblicken vermag die Geistheilung mit ihren positiven Gedankenimpulsen das Bewusstsein des Patienten zu erreichen.

Umgekehrt erleben wir spontane Heilungen, wenn die seelische Grundstimmung des Kranken den Geistigen Heilungseinflüssen besonders zugänglich ist. Die Heilung psychischer Störungen vollzieht sich oft indirekt. Es wurde bereits erwähnt, dass sich oft mit Beginn der Geistheilung – sei es durch Fernbehandlung oder Handauflegen – beim Patienten bereits ein Gefühl inneren Aufschwungs einstellt.

Bei den psychosomatischen Krankheiten folgt der Heilung im psychischen Bereich das allmähliche Abklingen der körperlichen Beschwerden.

Manche Kranke haben ein anscheinend rein körperliches Leiden, und hier ist es sehr schwierig, eine etwaige psychische Ursache festzustellen. Der Patient mag ihrer mitunter selbst nicht bewusst sein. So mancher hat eine glückliche Natur, ist grosszügig und hilfsbereit, und sein Familienleben bietet keinen Anlass zur Sorge, so dass man meinen möchte, bei ihm könne es keine seelischen Spannungen geben. Aber gerade durch sein Mitgefühl nimmt er sich fremde Sorgen so zu Herzen, dass er sich unbewusst überfordert. Dies kann durchaus zu körperlichen Beschwerden führen.

Manchem Patienten würde man zu nahe treten, wollte man die psychische Krankheitsursache im Gespräch herausfinden. In solchen Fällen überlassen wir das Problem dem Jenseitigen Heilungsführer.

Bei allen Behandlungen psychosomatischer Krankheiten sehen wir, dass sich die Heilung dadurch vollzieht, dass dem Bewusstsein des Kranken positive Gedanken und Einflüsse zugeleitet werden. Handauflegen und Fernheilung sind nicht zwei getrennte Behandlungsweisen, sondern sie ergänzen sich gegenseitig und es ist sehr wichtig im Anschluss an eine Kontaktbehandlung, mit der Betreuung durch Fürbitte fortzufahren, wenn die Symptome des Patienten eng mit dessen nervlichen oder psychischen Zuständen zusammenhängen.

Wahnideen und Zwänge

Wahnideen und Zwänge einerseits und Besessenheit andererseits, die oft miteinander einhergehen und ähnliche Symptome aufweisen, dürfen nicht miteinander verwechselt werden. Es handelt sich um zwei grundverschiedene Zustände, die auf unterschiedliche Ursachen zurückgehen. Der Heiler lernt sie erst mit zunehmender Erfahrung unterscheiden.

Von Wahnideen und Zwängen sprechen wir, wenn jemand übermässig auf bestimmte Gedankengänge fixiert ist. Oft weicht er dabei nur einen kleinen Schritt vom Normalen ab. Jeder vernünftige Mensch hält sich zum Beispiel sauber und hygienisch. Es ist aber krankhaft, und wir sprechen von einem „Zwang", wenn jemand dauernd das Bedürfnis hat, sich zu waschen, und jede Türklinke für ansteckend hält. Andere Beispiele sind der Verfolgungswahn, der Zwang, sich von einem bestimmten Umstand wieder und wieder zu vergewissern, tiefe Reue nach einer längst vergangenen Tat, Argwohn nach dem Verrat eines Freundes, und so weiter. Leider kann eine Wahnidee so stark und dominierend werden, dass sie im Bewusstsein des Patienten allgegenwärtig bleibt. Diese behindert das Eindringen der Geistheilungseinflüsse, so dass solche Fälle sehr hartnäckig der Heilung widerstehen.

Jeder Fall von Wahn ist verschieden und muss individuell betrachtet werden. Aber es gibt gewisse allgemeine Behandlungsregeln.

Als erstes sei gesagt, dass man diesen unglückseligen Menschen am besten durch Fernheilung helfen kann, da kaum eine körperliche Behandlung erforderlich sein wird. Es ist in erster Linie eine Erkrankung der Seele und so geschieht die Behandlung logischerweise über die Gedanken und die positiven Einflüsse aus der Jenseitigen Welt. Sollte der Kranke in der Sprechstunde des Heilers gewesen sein, so wird die Betreuung durch Fernbehandlung fortgesetzt.

Beim persönlichen Umgang mit dem Patienten ist das Verhalten des Heilers ausschlaggebend. Zuerst begrüsst er den Patienten freundlich, dann lässt er ihn von seinen Nöten erzählen. Der Heiler wird meist sehr schnell erkennen, dass ein psychisch Kranker vor ihm sitzt, den es drängt, seine Gefühle und seine Leidensgeschichte in allen Einzelheiten auszubreiten. Der Heiler hört geduldig zu und lässt den Patienten fühlen, dass er versteht, was dieser durchgemacht hat. Während der Patient erzählt, versucht der Heiler, das Kernproblem zu erkennen – ist es eine Art Reue, ein Verfolgungswahn, ein Komplex oder dergleichen. Der Heiler bestimmt dann den Grundgedanken, den er auf das Bewusstsein des Patienten übertragen will, damit dessen Grundstimmung ins Positive gewandelt wird.

An diesem Punkt der Behandlung ist es wichtig, dass der Heiler die Führung des Gesprächs behält und freundlich, aber bestimmt bleibt. Aus ihm muss die stärkere Überzeugungskraft fliessen, und sie muss die Psyche des Patienten beeindrucken. Dies ist nicht leicht, wenn der Kranke stark auf sein psychisches Fehlverhalten fixiert ist. Er wird den Heiler oft unterbrechen und seine Erzählung wiederholen wollen. Oft glaubt der Heiler, sein Bestes gegeben zu haben, um den Kranken zu überzeugen und dessen Gedanken in geordnete Bahnen zu lenken und er hofft, dass nun alles gut ist. Doch dann beginnt der Ärmste erneut, dieselbe traurige Geschichte vorzutragen. Dazu darf es nicht kommen. Hier muss der Heiler auf der Hut sein, sonst wird die Fixierung des Patienten nie unterbrochen.

Es kommt dem Heiler zugute, dass der Patient bei ihm Hilfe und Befreiung von seinen inneren Nöten sucht. Hierauf lässt sich die Heilung aufbauen. Der Heiler spricht ruhig und zuversichtlich auf den Patienten ein. Er sagt ihm, dass er die Probleme versteht und helfen will. Der Heiler spricht mit den Worten, die intuitiv in ihn einfliessen. Er nimmt Bezug auf die Wahnidee, aber der Grundgedanke ist der, dass das Vergangene mit all seinen Sorgen der Vergangenheit angehört, und dass mit jedem Tag neue Heilungsenergien aus der Jenseitigen Welt kraftvoll in die Seele des Kranken einfliessen werden.

Wenn der Patient nun ein weiteres Mal beginnt, die Einzelheiten seiner Wahnidee auszubreiten — denn dies ist ein typisches Symptom seiner Krankheit – so muss der Heiler darauf pochen, dass dies kein Thema mehr ist, da es nunmehr der Vergangenheit angehört. Der Kranke muss die Notwendigkeit einsehen, dass er die erteilten Ratschläge unbedingt zu befolgen hat. Der Heiler versucht, die Überzeugung und Neuorientierung des Patienten mit so wenig Worten wie möglich zu erreichen.

Der Heiler darf dem Patienten auch seine Hände auflegen, falls die Situation dafür spricht, wobei er die Geistige Bitte äussert, dass die Nerven- und Gemütsanspannungen beseitigt werden mögen. Das Handauflegen hat vielleicht psychologische Wirkung und gibt dem Kranken das Gefühl, es werde etwas zur Beseitigung seiner Probleme getan. Der Heiler sollte aber wissen, dass er sich in erster Linie in die Seele des Patienten ein-fühlen und diese beeinflussen muss.

Besessenheit

Die Heilung dessen, was wir als Besessenheit durch eine unerwünschte Wesenheit bezeichnen, ist ein viel schwierigeres Unterfangen als die Behandlung einer Wahnidee.

Besessenheit und Schizophrenie sind zwei verwandte Zustände, können aber unterschiedliche Symptome aufweisen. Bei der Schizophrenie glaubt der Kranke oft, eine andere Person zu sein, oft eine berühmte oder verehrungswürdige Gestalt, sogar Jesus. Besessenheit hingegen ist der Missbrauch des Ich durch eine fremde Geist-Wesenheit. Sie kann sich zum Beispiel in der Wahrnehmung von Stimmen äussern, die dem Patienten gewisse Anweisungen und Befehle erteilen, oder die seine Meinung beeinflussen wollen. Solche Stimmen ähneln jenen, die beim „Hellhören" vernommen werden, nur wird das Hellhören als mediale Fähigkeit unter strenger Kontrolle ausgeübt. Im Falle der Besessenheit sind es aber Stimmen mit roher, blasphemischer, häufig zotiger Ausdrucksweise, die den Kranken ungemein quälen. Sie erteilen ihm ihre Befehle und treiben ihn oft dazu, grosses Unrecht zu begehen. Dies ist eine der verderblichsten Krankheiten, die wir kennen. Sie ist schlimmer als alle körperlichen Gebrechen.

Auch hier ist der Fernheilung der Vorrang zu geben, bei der die Jenseitigen Helfer gebeten werden, den Patienten von der eingedrungenen Wesenheit zu befreien. Dies ist keine leichte Aufgabe, denn sobald eine solche unerwünschte Wesenheit von einem Menschen Besitz ergriffen hat, haftet sie fest an ihm wie ein Etikett.

Es gibt noch den Weg, solche Kranken einem spezialisierten „Austreibungszirkel" zuzuführen, in dem ein erfahrenes Medium tätig ist, das die Loslösung der eingedrungenen Wesenheit von ihrem Opfer versuchen kann. Dies ist ein höchst diffiziles Verfahren, das nur durch Medien ausgeübt werden darf, die diese besondere mediale Gabe in sich entwickelt haben.

Ein Heiler kann jedoch ebenfalls eine gewisse Hilfe leisten, wenn der Kranke zu ihm zum Handauflegen gebracht wird. Auch hier muss der Heiler verständnisvoll, aber bestimmt auftreten. Er muss deutlich machen, dass man den Eindringling ausweisen kann, sofern der Patient selbst mithilft. Man muss den Patienten in seinem Bewusstsein in die eigene Kraft bestätigen, die durch Gottes Hilfe grösser ist als die Macht des Bösen, und in ihm den Glauben und den Willen erwecken, dass er bei seiner Befreiung selbst mitwirken kann.

Dem Patienten wird eingeschärft, dass er von diesem Augenblick der Behandlung an jedes Wort, jeden Gedanken und jede Impression, die in seinem Bewusstsein auftaucht, und die er als „nicht gut" erkennt, völlig ignorieren muss und wird. Wenn ihn die Stimmen anrufen oder ihm etwas zuflüstern, muss er sie völlig übergehen, selbst wenn sie ihn nur auffordern, in den Garten zu gehen, muss er bewusst eine andere Beschäftigung suchen. Mit diesen einfachen Mitteln kann er die Herrschaft über sein eigenes Ich zurückerlangen. Wir müssen den Patienten aufs Energischste dazu anhalten, sich jederzeit an den Vorsatz zu halten, dass er den Stimmen nicht die geringste Beachtung schenken wird. Nur so kann die ihn besitzende Wesenheit merken, dass sie bei ihm ihre Zeit verschwendet. Wenn nötig, muss der Patient seine Aufmerksamkeit durch Lesen, eine verzwickte Handarbeit, stürmische Spaziergänge, durch Singen von Chorälen, Volksliedern oder selbst von Pop-Musik anderweitig beschäftigt halten. Es kommt darauf an, dass die Stimmen geistig erstickt werden.

Wenn der Patient dies durchzuhalten vermag, wird die ihn besetzende Wesenheit erfahrungsgemäss seiner mit der Zeit überdrüssig und lässt ihn in Ruhe. Dem Heiler sei empfohlen, sich mit dem Patienten darüber, was die Stimmen ihm diktieren, keinesfalls in Diskussionen einzulassen. Dies würde nur den Widerspruch und damit den noch festeren Zugriff der Wesenheit, die ihre Antwort noch loswerden will, zur Folge haben. Sie wird immer das letzte Wort behalten, denn sie kann sich nach Abschluss der Diskussion in Ruhe ein neues Argument zurechtlegen, meist in Form eines Vorwurfes oder einer Beschimpfung.

Es gibt allerdings eine wirksame Waffe: Es ist viel gewonnen, wenn es gelingt, den Patienten zum Lachen über seine Stimmen zu bringen. Im Allgemeinen können die eingedrungenen Wesen alles andere ertragen, jedoch nicht ausgelacht zu werden.

Den Angehörigen ist dringend zu raten, den Patienten aus seinem Alltag und seiner gewohnten Umgebung herauszunehmen. Ein Orts- und Szenenwechsel und die Begegnung mit neuen Menschen könnten ihn ablenken und wieder aufgeschlossen machen für neue Eindrücke. Manchmal kann schon körperliche Arbeit im Freien Wunder wirken. All dies unterstützt die Fürbitten des Heilers, dass die Geistheilung die Umklammerung durch die fremde Wesenheit lösen möge.

Schlaflosigkeit

Schlaflosigkeit ist ein verbreitetes Leiden, das jedoch nicht mit der Ernsthaftigkeit behandelt wird, das es verdient. Die Tätigkeit des Gehirns kann ermüdender sein als körperliche Arbeit und verbraucht ebenso viel, wenn nicht noch mehr, Energie. Nichts vermindert die Spannkraft mehr als Schlaflosigkeit, die sogar zur Anämie führen kann.

Man sieht es den müden Augen und dem abgespannten Gesicht eines Menschen an, wenn er unter Schlaflosigkeit leidet. Ich erinnere mich eines Patienten, der seit zwanzig Jahren Nacht für Nacht kein Auge zugetan hatte. Er fürchtete das zermürbende Wachliegen im Bett und blieb deswegen lieber nachts im Lehnstuhl sitzen. Er nickte nur kurz ein, wenn die Müdigkeit ihn übermannte. Ich erbat Geistheilungshilfe für ihn und gab ihm die Ratschläge, die in diesem Kapitel folgen. Als er mich das nächste Mal aufsuchte, war eine Verwandlung mit ihm vorgegangen: Seine Augen waren hellwach, er lächelte und sah wieder vollkommen gesund aus.

Schlaflosigkeit ist die Folge einer Überaktivität des Gehirns. Es schaltet nicht ab, sondern arbeitet weiter und weiter. Der altmodische Rat, Schafe zu zählen, die über ein Gatter springen, führt deshalb nur selten zum Ziel, weil hier dem Gehirn eine neue Aufgabe gegeben wird, ohne dass die bestehenden Ängste beseitigt sind.

Die Ärzte verschreiben meist Schlaftabletten. Diese überdecken nur das Übel, aber sie heilen es nicht. Sie dämpfen nur das Bewusstsein, aber beruhigen nicht das in der Tiefe weiterarbeitende Gehirn, so dass der Patient genauso zerschlagen aufwacht wie zuvor.

Die Geistheilung will auch hier die Ursache des Leidens beheben, die in tief im Seelischen verborgenen Belastungen und Spannungen liegt. Unsere Seele kann nur auf der Ebene erreicht werden, auf der sie lebt, nämlich der Geistigen Ebene, mit Hilfe von Einflüssen, die von der Jenseitig-Geistigen Welt kommen und sie beruhigen und heilen können.

Sobald für einen Patienten mit der Fürbitte begonnen wird, beginnt die Linderung seiner nervösen Beschwerden, seien sie organischer oder seelischer Natur.

Er gewinnt das Gefühl innerer Befreiung und Erhebung. Nichts drückt ihn mehr hernieder. Er wird sich wieder einem Tag- und-Nacht-Rhythmus anpassen. Und er findet erfrischenden Schlaf, sobald er zu Bett gegangen ist, um am nächsten Morgen froh und zuversichtlich zu erwachen. Dies geschah auch bei dem vorhin erwähnten Patienten. Voller Schwung konnte er wieder seine beruflichen Probleme meistern.

Wir wissen, dass die Geistheilung ihr Werk tun wird; aber es liegt auf der Hand, begleitend psychologisch auf den Patienten einzuwirken, damit er an seiner Gesundung mitarbeitet. Er muss vor allem lernen, gelassen dem entgegenzusehen, was er so dringend braucht: Dem Schlaf.

Wenn ihn beim Zubettgehen der Gedanke an die vielen schlaflosen Nächte überfällt und er schon wieder eine solche kommen sieht, so wirkt er von vornherein den Geistheilungskräften entgegen. Der Heiler rät dem Patienten daher, sich bereits einige Zeit vor dem Zubettgehen auf das Einschlafen innerlich einzustellen. Es empfiehlt sich, noch ein warmes Getränk zur Beruhigung zu sich zu nehmen, etwa eine Ovomaltine oder einen einfachen Kakao.

Ist es kalt, so wird zum besseren Einschlafen das Bett vorgewärmt. Der Patient sollte bewusst die wohlige Wärme auf sich wirken lassen und sich völlig entspannt und ganz bequem hinlegen. Er „programmiert" sich darauf, dass er bis zum Wecken durchschlafen wird. So beugt er dem quälenden Wachliegen in den Stunden nach Mitternacht vor. Wenn der Patient auf diese Weise mitarbeitet, wird er einschlafen können.

Wer sich die Jahre hindurch an Schlaftabletten gewöhnt hat, soll sie am Anfang weiternehmen und erst mit zunehmender Besserung allmählich absetzen. Meines Erachtens werden normalerweise aber keine Schlaftabletten mehr nötig sein. Es schadet aber nicht, sie auf dem Nachttisch liegen zu haben, für alle Fälle. Sie werden eines Tages in der Schublade verschwinden.

Wenn der Schlaf ein wenig auf sich warten lässt, darf der Patient auf keinen Fall in seinen Tagesproblemen „rotieren" wie die Maus in ihrem Tretrad. Er soll sich an Schönes erinnern, etwa an den letzten Urlaub, oder sich die nächsten Ferien oder andere Wunschträume ausmalen. Dies lenkt ihn ab von seinen Tagessorgen. Meist wird er bald darüber einschlafen.

Das sollte er jeden Abend wiederholen, bis die Schlaflosigkeit vergessen ist.

Ich erinnere mich eines kleinen Jungen, der nach Aussage der Eltern nachts niemals schlief, sondern immer nur am Tage, wenn er von Müdigkeit übermannt wurde. Er hatte Angst vor der Dunkelheit und beruhigte sich erst, wenn die Eltern ihn in ihr Bett nahmen. Ich riet ihnen, eine Nachttischlampe brennen zu lassen und ihm ein wolliges Schlaftierchen ins Bett zu geben. Danach schlief er schon in der ersten Nacht durch und dieser Kummer war vorbei, denn er hatte in seinem kleinen Wolltier nun einen Freund gefunden, den er an sich schmiegen konnte. So kam sein Köpfchen zur Ruhe und die von der Geistheilung ausgehende Hilfe tat ihr Übriges, um ihn wieder richtigen Schlaf finden zu lassen.

Bei Kindern kann es auch helfen, wenn man ihnen zum Einschlafen ein Wiegenlied spielt.

Am Ende eines Tages sehnen sich Körper und Geist nach Ruhe, um die verbrauchten Kräfte wieder zu erneuern. Es sind stets unerfreuliche Gedanken, vor allem Angst, aber auch die Last der Verantwortung, die uns wachhalten. Menschen, die sich ständig angenehmen Gedanken hingeben, leiden nicht an Schlaflosigkeit. Wir müssen den Patienten lehren, seine Sorgen abzuschalten und sich auf einen erfrischenden Schlaf zu freuen. Es ist mir kein Fall von noch so langjähriger Schlaflosigkeit begegnet, der auf diese Methode nicht ansprach, besonders wenn gleichzeitig auf dem Wege der Fernbehandlung um Geistige Hilfe und Schutz gebeten wurde.

Hautkrankheiten

Es gibt wenige Leiden, die den Ärzten mehr Probleme aufgeben als die Hautkrankheiten, wie Dermatitis, Ekzeme, Schuppenflechte usw. Sie sind besonders hartnäckig, so dass es dafür eigene Hautkliniken gibt.

Der Grund liegt meines Erachtens darin, dass die Medizin ihre Aufmerksamkeit im Wesentlichen auf die Symptome richtet und nicht auf die Krankheitsursache. So bleibt der Medizin meist nur die Anwendung von Salben und Lotionen und manchmal von Bestrahlungen. Diese Massnahmen können mitunter wirksam sein, aber sie helfen meist nur wenig - aus dem einfachen Grund - weil die Krankheitsursache unberührt bleibt.

Nach meiner Erfahrung liegt die Ursache immer in irgendeiner nervlichen oder psychischen Überforderung des Patienten, in Sorgen, Ängsten oder Frustrationen. Dies trifft selbst auf die bedauernswerten kleinen Kinder zu, die sich schon mit trockener Haut und Ausschlägen quälen müssen, welche auf keine Salbe oder Einreibung ansprechen. Eine Ausnahme bilden lediglich gewisse *Hautinfektionen*. Hier wird der Körper sich aber meist selbst gegen den Eindringling zu wehren wissen, wenngleich wir unter Geistheilung eine schnellere Besserung beobachten. Wenn ein Heiler mit solchen Kranken in Berührung kommt *muss* er alle Vorsichtsmassnahmen beachten, um nicht andere Patienten anzustecken! Nach der Behandlung muss er sich die Hände in heissem Wasser waschen, dem eine Desinfektionslösung zugesetzt ist.

Erst heute erkennt die Medizin an, was Geistheiler seit vielen Jahren behaupten: Der grössere Prozentsatz aller unserer Krankheiten ist *psychosomatischer Natur*. Dies gilt ganz besonders für die Hautkrankheiten, für Schuppen, Flechten, Akne, Ausschläge usw. Die seelischen Unstimmigkeiten müssen zuerst bereinigt werden, ehe die Haut wieder gesunden kann. Die Ärzte wissen dies, aber was bleibt ihnen zu tun? Keine Arznei kann eine psychische Belastung heilen. Aber die Geistheilung kann es.

Es soll hier nicht im Einzelnen dargestellt werden, wie es als Folge psychischer Ausnahmesituationen zu diesen Ausbrüchen über die Haut kommt. Begnügen wir uns mit der Feststellung, dass die Ursache im Seelischen des Patienten liegt, und somit nur auf der Ebene beseitigt werden kann, auf der die Seele lebt.

Genauso wie die Geistheilung Neurotiker, Alkoholiker und Drogensüchtige behandeln kann, so dass diese positiv und ausgeglichen werden und gesunden, so kann sie auch die psychischen Spannungszustände eines Hautkranken ausgleichen und daraufhin verheilt die Haut von selbst.

Ich wurde einmal von einem Arzt zu einem Patienten hinzugezogen, der ein hartnäckiges Hautleiden aus der Kriegsgefangenschaft mitgebracht hatte, wo man ihn im Kerker gehalten hatte. Drei Jahre lang hatten Ärzte vergeblich „alles" versucht, doch der Ausschlag breitete sich immer mehr aus. Aber sobald wir mit der Fernbehandlung begonnen hatten, begann die Haut abzuheilen und war nach drei Wochen narbenlos und glatt. Ohne Zweifel hatte die Ursache in der psychischen Belastung des Patienten gelegen. Die guten Einflüsse der Geistheilung konnten seine Psyche erreichen und heilen und daraufhin verschwanden bald die äusserlichen Hautsymptome.

Auch erinnere ich mich einer jungen Frau, die mir drei Wochen vor ihrer Hochzeit schrieb: „Ich leide seit Jahren an einer Hautkrankheit. Wenn ich mich ausziehe, so fallen Schuppen von mir ab wie Konfetti." Aber noch ehe der Tag der Hochzeit gekommen war, konnte sie mir mitteilen, dass die Krankheit spurlos verschwunden war.

Lassen sich solche Heilungen anders erklären als durch die Wirkung heilender Einflüsse auf die Seele des Patienten?

Hautkrankheiten lassen sich am besten durch Fernbehandlung beeinflussen. Auf die Fürbitte des Heilers hin stellt sich beim Patienten das Gefühl innerer Erhebung ein. Er wird zuversichtlicher und zufriedener. Damit verblasst der Ärger, der seinen

Ausdruck in der wunden Haut gefunden hatte. Die Rötung verschwindet, die befallenen Flächen werden kleiner, und von innen wächst gesunde Haut nach.

Während der Heilung tragen lindernde Einreibemittel sehr dazu bei, die Haut zu kühlen und feucht zu halten und den Juckreiz zu lindern. Ausserdem muss sich der Patient unbedingt an den obersten Gesundheitsgrundsatz halten, nämlich seine Verdauung zu regeln. Dadurch unterstützt er den Abtransport von Abfallstoffen der Haut über Blutstrom und Darm. Weiterhin ist der Patient angehalten, bewusst zu atmen. Weitere Vorschriften pflege ich nicht zu machen, ausser dass der Patient innerlich so ausgeglichen wie nur irgend möglich leben soll. Es ist äusserste Schonung geboten, damit keine neuen Aufregungen, Enttäuschungen, Frustrationen und dergleichen in den folgenden Wochen auf ihn einstürmen, bis der Erfolg sich gefestigt hat. Dies gilt insbesondere für Kinder.

Bei Kindern, hauptsächlich bei Knaben, ist oft *Furcht die Wurzel einer Hauterkrankung.* Wenn es dem Heiler gelingt, das Vertrauen des Kindes zu gewinnen, wird es ihm erzählen, wovor es sich fürchtet. Sehr häufig liegen Schwierigkeiten innerhalb der Familie vor, die die Eltern nicht erkannt oder nicht ernst genug genommen haben. Häufig ist es die Angst vor der Dunkelheit. Hier rät man den Eltern, ein schwaches Licht am Bett des Kindes brennen zu lassen, damit es sich beim Einschlafen nicht wieder fürchtet. Es ist falsch, vom Kind zu verlangen, den Kampf gegen seine Angst aufzunehmen. In solchen Fällen muss der Heiler ein guter Psychologe sein, der nicht nur die Angst des Kindes zu beschwichtigen weiss, sondern auch die Eltern beraten kann.

Manchen Kindern ist ihre Hautkrankheit angeblich „angeboren". Für diese unglücklichen kleinen Wesen weiss die Medizin keinen Rat, und sie leiden Jahr um Jahr und bereiten ihren Eltern grosse Sorgen und Unannehmlichkeiten. Manche Eltern werden jede Nacht durch das Weinen ihres Kindes gestört.

Ich habe nicht einen einzigen Fall erlebt, in dem nicht durch Geistheilung schnelle und anhaltende Besserung eintrat.

Bettnässen

Das schwierige Bettnässerproblem hängt ebenfalls mit kindlichen Ängsten zusammen und eine Störung der Nervenkontrolle über die Blasenfunktion kommt hinzu. Die Heilung wird häufig durch das unkluge Verhalten der Eltern verkompliziert, die das Kind strengstens zur Rede stellen, einschüchtern oder bedrohen, oder sogar schlagen. So wird unglücklicherweise noch eine weitere Furcht entwickelt, während das Ziel der Heilung sein müsste, das kleine Gemüt zu beruhigen und zugleich die Kontrolle über die Blasenmuskulatur durch Fernbehandlung zu stärken. Oft brauchen die Eltern mehr Heilung als das Kind und deshalb erbittet der Heiler auch, dass die Eltern Verständnis und Toleranz entwickeln mögen.

Natürlich müssen die Eltern darauf achten, dass das Kind noch einmal vor dem Schlafengehen die Blase entleert. Ein liebevolles Hätscheln und Zudecken trägt sehr zur Beruhigung bei. Ist das Bett am nächsten Morgen trocken, muss das Kind sehr gelobt und auf irgendeine Weise belohnt werden.

Nervöse Verdauungsbeschwerden und Magengeschwüre

Es ist bekannt, dass ein jedes Magengeschwür seelische Spannungen, Sorgen oder Ängste zur Ursache hat. Je verantwortungsvoller die Stellung eines Menschen ist, desto leichter neigt er zu Magengeschwüren oder anderen Verdauungsstörungen, wie Übelkeit, Blähungen, Leibschmerzen usw. Gewiss spielen auch organische Störungen wie Verstopfung, Gallenleiden oder Stoffwechselschwäche eine Rolle. Aber meist wird der tiefere Grund in irgendeiner psychischen Belastung zu suchen sein.

Das Handauflegen auf den Leib zur Zerstreuung der organischen Beschwerden bringt eine gewisse Erleichterung, doch das Hauptziel der Geistheilung muss sein, die Psyche zu beruhigen und zuversichtlicher zu machen. Da sich der Heiler zu Beginn der Behandlung innig in den Kranken ein-gefühlt hat, kann seine Seele in Verbindung treten mit der Seele des Patienten, in der die inneren Spannungen begründet sind. Gelingt es dem Heiler, das Wesen der Frustration herauszuhören, so darf er sich darauf verlassen, dass er von Jenseitiger Seite die Inspiration zu einem Gespräch erhalten wird. In diesem wird er Zugang zum Patienten finden und dessen Gedanken positiv und zuversichtlich beeinflussen können. Infolge dieser positiven Einflüsse wird das Geschwür ausheilen.

8. *Innere und funktionelle Beschwerden, Blut- und Kreislauferkrankungen und dergleichen*

Es ist nicht möglich, für die unter dieser Überschrift zusammengefassten verschiedenartigen Leiden ein einheitliches Behandlungsschema aufzustellen. Bei jeder Behandlung ist die Beseitigung der zugrunde liegenden Ursache das Wesentliche. Symptome zu behandeln wird hilfreich sein, bringt aber nicht mehr als eine Linderung. Das breite Spektrum der inneren Krankheiten hat eine Vielzahl von möglichen Ursachen, die organischer bzw. psychosomatischer Natur sein können.

Bei Krankheiten, die auf funktionellen Störungen beruhen, zum Beispiel Diabetes, Epilepsie usw., beobachten wir eine allmähliche, fortschreitende Besserung. Die Patienten erfahren oft eine spürbare Hilfe, weil ihr Allgemeinzustand sich bessert und sie dadurch neue Lebensenergien und inneren Aufschwung bekommen. Dies sind greifbare Veränderungen, die der Heiler auf jeden Fall zur Kenntnis nehmen muss.

Bei der Kontaktbehandlung besteht der Beitrag des Heilers darin, dass er sich in Geistigen Ein-Klang bringt mit dem Kranken und dem Jenseitigen Heilungsführer, und diesem die notwendigen Informationen über die Beschwerden des Patienten übermittelt. Dann ist der Heiler nur noch der vermittelnde Kanal, durch den die Heilungsenergien fliessen. Deshalb ist seine Rolle bei der Behandlung innerer Krankheiten weniger auffällig.

Bei Blut-, Herz- und Kreislaufkrankheiten, wie Anämie, Leukämie, Thrombose, Gelbsucht und vielen anderen, kann man dem Patienten gut helfen, indem man ihn an die verbesserte und bewusste Atmung heranführt. Dadurch werden der Blutkreislauf und die Herztätigkeit gestärkt. Wenn der Patient überdies begreifen lernt, dass er mit dem Atem auch Geistheilungs- und Gesundungskräfte aufnimmt, so verbündet er sich mit der Absicht des Heilers.

Bei der Behandlung von gutartigen und bösartigen Tumoren, von Kropfbildungen, Zysten und dergleichen, legt der Heiler seine Hand auf die entsprechende Körperstelle. Er fühlt sich in den Patienten ein und konzentriert sich auf seinen Heilungswunsch, während er von dem Jenseitigen Heilungsführer Hilfe und die Zerstreuung bzw. Beseitigung des krankhaften Gewebes erbittet. Bei allen unerwünschten Gebilden, wie etwa Nieren- oder Gallensteinen, bittet der Heiler um deren Auflösung oder Beseitigung.

Bei allen Behandlungen innerer Störungen lässt sich der Heiler von seiner Intuition leiten. Er muss die im Zustand Geistigen Ein-Klanges aufkommenden Eingebungen berücksichtigen, und sie als aktiver Partner im Heilungsgeschehen verwerten.

Kann der Heiler keine Diagnose bei einer inneren Krankheit finden, sollte er dennoch unbesorgt sein, denn Diagnosestellung und Behandlung sind die Aufgaben des Jenseitigen Heilungsführers. Der Heiler darf das feste Vertrauen haben, dass sein Geistführer die derzeit mögliche Hilfe leisten wird, solange der Geistige Ein-Klang zwischen Heiler und Patient aufrechterhalten bleibt.

Ein Heiler mag oftmals meinen, ein ärztlich verschriebenes Medikament sei für seinen Patienten schädlich. In solchen Fällen kann der Heiler sich sehr leicht versucht sehen, dem Patienten von der Arznei abzuraten. Dies muss er aber unter allen Umständen vermeiden! Der Heiler darf in die Behandlung des Arztes nicht eingreifen, selbst wenn die Versuchung dazu gross ist. Er sollte den Patienten durch Geistheilung behandeln und ihm dann raten, die eingetretene Besserung durch den Arzt bestätigen zu lassen. Der Patient soll den Arzt um dessen Zustimmung bitten, dass das Medikament vorerst nicht verabreicht wird. Vielleicht kann auf diese Weise wieder ein Arzt für die Geistheilung interessiert und für die Zusammenarbeit gewonnen werden. Zeigt sich der Arzt nicht aufgeschlossen, dann muss der Patient selbst entscheiden, welcher Behandlung er den Vorzug geben will.

Oft wird der Heiler gefragt, ob sich ein Patient einer Operation unterziehen soll oder nicht. Diese Frage bürdet grosse Verantwortung auf. Es empfiehlt sich, nicht eindeutig Ja oder Nein zu sagen. Die Beantwortung dieser Frage liegt ausserhalb der Befugnis des Heilers, aus dem einfachen Grund, weil er über die Beweggründe des Chirurgen und die Risiken, die die Operation mit sich bringt, nicht unterrichtet ist. Es ist das Bestreben der Geistheilung, nach Möglichkeit Operationen zu vermeiden, jedoch muss ein Heiler anerkennen, dass in manchen Fällen Operationen unumgänglich sind, etwa bei akuter Blinddarmentzündung oder eingeklemmtem Leistenbruch.

Hofft ein Patient, eine Operation durch Geistheilung zu umgehen, so muss der Heiler seine Worte besonders abwägen, besonders wenn er das Gefühl hat, die Operation könne sich für den Patienten nachteilig auswirken oder gar tödlich ausgehen. Es steht einem Heiler nicht zu, irgendwelche Versprechungen oder Voraussagen über die Möglichkeiten der Geistheilung zu machen. Dies gilt nicht nur für schwere, sondern ebenso für leichte Fälle. Der Heiler kann daher nur sagen, er hoffe, die Operation werde sich durch die Geistheilung erübrigen, Entscheidung und Verantwortung liegen aber beim Patienten und dessen ärztlichen Ratgebern.

Ist durch die Geistheilung eine merkliche Besserung eingetreten, hat der Schmerz aufgehört, oder sich ein Tumor verkleinert, dann soll der Patient bei seinem Arzt wieder vorstellig werden, und einen eventuellen Aufschub der Operation um eine Woche oder um zwei Wochen erbitten, um eine weitere Besserung abzuwarten. Mancher Arzt wird dem zustimmen, und so wird für das Wirken der Geistheilung Zeit gewonnen.

Ist eine Operation unvermeidbar, so kann der Kranke seinen Arzt um die Erlaubnis bitten, dass der Heiler ihn – sofern dafür noch Zeit ist – vor der Operation im

Krankenhaus besucht. Der Patient kann den Heiler ausserdem den Zeitpunkt der Operation wissen lassen. Dann wird sich der Heiler durch Fernbehandlung dafür einsetzen, dass die Operation ohne Schock und Komplikationen überstanden wird.

9. Krebs und andere Geschwülste, Leukämie

Vorbemerkung

Die Britische Vereinigung der Geistheiler widmet den Ursachen, der Vorbeugung und der Heilung des Krebses seit Jahren ein umfangreiches Forschungsprogramm. Sie vertritt die Auffassung, dass der Krebs eine psychosomatische Krankheit ist (vergleiche hierzu Kapitel 8 über die Zelle). Die Britische Vereinigung kommt zu dem Ergebnis, dass das Erreichen der seelischen Ausgeglichenheit für die Vorbeugung und die Heilung von Krebs entscheidende Bedeutung hat.

Der nachfolgende Abschnitt will dem Heiler vor allem Ratschläge für den Umgang mit dem Patienten geben und bezieht sich sowohl auf gutartige Tumore und Gewächse wie Zysten, Polypen, Kropf usw., als auch auf den Krebs.

In Grossbritannien – und auch in den meisten anderen Ländern – ist jede Werbung mit dem Anerbieten, Krebs zu heilen, verboten. Aber das Gesetz kann nicht die Fürbitte untersagen, geschehe sie als Fernheilung oder in Anwesenheit des Patienten. Ein Heiler, der in Ein-Stimmung mit der Jenseitigen Quelle der Heilungskräfte einem Kranken an der Stelle, die von Krebs befallen sein soll, die Hände auflegt und innerlich betet, dass die Geschwulst verschwinden möge, setzt sich keiner Strafverfolgung aus. Es sind, soweit dem Verfasser bekannt ist, niemals Anklagen gegen englische Heiler erhoben worden. Wer aber die „Heilung von Krebs" annonciert, oder ein Medikament gegen Krebs anbietet, macht sich strafbar.

Im Hinblick auf die gesetzlichen Vorschriften muss sich der Heiler schützen und den Patienten bei jedem Verdacht auf eine ernsthafte Erkrankung unbedingt zur ärztlichen Untersuchung schicken, insbesondere wenn der Kranke bisher überhaupt nicht in ärztlicher Behandlung steht. Manche Frauen scheuen sich davor, wegen eines Knotens in der Brust zum Arzt zu gehen, weil ihnen dann die übliche Prozedur einer Brustoperation und intensiver Bestrahlungen bevorsteht. Schon aus rechtlichen Gründen muss der Heiler hier raten, unbedingt das *Urteil* des Arztes einzuholen.

Ob der Patient den Rat des Heilers befolgt, muss man ihm selbst überlassen, ebenso wie auch nur er entscheiden kann, ob er den Rat seines Arztes befolgen will.

Die Auflösung von Tumoren

Kontaktbehandlung und Fernbehandlung sind bei Tumorleiden gleich erfolgreich. Bei der Kontaktbehandlung fühlt sich der Heiler als erstes in den Patienten ein: Er wird eins mit ihm. Dann legt er seine Hand auf die von dem Tumor befallene Körperstelle, und er wird das Gefühl haben, als wolle seine Hand mit dem Leib des Patienten verschmelzen. In Geistiger Ein-Stimmung bittet der Heiler nun um Auflösung und lässt die Finger leicht über den Tumor streichen, um ihn quasi auszuradieren. Der Heiler braucht keine „Wegwerfbewegungen" zu machen, die die körperliche Berührung unterbrechen würden, sondern es genügt, die ganze Zeit an die Bitte um Heilung zu denken.

Ein tastbarer Tumor wird daraufhin oft zurückgehen und sich weicher und weniger prall anfühlen. Kleine Geschwülste verschwinden oftmals völlig. Möglicherweise werden auch mehrere Heilungsbehandlungen erforderlich. Aber nach jeder Sitzung müsste der Tumor sich um einiges vermindern oder weicher werden. Seine Grösse kann übrigens schwanken, während die Geistheilung im Gange ist. Dies braucht den Heiler jedoch nicht zu besorgen, sondern er sollte in seinen Bemühungen für den Patienten fortfahren und die Hoffnung behalten, dass die Heilung eintreten wird.

Die Entfernung aufgelöster Geschwülste aus dem Körper

Unsere langjährige Beobachtung hat uns gezeigt, dass den Jenseitigen Heilungsführern verschiedene Möglichkeiten zur Entfernung der Geschwülste aus dem Körper offenstehen.

Bei Darmtumoren beobachten wir oft, dass auf die Fürbitte um Geistheilung hin eine ungewöhnlich starke Stuhlentleerung erfolgt, die sich nicht als normale Ausscheidung deuten lässt. Danach tritt eine sofortige Besserung ein, selbst bei Patienten, deren naher Tod zu erwarten war. Andere Patienten reagieren auf die Geistheilung mit starken Schweissausbrüchen unter den Armen, in der Leistengegend und insbesondere an Händen und Füssen, was mitunter sogar zu Wundsein führt und mehrere Tage anhalten kann. Bei Tumoren im Brust-, Hals- und Oberbauchbereich kann es zum Erbrechen grosser Mengen eigenartiger Massen kommen.

Alles das sind Zeichen, dass sich der Tumor auflöst. Wir erklären uns diese Ausscheidungen damit, dass die Jenseitigen Heilungsführer auf eine uns unbekannte Weise die Geschwulst abzutragen und aus dem Körper heraus zuleiten verstehen.

Wir besitzen reiches, von der parapsychologischen Wissenschaft bestätigtes Beweismaterial, dass die Jenseitigen Führer Kräfte einzusetzen verstehen, die eine Veränderung des Zustandes der Materie bewirken können, wie zum Beispiel beim Apport. Bei diesem PSI-Phänomen wird ein Gegenstand aus seinem materiellen Zustand in einen anderen überführt, der unseren Naturgesetzen nicht mehr unterworfen ist, und kann so innerhalb eines Augenblickes von einem weit entfernten Ort in den Seance-Raum hineingebracht werden. Physikalische Einflüsse wie Reibung und Wärme beeinflussen ihn nicht. Er durchdringt feste Wände und wird vor den Augen der Seance-Teilnehmer in seinen ursprünglichen physikalischen Zustand zurückverwandelt.

Es ist zweifelsfrei bezeugt worden, dass auch lebende Fische und Vögel apportiert wurden. Der Prima-facie-Beweis spricht also dafür, dass jede Form von Materie, also auch organisches Gewebe, auf paranormalem Wege derart umwandelbar ist.

Vermutlich spielen solche Vorgänge bei der Auflösung von Geschwülsten durch Geistheilung eine Rolle.

Nach meiner Erfahrung sprechen Zysten und Fettgewebe nur allmählich auf die Geistheilung an, und es findet nicht jene schnelle Auflösung statt, die wir bei Kropfbildungen und Krebsgeschwülsten beobachten können. Hier müssen Heiler und Patient Geduld haben.

Da innere Geschwülste schwer zu ertasten sind, lässt sich in diesen Fällen schwer nachweisen, ob eine Besserung eingetreten ist. Hier sind das Nachlassen von Schmerzen und Beschwerden, eine Gewichtszunahme, und die oben beschriebenen starken Ausscheidungen Zeichen für die beginnende Heilung. Es ist dem Patienten einzuschärfen, dass er sich an alle elementaren Gesundheitsregeln hält, das heisst, auf eine geregelte Verdauung und auf Sauberkeit achtet, sich heisse Bäder und dergleichen zubereitet, um das Blut und die Ausscheidungsorgane bei der zusätzlichen Aufgabe zu unterstützen, die ihnen bei diesem Heilverlauf zufallen.

Eine fortgesetzte Betreuung des Patienten ist erforderlich

Bei Krebs und Leukämie können wir schon einiges über den vermutlichen Verlauf der Heilung aussagen. Bei Leukämie zum Beispiel kann bereits an dem Tage, an dem mit der Geistheilung begonnen wird, mit einer Besserung der Blutwerte gerechnet werden. Die Ärzte bezeichnen solche Besserungsperioden als nur vorübergehend. Sie erwarten einen Rückfall spätestens innerhalb von zwei Jahren. *Es ist äusserst*

wichtig, dass die Geistheilungsbehandlung laufend fortgesetzt wird, um etwaige Rück-
fälle zu vermeiden oder aufzufangen.

Bei manchen Kindern hiess es, dass sie in wenigen Wochen an Leukämie sterben müssten - aber sie lebten noch viele Jahre. Daraufhin hörten die Eltern auf, das Kind zum Heiler zu bringen, oder ihm regelmässig zu berichten. Oft hörten wir später, dass solche Kinder an einem neuen Ausbruch der Krankheit gestorben sind. Dies hätte vielleicht vermieden werden können, wenn die Eltern die Verbindung mit dem Heiler aufrechterhalten hätten.

Ärztliche Behandlung und Geistheilung ergänzen einander bei der Leukämie. Denn der Heiler kann Massnahmen, wie etwa Bluttransfusionen, nicht vornehmen. Und die Ärzte können nicht jene aus dem Jenseits stammende Hilfe vermitteln, die mit ihren Kräften den Lebensmut des Patienten hochhält und seine körperliche Selbststeuerung zur Erneuerung des Blutes anregt.

Es wird sich immer bewähren, dem Patienten das gezielte Atmen zu empfehlen, sowohl bei Leukämie als auch bei allen Arten von Krebs. Der Patient soll durch bewusstes Atmen mehr Sauerstoff und zusätzliche kosmische Kraft, Stärke und Heilungsenergie aufnehmen und beim Ausatmen bewusst nicht nur die verbrauchte Luft, sondern auch „die Krankheit" ausstossen. So wird der Körper angeregt, sich von schädlichen Stoffen zu reinigen und widerstandsfähiger zu werden, und vor allen Dingen wird der Patient zu einem bewussten Mitarbeiten hingeführt. Auch die Angehörigen sollten sich an diesem Atmen beteiligen. Damit leisten sie dem Patienten Gesellschaft und helfen ihm, bei den Atemübungen nicht nachlässig zu werden.

Im Falle einer Besserung sollte sich der Patient nochmals *ärztlich untersuchen lassen.* Dies ist vor allem wichtig, falls eine Operation angesetzt worden ist.

Es gibt nur wenige Krankheiten, bei denen sich die Diagnose infolge Geistheilung grundlegender ändert, als beim Krebs. Den Ärzten fehlt jedesmal eine Erklärung für die eingetretene Besserung. Der Prozentsatz von Krebsheilungen mag nicht sehr hoch sein, doch kommen diese Heilungserfolge wieder und wieder vor, und werden von den Ärzten bestätigt. Die Mediziner nennen solche Heilungen „Spontanremissionen" Sie schreiben dann in ihren Arztbericht: „Die Natur hat sich auf unerklärliche Weise und entgegen allen medizinischen Erwartungen selbst geholfen." Dies ist nichts anderes als eine Umschreibung für einen Geistheilungserfolg.

Leider wird der Heiler oft erst in einem *sehr späten Stadium* zu Hilfe gerufen, wenn der Kranke nach dem Urteil der Ärzte nicht mehr lange zu leben hat, weil zum Beispiel eine diagnostische Operation eine nicht mehr zu operierbare Krebserkrankung erwiesen hat. Selbst in diesen extremen Fällen kommen Heilungen vor, allerdings wesentlich seltener als im Anfangsstadium der Krankheit. Auf jeden Fall aber beginnt den Patienten ein Gefühl innerer Stärke zu erfüllen. Seine Angst weicht und er findet Schlaf, um ruhig und in Frieden hinüberzuwechseln. Dann heisst es oft, die Geistheilung habe versagt. Aber dem Patienten wurde mehr Hilfe zuteil, als man in Worten ausdrücken kann.

Solche Schwierigkeiten werden den Heiler oft bedrücken, wenn er im Falle von fortgeschrittenem Krebs die Jenseitige Welt um Geistheilung bittet. Nach Meinung des Arztes muss der Patient sterben, und dieser wird darum unter Morphium oder andere starke Drogen gesetzt. Mir hat ein Doktor einmal gesagt: „Dieser Mann muss sowieso sterben. Es spielt keine Rolle, ob er am Krebs oder an einer Morphiumvergiftung stirbt." Die fortgesetzte Verabreichung von Morphium kann nicht nur der Geistheilung entgegenwirken, sondern tatsächlich den Tod des Patienten herbeiführen.

Eine Droge ist nur dazu da, die Schmerzen zu lindern. Verliert der Patient seine Schmerzen jedoch durch die Geistheilung, dann darf er selbst oder dürfen seine Angehörigen durchaus verlangen, dass das Morphium abgesetzt wird. Dadurch wird der Geistheilung Gelegenheit zu weiterem Wirken gegeben.

10. Augenkrankheiten

Es gibt sehr viele verschiedene Augenkrankheiten, so dass wir nicht genau sagen können, auf welche Weise sich die Geistheilung jeweils vollzieht. Die Erfolge sind im Allgemeinen gut.

Ganz besonders bei Augenkrankheiten gilt, dass sich keine zwei Fälle gleichen. Beim Grauen Star zum Beispiel geht die Linsentrübung bei einem Fall sehr schnell zurück, bei einem anderen, der viel leichter erscheint, dagegen wesentlich langsamer. Es gibt auch Fälle, wo keine Besserung eintritt.

In fast allen unseren „Heilungssprechstunden" in Shere werden wir von Augenkranken aufgesucht. Meist sind es Personen über fünfzig, doch erstaunlich oft auch junge Menschen. Auf Grund des äusseren Eindrucks erschien manche Behandlung aussichtslos, besonders bei Augen, die völlig verwaschene Konturen hatten. Dennoch geschah zuweilen das scheinbar Unmögliche: der Patient begann wieder zu sehen – zuerst nur undeutlich, doch bei Fortsetzung der Fernbehandlung immer besser und klarer.

Vielen Patienten kann durch eine Augenoperation geholfen werden. Diese Kranken kommen nicht zu uns. Nach meiner Erfahrung wird das Wirken der Geistheilung jedoch erschwert, wenn die Augen mit ihrer empfindlichen Aufgabe und Struktur bereits eine Operation hinter sich haben.

Ich unterscheide bei den Augenleiden solche, deren Ursache vorwiegend im Psychischen liegt und solche, die mehr organischer Natur sind, wie zum Beispiel der Graue Star. Bei der ersten Gruppe erzielt die Geistheilung meist gute Erfolge, oft sogar völlige Heilung. Die zweite Gruppe erweist sich als problematischer. Es gibt noch die dritte Gruppe der altersbedingten Sehschwäche. Hier kann die Geistheilung den Alterungsprozess zwar nicht rückgängig machen, aber häufig aufhalten.

Die *Bindehautentzündung* (Conjunctivitis) ist ein weit verbreitetes Augenleiden. Sie spricht gut auf Geistheilung an, und wir beobachten einen Rückgang des Tränens und der Rötung.

Auch beim *Grauen Star* (Katarakt) beobachten wir oft gute Erfolge und einen allmählichen Rückgang der Linsentrübung. Es ist ein Wunder, wie die Geistheilung bei einem so überaus fein gebauten Organ wie dem Auge nur die krankhaften Gewebsveränderungen erfasst, und die übrigen Zonen unberührt lässt.

Bei *Regenbogenhautentzündung* (Iritis) und *nervösem Augenzwinkern*, das oft zu Doppeltsehen führt, kann vielfach durch Geistheilung geholfen werden. Mit den nervösen Spannungen verschwinden zugleich die Augenbeschwerden.

Schwieriger ist der Fall der *Netzhautablösung*, die sehr schmerzhaft ist. Im Anfangsstadium tritt häufig völlige Wiederherstellung ein, oder zumindest verringern sich die Schmerzen und das Lichtblitzen. Ist aber eine Operation vorausgegangen, so kann die Geistheilung selten etwas ausrichten.

Folgezustände nach Blutungen lassen sich ebenfalls rückgängig machen. Sie müssen aber längere Zeit durch Geistheilung betreut werden.

Der *Grüne Star* (Glaukom) bedarf als letztes noch der besonderen Erwähnung. Er tritt meist bei Menschen in vorgerücktem Alter auf, und lässt sich im Anfangsstadium oft überwinden.

Allen Patienten mit Augenleiden rate ich dringend, Überanstrengung der Augen und helles Licht zu vermeiden. Ebenso wichtig sind eine richtig angepasste Brille und eine regelmässige Kontrolle durch den Augenarzt.

Viele Patienten, die über Sehschwäche, Verschwimmen der Bilder oder Augenschmerzen klagen, geben auf Befragen an, dass sie in ihrem Beruf die Augen ständig durch Präzisionsarbeiten überanstrengen. Solange solche Ursachen weiterwirken, können sich die Augen nicht bessern. Einen verletzten Arm schonen wir, unsere Augen aber kaum. Leider muss ich feststellen, dass die meisten Menschen lieber ihre Augen ruinieren, als dass sie ihren Arbeitsplatz wechseln. Lässt sich die Naharbeit nicht umgehen, so rate ich dem Patienten, so oft wie möglich zwischendurch in die Ferne zu schauen.

Schwierigkeiten können auch dann entstehen, wenn der Augenarzt nach gründlicher Untersuchung zu dem Urteil gelangt ist, dass eine Besserung nicht zu erwarten sei. Wenn der Patient den Eindruck hat, dass sich seine Augen durch Geistheilung gebessert haben, so kann sich der Augenarzt das vielleicht nicht vorstellen und lehnt die Anpassung einer neuen Brille ab. In diesem Fall ist dem Patienten zu raten, sich einem anderen Augenarzt zu suchen und sich eine neue Brille verordnen zu lassen, die für das Auge schonender und hilfreicher ist.

So erging es einer Patientin, die ihr Augenlicht durch einen Schlag verloren hatte und behördlich als blind anerkannt war. Sie erlangte ihr Augenlicht durch Geistheilung zurück. Dies wollte der Augenarzt nicht wahrhaben und lehnte das Anpassen einer Brille ab, da dies wegen der anerkannten Blindheit überflüssig sei.

Ein weiterer Fall sei in diesem Zusammenhang erwähnt, den ich der Britischen Ärztekommission vorlegte, die sich seinerzeit mit der Untersuchung der Geistheilung befasste. Er betraf einen Blinden, der nach fünfzig Jahren sein Augenlicht durch Geistheilung wiedererlangte. Er hatte nun eine Weitsichtigkeit. Sein behandelnder Augenarzt sprach von einem Wunder und bescheinigte ihm ein perfektes Sehvermögen bei ganz normalem Augenbefund.

Die Ärztekommission bezeichnete die Heilung als Suggestion: Der Patient habe wieder zu sehen begonnen, als man ihn anwies, doch richtig hinzuschauen. Diese Stellungnahme wurde veröffentlicht in der Britischen Ärztezeitschrift (British Medical Journal) vom 4. Dezember 1954. Ob man es glaubt oder nicht: Die Ärztekommission stellte die Behauptung auf, ein Patient, der seit fünfzig Jahren an einer Linsentrübung und -verschiebung litt, brauche von mir nur eingeredet zu bekommen, er könne wieder sehen! Ist es nicht seltsam, dass es Ärzte gibt, die nicht „sehen" wollen?

11. Schwerhörigkeit und Ohrgeräusche

Am liebsten erzähle ich folgende Geschichte von der Heilung einer Taubheit, die sich vor einiger Zeit zugetragen hat. Es handelte sich um eine Patientin, die als Kind ihr Gehör völlig verlor, weil ihre Mutter ihr zu heisses Öl in die Ohren geträufelt hatte.

Unsere Hoffnung auf Heilung war nicht sehr gross, nachdem sie so lange Jahre taub gewesen war, und der Unfall im Kindesalter das Gehör anscheinend zerstört hatte. Da aber nicht wir zu entscheiden haben, wie weit die Macht der Jenseitigen Heilungskräfte reicht, erbaten wir Heilung für die Patientin.

Am selben Abend um zehn Uhr klopfte es, und herein stürzte jene Frau in äusserster Erregung. Alles, was sie hervorbringen konnte, war: „Ich kann hören! Ich kann hören!"

Sie suchte mich einige Tage später nochmals auf, und nun kommt die Pointe der Geschichte. Sie arbeitete in einer Wäscherei und dies war ihr Kommentar: „Ich hätte nie gedacht, dass Mädchen derart fluchen können."

Unsere Ohren selber hören nicht. Sie empfangen nur die Schallwellen und leiten sie über das Trommelfell, die Gehörknöchelchen und die empfindsamen Gehörnerven dem Gehirn zu, wo die Schwingungen in eine bewusste Wahrnehmung umgeformt werden. Wie bei allen anderen Krankheiten hängt die Heilung bei Ohrenleiden vom individuellen Fall und seiner Ursache ab.

Schwerhörigkeit kann verschiedene Ursachen haben. Bei einem grossen Loch im Trommelfell besteht medizinisch gesehen keine Möglichkeit der Heilung. Und dennoch beobachten wir gerade hier sehr häufig die allmähliche Wiederherstellung des Gehörs, indem sich die Trommelfellperforation schliesst. Dies ist nicht weiter verwunderlich, wenn wir daran denken, dass auch Wunden und Knochenbrüche bereitwillig unter dem Wirken der Geistheilungskräfte verheilen.

Eine andere weitverbreitete Ursache der Schwerhörigkeit ist der Tubenkatarrh, bei dem die Gehörknöchelchen durch einen Erguss im Mittelohr nicht mehr frei schwingen und die Schallwellen auf das Innenohr übertragen können. Auch bei der Otosklerose finden wir eine Blockierung der so wichtigen Gehörknöchelchen infolge einer Verkalkung. Die Geistheilung kann diese Fremdstoffe im Ohr auflösen, und die Hörfähigkeit nimmt wieder zu. Die Heilung benötigt hier allerdings eine gewisse Zeit.

Häufiger beruht die Schwerhörigkeit auf einer Schwäche der Gehörnerven im Innenohr. Ist dies die Folge einer psychischen Belastung, so werden die Gehörnerven ihre Funktion wieder aufnehmen, wenn der allgemeine Nervenzustand durch Geistheilung beruhigt und gestärkt wird. Liegt die Ursache in einer starken Lärmeinwirkung, zum Beispiel einer Explosion, so lässt sich die Schwerhörigkeit meist nicht durch Geistheilung bessern.

Meistens lässt das Gehör mit zunehmendem Alter nach, infolge einer Abnutzung unseres empfindlichen Gehörorgans. Alle Körperfunktionen büssen im Alter ihre Spannkraft ein. Dies lässt sich auch durch Geistheilung nicht rückgängig machen. Es kann jedoch oft – sofern der Allgemeinzustand des Patienten dies zulässt – eine weitere Verschlechterung des Gehörs aufgehalten werden, wenn der Heiler die Hände auf die Ohren des Schwerhörigen legt, und von seinen Jenseitigen Heilungshelfern eine Hörverbesserung erbittet.

Manche Ursachen der Schwerhörigkeit sind uns noch unbekannt. Es kommt zum Beispiel jemand zu uns, der nur auf einem Ohr taub ist. Wenn hier eine Heilung eintritt, so haben wir es mit einem jener Wunder zu tun, die wir nicht erklären können.

Ich denke hier an den Fall eines Pfarrers, der um Geistheilung für die nachlassende Hörfähigkeit seines rechten Ohres bat, in dem er ein Hörgerät trug. Das linke Ohr war seit dreissig Jahren stocktaub und er hatte den Gedanken aufgegeben, dass sich hieran je etwas ändern würde. Nach dem Handauflegen auf beide Ohren konnte er mit dem tauben linken Ohr wieder alles hören, sogar Flüstersprache. Als er das Hörgerät ins rechte Ohr zurücksteckte, empfand er die Geräusche im Raum als ohrenbetäubend. Wie bei allen anderen Leiden können wir auch bei den Ohren nie voraussagen, ob eine Gesundung eintreten wird - und doch ist dem Guten keine Grenze gesetzt, das durch Geistheilung geschehen kann.

Mit der Schwerhörigkeit gehen die *Ohrgeräusche* einher, die sehr quälend sind. Ein dauerndes Sausen, Pfeifen, Dröhnen oder Krachen bringt den Patienten an den Rand seiner Nerven. Auch hier hängt die Wirksamkeit der Geistheilung von der Ursache des Leidens ab. Ein Zischen infolge einer Trommelfellperforation verschwindet, sobald das Loch sich schliesst. Die meisten Ohrgeräusche sind jedoch nervös bedingt - eine Folge von Sorgen und Ängsten - und gehen mit Kopfschmerzen und Neuralgien einher. Sie sprechen auf die Geistheilung an, doch wird dies bestimmt längere Zeit in Anspruch nehmen. Eine Sofortheilung habe ich bei Ohrgeräuschen nur selten beobachten können. Sie werden erfahrungsgemäss nur allmählich leiser, und es treten längere Pausen auf, in dem Masse, wie sich auch die nervösen Spannungen des Patienten lösen. Solche Patienten müssen besonders vor Aufregungen bewahrt und zu einer zuversichtlicheren Grundstimmung hingeführt werden, damit es zu keinem Rückfall kommt.

Der Patient selbst kann besonders auf zwei Arten zu seiner Hörverbesserung beitragen. Im Gespräch mit einem Schwerhörigen beobachten wir, wie er mit angestrengten Augen auf unseren Mund schaut, um die Worte abzulesen. Seine Anspannung führt zu einer inneren Verkrampfung, in der die Gehörnerven die Schallempfindung nicht mehr ungehindert dem Gehirn zuleiten können. Ich rate daher jedem Patienten, passiv und entspannt zuzuhören, damit er das Gesprochene umso leichter aufnehmen kann.

Als zweites soll der Patient das selektive Hören üben. Wir wissen, dass das schwächere Ohr mehr und mehr nachlässt, gewöhnen wir uns an, nur mit dem anderen zu hören. Ausserdem findet sich unser Bewusstsein allmählich mit dem Wenigen ab, das es über die Gehörnerven übermittelt bekommt. Das Hören muss daher trainiert werden.

Ich pflege meinen Patienten zu raten, sich Orchestermusik anzuhören. Dies sollten sie mit einem Transistorradio tun, das sie fest ans Ohr drücken, und die Lautstärke gerade so einstellen, dass sie ohne Schwierigkeit das ganze Klangbild gut hören können. Nun sollten sie versuchen, die einzelnen Instrumente ohne Anstrengung herauszuhören. Auf diese Weise lernen die Ohren, in die einzelnen Töne „hineinzusehen", und üben ihre Empfänglichkeit. Ist das eine Ohr schwächer, so soll der Patient dieses der Musik zuwenden und bewusst mit diesem hören, um es zu kräftigen.

Diese Übung ist auch hilfreich für denjenigen, dem das Unterscheiden einzelner Worte in der Unterhaltung schwerfällt. Der Patient sollte jedoch beachten, dass er jede Anspannung vermeidet und auch nicht versucht, die Instrumente oder Worte im Voraus zu erraten.

Ein Heiler wird oft auch um Behandlung anderer Ohrerkrankungen gebeten, zum Beispiel einer *chronischen Mittelohrentzündung*, oder Krankheiten, die mit dem Innenohr (Cochlea) zusammenhängen, wie zum Beispiel der *Menière-Krankheit*, bei der Schwindel, Kopfschmerzen und Ohrenklingen auftreten.

Die Anatomie des Ohres ist besonders fein und kompliziert. Es ist dem Heiler nicht zu raten, irgendwie in das Ohr hineinzugehen. Selbst die Entfernung von Ohrenschmalz muss er dem Arzt überlassen. Es ist für den Heiler vielleicht das Beste, die Hände nur leicht auf oder neben das Ohr zu legen, und um Heilung der Beschwerden zu bitten. Die Jenseitigen Heilungskräfte wirken, indem sie die Gehörnerven wiederbeleben und etwaige äussere Hindernisse beseitigen, die sich störend auf den Hörvorgang auswirken.

Kapitel 15

DAS FÜHREN EINER PRAXIS

Wenn sich der Heiler für den Empfang seiner Patienten einen besonderen Raum einrichtet – sei es in seiner Wohnung oder in seine Praxis, so soll er ihn so einfach wie möglich ausstatten. Dieser Raum soll der Behandlung des Patienten dienen und nicht das äussere Ansehen des Heilers mehren.

Die Möblierung richtet sich ganz nach dem persönlichen Geschmack des Heilers. Im Allgemeinen wirkt Einfachheit am besten. Zu grosser Aufwand und unnötiger Zierrat entsprechen nicht dem Bild, das sich der Patient von seinem Heiler macht. Ein heller, sauberer und ruhiger Raum weckt das Vertrauen des Patienten am ehesten. Es gehört der Vergangenheit an, in einem mit schweren Vorhängen verdunkelten Zimmer, oder bei rotem Licht zu praktizieren.

In England tragen Heiler oft einen weissen Kittel. Man sollte aber daran denken, dass nicht der Kittel jemanden zum Heiler macht! Er dient lediglich der Hygiene, und soll keine Uniform darstellen. Das Vertrauen des Patienten kann durch einen schmutzigen oder zerdrückten Kittel auf keinen Fall geweckt werden.

Früher glaubte man, der Heiler müsse sich nach jeder Behandlung die Hände waschen, um sich geistig von etwa anhaftenden Krankheitssymptomen zu reinigen. Dies hängt mit der damaligen Vorstellung zusammen, man könne die Aura eines Menschen behandeln. Heute hält man diese Praktik für falsch. Im Interesse der Hygiene sollte dem Heiler jedoch immer eine Waschgelegenheit zur Verfügung stehen.

Die Führung einer Krankenkartei empfiehlt sich aus doppeltem Grunde. Erstens kann der Heiler nicht alle, seine Patienten betreffenden Einzelheiten im Kopf behalten, und zweitens hilft sie dabei, Material über die Wirksamkeit der Geistheilung zusammenzutragen.

Eine eventuelle Sprechstundenhilfe muss eine sehr zuverlässige und ruhige Person sein, die es auch versteht, etwaige Zweifel der Patienten an der Geistheilung zu zerstreuen. Im Grunde beginnt die Behandlung bereits im Wartezimmer.

Die Behandlungsstätte des Heilers ist der Ort, an dem die Geistheilung mit der Öffentlichkeit in Berührung kommt. Wir als Heiler sind daher verpflichtet, diesem Ort eine heimelige und harmonische Atmosphäre zu geben, und nur unser Bestes zu leisten.

Für seine Dienste zu werben ist dem Heiler nicht gestattet. Insbesondere ist es verboten, bestimmte Heilungserfolge zu versprechen. Es besteht auch kein Anlass für Werbung. Wenn für einen Kranken der Zeitpunkt gekommen ist, dass er Geistheilung empfangen soll, wird er sich entweder selbst darum bemühen, oder er wird dahin geführt werden. Die beste Empfehlung ist die von Patient zu Patient.

Es ist dem Heiler verboten, in seiner Praxis irgendwelche *Medikamente* – zu denen auch Kräuter und homöopathische Mittel gehören – abzugeben oder zum Kauf anzubieten.

Es sprechen verschiedene Gründe dafür, dass sich *mehrere Heiler* in einem Zirkel oder einer Praxis zusammentun. Dem muss selbstverständlich eine Einigung der Heiler untereinander vorausgehen. Die meisten Heiler-Gruppen wählen einen Leiter, der die Patienten demjenigen Heiler, der sie jeweils am besten behandeln kann, zuweist. Es ist überaus wichtig, dass innerhalb der Gruppe Einigkeit besteht. Wenn es einem Heiler nicht länger möglich ist, mit seinen Kollegen harmonisch zusammenzuarbeiten, so soll er seinen Dienst an den Kranken lieber an anderer Stelle leisten, als durch persönliche Stimmungen und Launen das Wirken der Gruppe zu gefährden.

Kapitel 16

Sittliche Grundsätze für den Heiler

1. Der Eid des Hippokrates

Die Dinge, die uns in diesem Kapitel beschäftigen werden, sind praktizierenden Heilern bekannt, und sind für diese selbstverständlich. Ein Buch über Geistheilung wäre aber unvollständig, wollte man die Pflichten, die sich aus dem Vertrauensverhältnis zwischen Heiler und Patient ergeben, nicht erörtern.

Alle Mitglieder der Britischen Vereinigung der Geistheiler, die als Heiler praktizieren wollen, unterwerfen sich dem Eid des Hippokrates:

Ich schwöre, dass ich nach meinem besten Wissen und Gewissen dem Wohl meiner Patienten dienen will, und dass ich niemanden verletzen noch ihm Leid antun werde. Ich werde niemals ein Mittel verabreichen oder empfehlen, das den Tod herbeiführen kann, selbst wenn man mich darum bittet. Insbesondere werde ich keiner Frau bei einer Abtreibung helfen. Ich werde das Haus eines Kranken nur zu seinem Wohle betreten. Ich werde mich von jeder Missetat und jeder Bestechung fernhalten, insbesondere auch von jeder Verführung einer männlichen oder weiblichen Person, sei es durch Zwang oder freiwillig. Was ich auch immer anlässlich meiner Bemühungen um Kranke, oder auch unabhängig davon, aus dem Leben der Menschen erfahre, das nicht bekannt werden sollte, werde ich als heiliges Geheimnis betrachten und darüber Stillschweigen bewahren.

Dieser ehrwürdige und feierliche Schwur enthält alle sittlichen Grundsätze, die für ein Leben im Dienste des Heilens gelten.

2. Die Beziehung zwischen Heiler und Patient

Der Heiler untersteht, genauso wie der Arzt und der Priester, der *absoluten Schweigepflicht.* Unter keinen Umständen darf er das Vertrauen des Patienten missbrauchen. Im Laufe der Behandlung erfährt der Heiler manche begangenen Fehler oder gar Verbrechen. Er kann zwar – und hierbei wird er vielleicht durch seine Jenseitigen Heiler geführt – den Patienten beraten, was dieser zur Wiedergutmachung tun kann. An Dritte darf der Heiler vertrauliche Informationen jedoch nicht weitergeben. Besonders wenn der Heiler mehrere Mitglieder derselben Familie behandelt, muss er sorgfältig darauf achten, dass er jede ihm als Vertrauensperson gemachte Mitteilung strikt für sich behält.

Es ist ausserordentlich gefährlich, *Ratschläge* zu erteilen, die mit der Funktion als Geistheiler nichts zu tun haben. Ein Heiler muss sich ständig prüfen, ob seine Hinweise, die er gibt, wirklich aus einer Jenseitigen Quelle stammen – und nicht aus seinem eigenen Ich entspringen. Selbst wenn er sicher ist, dass die empfangenen Gedanken, die er an den Patienten weitergibt, von seinem Jenseitigen Heilungsführer stammen, sollte der Heiler abwägen, ob er sich damit nicht in das Leben und in die höchstpersönlichen Probleme des Patienten einmischt. Der oberste Grundsatz in der Heiltätigkeit muss bleiben, den Patienten die Lösung seiner Probleme selber finden zu lassen. Denn es ist gerade die Stärke der Geistheilung, dass sie tiefer wirkt als Worte und es nicht erforderlich ist, wie bei der psychiatrischen Behandlung, das Kernproblem des Patienten zu analysieren.

Es besteht keinerlei Grund, dass ein Patient sich für die Behandlung auszieht. Man lässt ihn höchstens zur besseren Bequemlichkeit Jacke oder Mantel und Schuhe ablegen, aber nichts weiter. Es hatten sich in der Vergangenheit zuweilen Unannehmlichkeiten ergeben, als ein Heiler ganz unbefangen das Ausziehen verlangt hatte. Die Aufforderung an den Patienten, ein Kleidungsstück abzulegen, ist deshalb unbedingt zu vermeiden!

Wenn ein Heiler Patienten des anderen Geschlechts zu behandeln hat, ist es wünschenswert, eine *dritte Person* hinzu zuziehen. Dies wird nicht immer möglich sein, doch sollte zumindest jemand in der Nähe sein, der gerufen werden kann. Muss ein männlicher Heiler bei einem Hausbesuch eine Patientin in ihrem Schlafzimmer behandeln, so sollte unbedingt deren Ehemann oder eine weibliche Person anwesend sein. Auch Ärzte rufen möglichst eine Schwester herbei, wenn sie Frauen untersuchen müssen.

Diese Verhaltensregeln sind keine strengen Gesetze, die keine Ausnahme zuliessen, doch sollte sie der Heiler im Interesse seines guten Rufes befolgen.

3. Der Umgang mit der Presse

Gelegentlich werden Vertreter der Presse oder des Fernsehens an den Heiler herantreten. Leider sehen Reporter allzu häufig ihre Aufgabe darin, etwas Sensationelles zu berichten, und versuchen so, den Heiler zu einer allgemeinen Werbung für die Geistheilung zu veranlassen. In einem Interview spricht ein Heiler nicht nur für sich, sondern für die ganze Heilerschaft. Er muss sachlich bleiben, damit nicht in der Öffentlichkeit der Eindruck entsteht, Geistheiler seien Schwindler oder „Spinner".

Unter keinen Umständen dürfen Reporter Namen oder Adressen von Patienten ohne deren vorherige Erlaubnis erfahren. Patienten erwarten von ihrem Heiler mit Recht denselben Vertrauensschutz wie bei ihrem Arzt.

4. Geistheilung und Gesetz

Anmerkung des Verlages:

In der Übersetzung des Buches von 1974 wird die Gesetzeslage für Geistheilung in Grossbritannien beschrieben, wie sie zu jener Zeit war, als Harry Edwards praktizierte. Jener Abschnitt erscheint deshalb in dieser Neuauflage nicht mehr.

Heute tätigen Heilern wird dringend empfohlen, sich nach den jeweiligen gesetzlichen Bestimmungen für die Ausübung ihrer Tätigkeit zu erkundigen.

An dieser Stelle sei nochmals auf die Ausführungen im Vorwort hingewiesen, wonach in der heute praktizierten Geistheilung jegliche Manipulation an den Patienten verboten ist. Dazu sind nur medizinisch ausgebildete Personen befugt. Ein Geistheiler soll seine Patienten während der Heilbehandlung prinzipiell nicht berühren.

5. Die Zusammenarbeit zwischen Ärzten und Heilern

Geistheilung und Medizin ergänzen einander, und es wäre wünschenswert und im Interesse der Patienten, wenn alle, die mit der Krankenbehandlung zu tun haben, eng und verständnisvoll zusammenarbeiten würden.

Viele Ärzte haben heute schon Verständnis für die Arbeit der Geistheiler und bemühen sich aufrichtig, sie zu unterstützen. Für die meisten Ärzte aber ist die Geistheilung bisher noch recht suspekt. Vom Standpunkt der naturwissenschaftlich geschulten Mediziner aus, hinter denen ein mindestens sechsjähriges Studium liegt, sind Geistheiler unqualifiziert und – um ein hartes Wort zu gebrauchen – Quacksalber. Für diese Ansicht muss ein Heiler Verständnis aufbringen, will er die Sache der Geistheilung fördern, und eine faire und aufgeschlossene Zusammenarbeit mit anderen Heilberufen erreichen. Das Ziel muss sein, für immer mehr Menschen die Möglichkeit einer gleichzeitig geistigen und medizinischen Behandlung zu eröffnen.

Geistheiler sind daher keine Gegner der Medizin. Sie bemühen sich stets um engeren Kontakt und eine Zusammenarbeit mit der Ärzteschaft. Sie raten niemandem ab, ärztliche Hilfe in Anspruch zu nehmen. Denn es wäre unverantwortlich, einen Kranken von den Errungenschaften der Medizin auszuschliessen.

Manche Patienten, zum Beispiel Frauen mit einem Knoten in der Brust, scheuen sich, zum Arzt zu gehen, oder ihm alle Beschwerden mitzuteilen, um nicht die Diagnose für eine Operation zu bekommen. Wenn der Heiler so etwas erfährt, muss er dem Kranken raten, wenigstens das *Urteil* eines Arztes einzuholen. Andernfalls geraten der Heiler und die gesamte Geistheilung in die Kritik, und der Heiler kann sogar zur Verantwortung gezogen werden, falls der Patient stirbt, ohne ärztlich betreut worden zu sein.

In solchen Fällen sollten Geistheilung und ärztliche Behandlung nebeneinander einhergehen. Ein Heiler sollte nicht den Ehrgeiz haben, den Kranken unbedingt selber heilen zu wollen. Die Hauptsache ist, dass der Patient so schnell wie möglich gesund wird, und es ist gleichgültig, wem dieser Verdienst schliesslich zufällt.

Eine der wichtigsten Voraussetzungen für eine Zusammenarbeit mit den Ärzten ist, dass der Geistheiler niemals seinen Aufgabenbereich überschreitet. Es ist nicht seine Aufgabe, dem Patienten Medikamente zu empfehlen, oder zu Ratschlägen der Ärzte Stellung zu nehmen. Er könnte sonst leicht in Konflikt mit den anderen Heilberufen geraten.

Erst wenn einem Patienten von den Ärzten gesagt wird, dass er an einer „unheilbaren" Krankheit leide, und sie nichts mehr für ihn tun könnten, erübrigt es sich, weitere medizinische Behandlung zu empfehlen.

Immer mehr englische Ärzte schicken ihre Patienten zum Geistheiler oder geben ihre Zustimmung, dass gleichzeitig durch Geistheilung behandelt wird. Auch Krankenhäuser lassen ihre Patienten im Krankenwagen zum Heiler bringen. Heiler, die von der Britischen Vereinigung der Geistheiler anerkannt sind, haben zu über 1500 englischen Krankenhäusern Zutritt, um dort mit Zustimmung des behandelnden Arztes durch Handauflegen zu heilen. Andererseits erkennen die offiziellen ärztlichen Standesorganisationen Grossbritanniens die Geistheilung bisher nicht an.

Wenn ein Arzt mit einem Heiler zusammenarbeitet, so sollte der Heiler darüber Stillschweigen bewahren, und das Vertrauen des Arztes nicht missbrauchen, denn dieser setzt sich der Diffamierung durch seine Kollegen aus. Eine Indiskretion des Heilers kann einen Arzt dessen Existenz kosten.

6. Die Verantwortung des Heilers gegenüber seiner Heilungsgabe

Auf Geistigem Wege heilen zu können, ist eine Gabe Gottes. Sie wird allen gewährt, die sich um sie bemühen. Der Heiler trägt die grosse Verantwortung dafür, dass er ein reines Gefäss bleibt, und in Demut und Hingabe seinen Dienst an der Menschheit tut. Er darf nie vergessen, dass er nur ein „Kanal" ist, durch den die Liebe Gottes zu Menschen aller Rassen, Hautfarben und Religionen fliessen will.

Kapitel 17

DIE BEDEUTUNG DER GEISTHEILUNG
IN DER ZUKUNFT

Die Geistheilung erreicht mit ihren Leben spendenden Kräften unzählige Menschen und vermag selbst solche Kranke zu heilen, für die die medizinische Wissenschaft nichts mehr tun kann. Die Geistheilung hat sich in den Dienst der vornehmsten aller Aufgaben gestellt, nämlich dem Menschen Glück und Gesundheit zu bringen.

Es wird von ärztlichen Autoritäten wie auch von Geistheilern anerkannt, dass die meisten Krankheiten psychosomatischer Natur sind.

Wenn seelische Spannungen und Unausgeglichenheit rechtzeitig erkannt werden, können sie durch die heilenden Einflüsse der Geistheilung überwunden und durch neue Lebensinhalte ersetzt werden.

Auf diese Weise werden wir eines Tages Krankheiten vermeiden und insbesondere dem Ausbruch von immer mehr um sich greifenden Krebserkrankungen vorbeugen können. Dies ist das grosse Ziel, das die Geistheilung erreichen will.

Wer kann beziffern, wie viele Menschen bereits durch Geistheilung vor Krebs bewahrt worden sind, weil die Jenseitigen Heilungsführer die im Innern quälenden Spannungen rechtzeitig ausgeglichen haben? Es gibt hierüber keine Statistik. Ich gehe so weit zu behaupten – und stütze mich dabei auf meine persönliche Beobachtung – dass sich bei keinem Patienten Krebs entwickeln wird, der wegen irgendeines anderen Leidens Geistheilung empfängt.

In diesem materialistischen Zeitalter erfüllt die Geistheilung eine noch grössere Aufgabe. Die Menschheit hat noch einen weiten Weg der Entwicklung vor sich. Zu diesem Mündigwerden wird die Geistheilung bedeutend beitragen. Denn sie erbringt den Beweis, dass die lebende Kreatur in dieser irdischen Lebensphase eng mit dem Jenseitig-Geistigen verbunden ist. Diese Tatsache hat für den Menschen unausweichliche Konsequenzen. Er muss eine mehr geistige Werteordnung für seine Lebensführung entwickeln, sowohl im engsten Bereich als auch in den internationalen Beziehungen. Krieg, Armut, Tierquälerei und alle weiteren menschenunwürdigen Dinge müssen als Unrecht erkannt und verbannt werden.

Seitdem wir das Wesen der Energien verstehen lernen, die im Atom beschlossen sind, wird unserem Verstand auch das Geistheilungsgeschehen fassbarer. Die neueren naturwissenschaftlichen Erkenntnisse können übrigens vergleichsweise zur Erläuterung der Gesetze herangezogen werden, die für die Geistheilung gelten. Denn wie wir gesehen haben, werden auch bei ihr Energien vorausberechnet und gezielt eingesetzt.

Man möchte meinen, die Gesetzmässigkeiten der Geistheilung hätten wenig zu tun mit den Geheimnissen der Atomkraft. Aber alle diese Erscheinungen dienen letztlich der Erfüllung desselben guten Zwecks. Erst seit wir seit einigen Jahren wissenschaftlicher an die Erfassung der Phänomene rings um uns herangehen, erkennen wir, dass es auf die geistige Betrachtungsweise ankommt. Ohne unser neuzeitliches Wissen über die elektrischen und atomaren Energien würde die Erklärung des Wunders, dass wir eine Seele haben und Geistiges Heilen möglich ist, so viel schwerer fallen. Nur weil wir uns aus der Unwissenheit emporgearbeitet haben, können wir ermessen, dass sich in den Wunderheilungen des Neuen Testaments dieselben Heilungskräfte offenbaren, denen wir noch heute begegnen. Vielleicht lag die wahre Religion so lange brach, weil unser Wissen nicht ausreichte, die Geistige Seite der Heilung glaubhaft zu machen. Nur im Bereich der Künste und auf dem mühsamen Wege von Reform und Toleranz vollzog sich die Ausgiessung des Heiligen Geistes. Nahezu zweitausend Jahre mussten vergehen, ehe wir auf dem Umweg über die Erforschung der Materie die Existenz und die Wirksamkeit des Geistigen zu erfassen beginnen.

Echte Moralgesetze können wir nur aufstellen und unser Leben auf die Höhere Wahrheit ausrichten, wenn wir anerkennen, dass es sowohl materielle als auch Geistige Kräfte gibt.

Die Geistheilung wird nach und nach ihren Siegeszug antreten. Sie wird sich immer weiter vervollkommnen und - so Gott will - den Menschen wahrhaft gesunden lassen, wenn er sich als ein Geistiges Wesen erkennen wird.

Biographie

Harry Edwards: Der grosse Heiler

Harry Edwards wurde 1893 in eine Familie mit 9 Kindern in London geboren. Sein Vater war von Beruf Buchdrucker und seine Mutter ursprünglich Schneiderin. Als junger Mann begann Harry eine 7-jährige Buchdrucker-Lehre und fand Interesse an der Politik - ein Interesse, welches ihn während vieler Jahre fesselte.

Nach der Lehre meldete er sich im Jahre 1914 beim Militär, dem Royal Sussex Regiment, um seinem Land während des 1. Weltkrieges zu dienen. Er wurde ins Feld abkommandiert, stieg in den Rang eines Hauptmanns auf und wurde dann in den Mittleren Osten gesandt, um einen Aufsichtsposten bei ortsansässigen Arbeitern zu übernehmen, welche die Aufgabe hatten, für die Eisenbahn eine Verbindung zwischen zwei Streckenabschnitten zu bauen, welche von Bagdad nach Mosul führen sollte.

Verletzungen und Krankheiten liessen viele Einheimische zu ihm kommen, damit sie medizinische Hilfe erhielten, obwohl Harry nur das Allernotwendigste zur Verfügung hatte, um sie zu behandeln. Dennoch stieg die Zahl an genesenen Leuten merklich, und Harrys Heilungsgabe sprach sich weit herum.

1921 kehrte er nach England zurück und heiratete Phyllis, welche er kennen gelernt hatte, als beide Familien in Balham wohnten. In Balham gründeten sie ein Geschäft mit Papeterie-Artikeln und Drucksachen. Währenddessen nahm Harry wieder seine politischen Interessen auf, kandidierte für das Parlament und nahm in den folgenden Jahren in verschiedenen Kommissionen des Rates Einsitz.

Harry gehörte der Kirche von England an und stand den Lehren des Spiritualismus eher skeptisch gegenüber. 1936 wurde er jedoch zu einem „Offenen Zirkel" eingeladen. Dieser Besuch veranlasste ihn, seine Ansichten zu hinterfragen, so dass er schliesslich selbst ein Medium wurde. Andere Medien, mit welchen er in Kontakt kam, konnten Harry davon überzeugen, dass er heilerische Fähigkeiten hatte. Er wurde ermutigt, sich einer Person anzunehmen, welche wegen einer Tuberkulose-Erkrankung im Sterben lag, und welche sich nach seiner Heilbehandlung später einer ausgezeichneten Gesundheit erfreuen sollte. Sein nächster Patient war eine Person, die an Krebs im Endstadion litt, die sich aber aufgrund von Harrys Hilfe bald besser fühlte, und an ihre Arbeit zurückzukehren konnte. Viele ähnliche Fälle folgten, und da das Interesse der Presse zunahm, breiteten sich Harrys Ruf und das Spirituelle Heilen im Allgemeinen aus. Harrys Heilungsarbeit wurde nun zur Hauptsache in seinem Leben, und es war ihm kaum noch möglich, sein Druckerei-Geschäft weiterzuführen. Er heilte an den Abenden und an den Wochenenden, weil sich Schlangen von Menschen vor seinem Haus bildeten, und mit der Post eine wachsende Zahl von Anfragen für Heilung sowie Rapporte über Fortschritte in der Genesung eintrafen.

Beim Ausbruch des 2. Weltkrieges trat Harry in den Zivilschutz ein und gab den Angehörigen der bewaffneten Streitkräfte Heilsitzungen, auch seinem eigenen Sohn. Sein Bemühen um Heilung setzte er fort, obwohl sein Haus bombardiert wurde und er dabei alle Rapporte seiner Fernheil-Patienten verlor. Kurz nach Kriegsende zog er nach Stoneleigh um und richtete bei der Frontseite seines Hauses ein Sanctuarium (Heilungsraum) ein. Als sie von seinem neuen Wohnort hörten, nahmen seine Fernheil-Patienten wieder Kontakt mit ihm auf, da sie in der Zwischenzeit dank der Fortführung des Fernheilens eine Verbesserung ihres Gesundheitszustandes feststellen konnten. Harry ging weiterhin in sein Geschäft in Balham, aber um 1946 war seine Heilungsarbeit bereits der weitaus grössere Teil in seinem Leben. Harrys Bruder übernahm das Druckerei-Geschäft und mit der Unterstützung einer seiner Schwestern und deren Ehemann kaufte Harry „Burrows Lea", ein grosses Anwesen in Shere, das innerhalb einer weitläufigen Garten- und Waldlandschaft gelegen war. Dort liess er sich mit seiner Frau und den Kindern sowie mit der Schwester und deren Ehemann nieder. Ein Teil des Erdgeschosses wurde für die Administration eingerichtet, und der frühere Billard-Raum wurde in ein Sanctuarium umgebaut.

Bald musste eine grosse Zahl von Schreibkräften angestellt werden, um die vielen Briefe mit Anfragen für Fernheilung zu beantworten. Andere ortsansässige Leute halfen sowohl bei den Heilsitzungen als auch bei der Organisation mit, indem sie das Anwesen unterhielten und Harry zu den vielen Verabredungen im ganzen Land hin- und zurückbrachten.

Auf der Höhe seiner Heiltätigkeit erhielt Harry wöchentlich mehr als 10'000 Briefe. 1948 gab er in Manchester eine Demonstration seiner Heilerarbeit, welche von etwa 6'000 Leuten besucht wurde. Diese war nur eine von vielen ähnlichen Demonstrationen, wie etwa in Newcastle oder in Amsterdam, an welchen er seine

Hemdsärmel hochkrempelte und, in seinem typischen Humor und in seiner Bescheidenheit, Leuten jeglichen Alters und sozialer Stellung Heilung gab. In der Tat, eine Anzahl berühmter Leute erhielt Heilung und bezeugte öffentlich deren Wirksamkeit. Eine seiner berühmtesten Auftritte hatte er im September 1951 in der Royal Festival Hall in London, wo er die Wirksamkeit der Geistheilung vor einem dicht gedrängt sitzenden Publikum vorführte.

Natürlich nahmen kirchliche und medizinische Instanzen die wachsende Popularität des Geistigen Heilens wahr und missbilligten diese Art der Heilung öffentlich, dies trotz der Tatsache, dass viele Priester und Ärzte selbst Heiler waren oder willens waren, die überwältigenden Beweise der Wirksamkeit von Geistigem Heilen zu akzeptieren, so wie es von Harry Edwards und vielen anderen praktiziert wurde. 1953 wurde eine erzbischöfliche Kommission für „Göttliche Heilung" geschaffen, um die ganze Sache zu untersuchen. Im Jahre 1954 wandte sich Harry an die Kommission, und reichte eine Dokumentation mit Beweisen und Fallbeispielen ein – mit dem Einverständnis und der Zusammenarbeit der jeweiligen Patienten natürlich, damit die Kommission diese Fälle im Einzelnen prüfe. Während der geistliche und medizinische Berufsstand sich beriet, hielt Harry vor 6'000 Leuten (einschliesslich einiger Mitglieder der Kommission) in der Albert Hall eine öffentliche Demonstration, um das Projekt der „10 Uhr–Heilungs-Minute" (die noch immer von Tausenden von Leuten in der ganzen Welt eingehalten wird) vorzustellen.

Schliesslich wurde der Kommissionsbericht veröffentlicht mit folgender Erklärung: Weder Kirche noch Ärzteschaft anerkennen, dass irgend jemand (ausser sie selbst) Heilerfolge haben könne.
Dass aber, ganz im Gegensatz zu dieser Aussage, eine grosse Zahl an Beweisen von Heilungen vorlag, wurde im Rapport ignoriert, und die vielen Heilungen wurden als „ausserhalb der Rahmenbedingungen für Untersuchungen" wegdiskutiert. Erstaunlicherweise wurde Harry nie eine Kopie der medizinischen Bewertungen für jene Fälle, welche er zur Prüfung eingereicht hatte, zugestellt. Trotz der offensichtlichen Ablehnung, nahmen Harry Edwards' Ruf - und das Geistige Heilen im Allgemeinen - noch zu. Und bis zum heutigen Tag nehmen unzählige Menschen aus der ganzen Welt Kontakt mit dem Heilungszentrum auf, welches Harry gründete, um Hilfe und Heilung für ihre Leiden zu finden.

Harry Edwards ging 1976 in die Geistige Welt hinüber. Aber das Heilungszentrum, welches er 1966 als Wohltätigkeits-Verein registrieren liess, besteht weiterhin, indem es Harrys Vermächtnis erfüllt, Tausenden in der ganzen Welt Heilung zu bringen.

Biography: Harry Edwards: the great healer

Homepage: www.harryedwards.org.uk

Geistheiler
in der Schweiz und in Deutschland

Schweiz

(Ländervorwahl aus dem Ausland: 0041)

3000 Bern 14

Schweizerischer Verband für Natürliches Heilen SVNH,
Zieglerstrasse 30, Postfach 386, Tel. 031/302 44 40,
Fax 031/302 55 10
info@svnh.ch, www.svnh.ch
Der SVNH ist – parteipolitisch und konfessionell unabhängig
– der Förderung des Natürlichen Heilens zum Wohle des
Menschen verpflichtet.

3012 Bern

Fachschule für Medialität, Blumensteinstrasse 2,
Tel. 031/306 66 89
info@fachschulemedialitaet.ch,
www.fachschulemedialitaet.ch
Heilungsdienst, jeweils mittwochs ab 17.00 Uhr
(mit Anmeldung). 1 ½ jährige Ausbildung Geistiges Heilen
(berufsbegleitend)

3048 Worblaufen

Marietta Keller, Altikofenstrasse 20, Tel. 031/922 48 02
www.reiki-licht.ch
Spirituelles Heilen

4051 Basel

Dora Schaufelberger, Praxis für Natürliches Heilen,
Petersgraben 21, Tel. 061/ 601 52 79, Handy 079/647 30 01
schaufelberger@magnet.ch
Ausbildungsangebote: Geistiges Heilen, Sensitivität und
Medialität, Meditation; Privatsitzungen; Mitglied SNU, NFSH,
DGH, SVNH (ehemals Prüfungsexpertin)

4104 Oberwil

Irène Jullien, Marbachweg 3, Tel. 061/401 66 60
Dipl. Fussreflexzonentherapie-Massage mit Meridianen-
einbezug, Kassen anerkannt und spirituelles Heilen

4146 Hochwald

Fritz P. Haas, Lohweg 7, Tel. 061/821 40 51
fritz@haas.name, www.praxis-dreiklang.ch
Polarity Therapie, Trauma-Auflösung, Energetische Heilung,
Lebensberatung

4500 Solothurn

Mara Algethi, Grafenfelsweg 11, Tel. 032/622 29 25
info@mara-algethi.ch, www.mara-algethi.ch
Übermittlung der Hyperenergie nach Alexander Aandersan
für Mensch und Tier, auch Fernbehandlung; ich freue mich
auf Ihren Anruf!

4533 Riedholz

Schule für TouchLife Massage Schweiz,
Zencha Christine Haldemann, Bergstrasse 28,
Tel. 032/621 61 07
zencha@bluewin.ch, www.touchlife.ch
TouchLife Massage: Massagetechniken, Gespräch,
Energieausgleich, Atem und Achtsamkeit.
Gratis-Ausbildungsmappe anfordern!

5604 Hendschiken

George Paul Huber, Bahnhofweg 3, Tel. 062/891 76 30
www.livitra.ch
Ausbildungs-Center für Geistheiler-Innen seit 1992 mit über
2000 Absolventen

6648 Minusio / Tessin

Johanna Balli-Amon, via Mimosa 2, Tel. 091/743 11 02
jhballi@terapie-atelier.com, www.terapie-atelier.com
Geistheilung für Menschen und Tiere jeden Alters.
Anwendung bei allen Krankheiten/Beschwerden, stärkt das
Immunsystem

7502 Bever

Hedi-Maria Bauder, Chesin 33, Postf. 4, Tel. 081/852 51 68
erkenntnisse@bluewin.ch
Geprüftes Mitglied SVNH, Lebensberatung, Transformation
tiefsitzender Blockaden, Fernheilung, Engelseminare,
Erdheilung, die 10 Strukturen des EINS-SEINS

8302 Kloten

Doris Landolt, Birkenstrasse 16, Tel. 044/814 01 34
seelenbild@bluewin.ch
Geistheilerin und mediale Lebensberatung, Tarotexpertin,
Klangschalentherapeutin

8344 Bäretswil

Hanspeter Kühne, Aemetstrasse 1, Tel. 044/939 23 20
hkuehne@hispeed.ch
Geistig Heilen (SVNH geprüft in Geistigem Heilen),
Handauflegen, Schamanismus

8401 Winterthur   Andrea Maria Widmer, Tel. 079/420 74 28
a-widmer@bluewin.ch, www.andreawidmer.com
Institut für Naturheilverfahren,
„Heilenergetische Sitzung und Beratung", Mitglied SVNH

9500 Wil   Irene Thoma, Amyris Praxis für Lebensenergie,
Hubstrasse 33, Tel. 071/911 66 30
amyris@thurweb.ch, www.amyris.ch
Flugschule für Erdenengel, Seminare in medialer, spiritueller
Lichtübertragung, Mitglied SVNH, kant. appr. Heilpraktikerin

Deutschland
(Ländervorwahl aus dem Ausland: 0049)

06847 Dessau-Rosslau
Marina Zobel, Hirtenhaustrasse 24, Tel. 0340/51 34 93
Geistiges Heilen, Handauflegen, energetische Körperarbeit,
Chakren-, Meridiananw., Gebetsheilung, Reiki-Einweihungen,
Fernheilung

13581 Berlin   Eva-Elisabeth Bouizedkane, Seeburger Strasse 78,
Tel. 030/351 34 091, Fax 030/351 34 092
evelis@t-online.de, www.dreiklang-spandau.de
Als Heilerin und Ausbilderin in schamanischer Tradition
begleite ich Sie gerne in Ihrem Heilungs- und
Entwicklungprozess.

14621 Schönwalde-Glien
Helga Jäger, Zaunkönigsteig 15, Tel. 03322/239434,
Fax 03322/421632
helgajaeger1@arcor.de
Heil- und Seminarschule bietet Behandlungen, Beratungen
und fundierte Ausbildungen im Geistigen Heilen

14827 Wiesenburg OT Reetz

Werner Letz, Reppinicher Strasse 9,
Tel. und Fax 033849/52115
werner.letz@gmx.de,
www.ayurvedische-massagen-und-heilen.de

16909 Wittstock

Madlen Wirtz, Ruppiner Strasse 23a, Tel. 03394/40 35 44
maddi2004de@yahoo.de, www.spirithands.de
Praxis für geistige Heilweisen. Freie Reiki-Meisterin
(Usui-Reiki; Kundalini; Shing Chi; Besprechen)

21436 Marschacht

Ingrid Bergmann, Brackweg 1, Tel. 04176/1248,
Fax 04176/912 069
ingridbergmann7@aol.com, www.heilerin-ingridbergmann.de
Geistiges Heilen - Alternative Therapien – Lebensberatung –
„Wege zum körperlichen, geistigen und seelischen Einklang"

23611 Sereetz

Antje Kossak, Dorfstrasse 27 d, Tel. 0451/4868481
kossaka@t-online.de
Aktivierung der Selbstheilungskräfte mit Handauflegen –
Fernbehandlung - Gespräche durch anerkannte Heilerin der
GfGE e.V.

24232 Schönkirchen

Martina Dethardt, Hufenkamp 12, Tel. 04348/7308
martina.dethardt@freenet.de
Anerkannte Heilerin DGH; ausgebildete und anerkannte
Heilerin nach der Methode von H. Edwards durch die
Gemeinschaft für Geistige Entfaltung (GfGE), Yogalehrerin

24640 Schmalfeld

Ute Rike Greve, Dorfstrasse 34, Tel. 04191/9190891
ute.greve@t-online.de
Diplomierte Psychologin (geb. 1952), Geistheilerin
(in Familientradition) bietet intensive Einzelsitzungen,
Trommeltrance-Workshops, Meditationsgruppen an.

26215 Wiefelstede

Sandra Rasch, Hullenhauser Strasse 1, Tel. 04458/94 97 88
info@rasch-heilen.de, www.rasch-heilen.de
Ursachenorientierte Heilhilfe für Körper, Geist und Seele mit
Schwerpunkt im emotionalen Bereich für Erwachsene und
Kinder

30880 Laatzen

Carmen Karwehl, Steinfeldstrasse 19a, Tel. 05102/73 99 33
info@naturheilpraxis-carmen-karwehl.de,
www.naturheilpraxis-carmen-karwehl.de
Heilung, Persönlichkeitsentwicklung, Charakterbildung –
Radionik, Pranaheilen, analytische Hypnose

32051 Herford

Joachim Zens, Kreishausstrasse 1, Tel. 05221/3821120,
Mobil 0160 97977749
joachim@zens.de, www.derersteschritt.com
Praxis für Geistiges Heilen. Anerkannter Heiler beim
Dachverband für Geistiges Heilen DGH e.V.

34346 Hann. Münden

Dieter Warnecke, Alte Bleiche 17, Tel. 05541/90 48 16
dieter-warnecke@t-online.de
Seelische Ursachenfindung – Geistige und energetische
Heilbehandlung – Auffinden von Störzonen durch
Rutengehen

35043 Marburg

Annette Langenohl-Ludwig, Feldbergstrasse 16,
Tel. 06421/485562
alaihs@web.de
Handauflegen, energetisches Heilen, Medium, Hilfe bei allen
Störungen und Belastungen, Heilerin

35578 Wetzlar

Christa Patsch, Eselsberg 7, Tel. 06441/443706,
Handy 0163/7849622
info@christa-patsch.de, www.christa-patsch.de
Heilerin anerkannt nach DGH, Heilpraktikerin, Handauflegen,
Aura- und Chakraarbeit,
energetische Wirbelsäulenbehandlung

35781 Weilburg

Brigitta Schmidt, Odersbacher Weg 30, Tel. 06471/927741
info@heilpraxis-weilburg.de, www.heilpraxis-weilburg.de
Anerkannte Heilerin DGH, Seminarleiterin und Autorin des
Buches „Heilen mit der Kraft des Pendels", Werkzeuge und
Pendel zum Heilen für Therapie und Praxis:
www.baj-pendel.de

36358 Herbstein

Praxis für Ganzheitliche Heilung, Erich Köppe, Kirchplatz 18,
Tel. 0178/1443649
ChamEnerRitu@web.de
Geistheilung ist neben der Humanmedizin in der heutigen
Zeit unverzichtbar und wertvoll.

40223 Düsseldorf

Reinhold Heide, Merkurstrasse 55, Tel. 0211/3854917
Fax 0211/3854918
info@heide-reinhold.de, www.heidereinhold.de
Geistheilung – Hypnose und Gesundheitsberatung.
Ein Zeichen setzen für Genesung!

41812 Erkelenz

Susanne Knorr, Robert-Schuman-Strasse 1 A,
Tel. 02431/9039033, Fax 02431/9039032
mail@MenschRaumEnergie.de,
www.MenschRaumEnergie.de
Heilerin, Chakra-Harmonisierung, Fremdenergien-
Entfernung, Matrix Energetics®, Feng Shui, Geomantie,
auch für Pferde

42657 Solingen

Dorothee Wingen, Brühlerstrasse 104 b, Tel. 0212/338464
dorotheewingen@gmx.de, www.dorothee-wingen.de
Praxis für integrative Energiearbeit, anerkannte Heilerin nach
den Richtlinien des DGH, Geistheilerin, Arbeit mit
Heilsteinen, Steinladen

45663 Recklinghausen Ralf Carpentier, Marienstrasse 40, Tel. 02361/6580941
ralf.carpentier@t-online.de, www.ralf-carpentier.de
Prophet und Mediumheiler, heilt über die Telepathie,
Herzenskraft von Gott, löst Magie auf; Heilungsmagie,
Kartenmagie, hellsichtige Magie, Pendelmagie, Aufspüren
von Störfeldern

46399 Bocholt

Anna Tersteegen, Sperberstrasse 1, Tel. 02871/43131
atersteegen@t-online.de
Anerkannte Heilerin des DGH

47798 Krefeld

Desislava Wark, Moerser Str. 19,
Tel.02151/3693088 und 0170/4179638
info@praxis-wark.de, www.praxis-wark.de
Hellsichtige Lebensberatung, Energiebehandlung, Heilung
auf geistiger und körperlicher Ebene erfahren und
Verbesserungen Ihrer Situation

51503 Rösrath (Köln)

Praxis für Manuelle und Mediale Medizin,
Frau Gröpper und Herr Wilhelm , Bleifelde Strasse 50a,
Tel. 02205/89 63 98
ute-groepper@t-online.de, www.bernd-wilhelm.eu

52393 Hürtgenwald-Kleinhau

Anita Braun, Praxis für Selbstheilung, In der Kaule 6,
Tel. 02429/908 96 63
praxis@licht-der-liebe.net, www.licht-der-liebe.net
Heilende Hände, Verbrennungen, Klangmassagen mit
Klangschalen / Kristallpyramiden, Traumata-Arbeit, Allergien,
Kinesiologie

53125 Bonn

Gudrun Mallener, Hans-Grade-Strasse 2,
Tel. 0228/254601, Fax 0228/254660
hp.mallener@arcor.de
Heilpraktikerin, Heilerin; energetische Behandlungen am
Körper oder in der Aura; Fernheilungen; Mitglied DGH

58730 Fröndenberg

Charlotte Wieneke-Herrforth, Nelkenweg 1,
Tel. 02373/70418
charlottewh@helimail.de, www.seelen-balance-punkt.de
Schamanisch-energetische Heilweisen, Ermittlung der
individuellen Seelenmatrix, Metamorphose

59227 Ahlen

Gerhard Schablowski, Raabestrasse 10
Telefon 02382/2645, schaliwei@aol.com,
www.energietherapeut-schablowski.de
Geistiges Heilen, Rückführungen, Clearing, MET, Matrix
Energetics, Quantenheilung, Reiki, Deeksha, Ilahinur,
Massagen.

60313 Frankfurt

H. Karimian Farid, Porzellanhofstrasse 4,
Tel. 069/21998768-9
heilerfarid@web.de
Meine Behandlungs-Schwerpunkte: Kopfschmerzen,
Migräneanfälle, Rückenschmerzen, Wirbelsäulen-
Schmerzen, Bandscheibenvorfall

63667 Nidda-Schwickartshausen

Siegfried Jendrychowski, Im Steingarten 8,
Tel. 06046/95 49 15
termin@reiki-geistheilung.com, www.reiki-geistheilung.com
Reiki-Meister / Lehrer und anerkannter Heiler im DGH e.V.,
Reiki, klassische Massagen, energetische Aufrichtung,
gezielte Energiesteuerung

64285 Darmstadt   Jutta Ansani Lotz-Hentschel, Mathildenstrasse 25,
Tel. 06151/4296444
seelenbotschaft@aol.com, www.juttahentschel.cabanova.de
Praxis-Heilende Lebensenergie, energetische & spirituell-
psychologische Beratung, psychologische Beraterin -
Yamura-Grossmeisterin, AMH-Meisterin

64380 Roßdorf   Inge Rachor, Gesundheit- und Lebensberatung,
Taunusstrasse 47, Tel. 0160/5988168, Fax 06154/695183
ingerachor@web.de, www.inge-rachor.de
Heilpraktikerin, Heilerin, Reikilehrerin, Heilerschule, Hypnose,
Reinkarnationstherapie

64625 Bensheim   Inge Sponagel, Tel. 06251/780982
www.seelengarten.com
Energetische Lebensbegleitung & Creatives

66740 Saarlouis-Neuforweiler
Gabriele Zimmer, Danzigerstrasse 3, Tel. 06831/4998409
gabizimmer@gmx.net
Geistheilerin, Reinkarnationstherapeutin, Behandlung von
Aura und Chakren, Aktivierung der Selbstheilungskräfte,
Harmonie von Körper, Seele, Geist

67269 Grünstadt   Jutta Kramme, Kreuzerweg 4, Tel. 06359/932112
www.LichtundHeilung.info
Geistig-schamanische Heilarbeit

68165 Mannheim   Brigitte Hübner, Beethovenstrasse 8, Tel. 0621/43739207
b.huebner@zwei-generationen-praxis.de,
www.zwei-generationen-praxis.de
Geistige Heilerin

68219 Mannheim   Justine Felix, Rohrhofer-Strasse 41a, Tel. 0621/43 77 236
justine@shanta-zentrum.de, www.shanta-zentrum.de,
www.galerie-shanta.de
Heilerin, Coach, Künstlerin & Buchautorin

68642 Bürstadt   MEDI-4YOU Praxis für Gesundheitsberatung, Angela Sänger,
Lessingstrasse 15, Tel. 06245/56 51
medi-4you@gmx.de, www.medi-4you.de
Heilerin mit eigener Praxis, Ferienseminare mit
Heilbehandlungen an besonderen Kraftplätzen

72070 Tübingen   Ursula Karima Mayer, Im Reutele 27, Tel. 07071/79 16 70
karima.mayer@t-online.de
Praxis für Energetisches Heilen

72406 Bisingen-Zimmern
Hildegard Ambrosy, Weidenbachweg 11, Tel. 07471/702145
mihisam@arcor.de
Raum zur Seelenpflege, Lebensberatung und Coaching mit
energetischer Psychologie und mehr ...

73568 Durlangen-Zimmerbach
Heike Ripberger, Hölderlinstrasse 9, Tel. 07176/4529964
heike.ripberger@t-online.de
Sensitiv mediale Lebensberatung, Meridian-Massage,
Heilsitzungen, Fernheilung

73635 Rudersberg   Silvia Grenz, Untere Strasse 35/1, Tel. 07183/92 96 15
www.schamanische-heilarbeiten.de
Schamanische Heilarbeit, Energiearbeit, geistiges Heilen,
psychologische Astrologie, anerkannte Heilerin DGH e.V

75447 Sternenfels   Gerhilde Müller, Mettenbacher Mühle 1, Tel. 07043/958356
gerhilde@gerhilde.de, www.animal-talk.net,
www.lifebalance-web,de
Praxis für: „Bioenergetische Massage", „Geistige Wirbelsäulenaufrichtung", „Geistige Energiebehandlung für Mensch
und Tier"

76139 Karlsruhe   Yvonne Boué und Jörg Michael Weste,
moonEYE – Praxis für geistiges Heilen,
Schwetzinger Strasse 25,
Tel. 0721/35 40 387, Fax 0721/32 95 812
lucky@mooneye.eu, www.mooneye.eu
Seit vielen Jahren erfolgreich unter anderem mit
Behandlungen bei körperlichen / psychischen Erkrankungen
oder persönlichen Themen.

76726 Germersheim   Christa Regina Leukhardt, Hans-Graf-Sponeck-Strasse 29,
Tel. 07274/4029, Fax 07274/7030389
info@heilpraktikerin-leukhardt.de,
www.heilpraktikerin-leukhardt.de
Ich bin Heilpraktikerin, Heilerin und vom DGH anerkannte
Ausbilderin. Nähere Informationen können Sie auf meiner
Homepage nachlesen.

78086 Brigachtal   Brigitte Frank, An der Hilbengasse 18, Tel. 07721/21735,
Fax 07721/990166
moderne-lebenshilfe@t-online.de, www.geist-heilerin.de,
www.heiler-ausbildung.de
Mein persönlicher Kontakt zu Harry Edwards bewog mich
schon 1971 den Weg der spirituellen Geistheilerin zu gehen.
Näheres: Webseiten

78576 Emmingen-Liptingen
Walter Heer, Schlossbühl Strasse 2, Tel. 07465/2469
walter_heer@web.de
Geistiges Heilen – Handauflegen, Fernheilung

78669 Wellendingen-Wilflingen
Sylvia Thumm, Bachstrasse 14, Tel. 07426/962987
sylvia-thumm@t-online.de,
www.reiten-unterm-regenbogen.de
Reittherapie und Arbeit nach Phyllis Krystal („Die inneren
Fesseln sprengen"), Lebensbegleitung auch in Krisenzeiten!

79244 Münstertal   Günter Köber, Mulden 47a, Tel. 07636/792020,
Fax 07636/792021
info@energietherapien.de, www.energie-therapien.de
Geistiges Heilen für Mensch und Tier
Münstertal-Basel-Engelberg

79276 Reute   Reiki-Oase, Manuela Rich, Am Pfahlgraben 6,
Tel. 07641/95 425 66
reiki-oase@gmx.de, www.reiki-oase.com
Arbeitsgebiete u.a.: Reiki (Meisterin), Bachblüten (Beraterin),
Handauflegen, Heilpendeln, Besprechen, Lebensberatung

82131 Stockdorf (bei München)
Dirk Ohlsen - Heilpraktiker, Bennostrasse 11,
Tel. 089/8935 6276
praxis@ganzheitliche-heilkunde.info,
www.ganzheitliche-heilkunde.info
Behandlung von körperlichen, geistigen und spirituellen
Problemfeldern – Vorträge, Workshops und Therapeutenaus-
bildungen

82327 Tutzing

Astrid Frey, Klenzestrasse 11b, Tel. 08158/907432,
Mobil 0170/1863199
astrid-frey@t-online.de, www.astridfrey.de
Praxis für gesundes Leben. Energetisches Heilen, spirituelle
Lebensberatung, heilende Berührung für Körper, Geist und
Seele

82362 Weilheim i. OBB

Brigitte und Herbert Hoffmann, Aufeldstrasse 32,
Tel. 0881/927 86 36
brigittehoffmann@email.de, www.herberthoffmann.de
Unsere Ausbildungen für Heiler sind seit 1999 vom DGH e.V.
anerkannt. Alle Kurse sind für jeden Interessierten offen.

82515 Wolfratshausen

Anton Lauber, Auenstrasse 4a, Tel. 08171/216165
toni@gesundheitspraxis-lauber.de,
www.gesundheitspraxis-lauber.de
Heiler (anerkannt vom DGH), Entspannungstrainer, Lebens-
berater, Handauflegen, Energiearbeit, Entspannung,
Hypnosearbeit n. Erickson

83707 Bad Wiessee

Annerose Rössler, Anton-v.-Rieppel-Strasse 16,
Tel. 08022/663644
annerose_roessler@web.de
Einzelsitzungen / Seminare, Geistiges Heilen und Operieren,
energetische Wirbelsäulenaufrichtung, Strahlenentstörung
mit Lichtenergie

85049 Ingolstadt

Petra Weber, Am Burggraben 77, Tel. 0841/56605
pepeweber@gmx.de
Auf dem Weg in dein Herz, Herzverbindung, Geistheilung,
Energieaktivierung. In Einzelsitzungen und Seminaren
unterstütze ich Sie gerne.

86465 Welden

Karin Turatus, Schubertstrasse 7, Tel. 08293/96 06 42
karin.turatus@praxis-energie-quelle.de,
www.praxis-energie-quelle.de
Geistiges Heilen, Heilerseminare, Aura-Chirurgie, geistige
Operation, energetische Strahlenentstörung,
Three in One Concepts

86919 Utting Gabriele Fließbach, Ringstrasse 11, Tel. 08806/1793
g.fliessbach@web.de
Gebetsheilung (Wirbelsäulenbehandlung, Geleiten unerlöster
Seelen), Jin Shin Jyutsu, Meditationen, themenenergetische
Kristallklärung, Mitglied im DGH

88069 Tettnang Simone Kuhn, Heilpraktikerin/Heilerin, Baumgarten 5,
Tel. 07542/952721
hp.s-kuhn@gmx.de, www.hp-s-kuhn.de
Geistiges Heilen, transzendente Psychologie, medizinische
Heilhypnose, Rückführungstherapie

88605 Meßkirch Dietmar & Cornelia Meßner, Unter der Linde 7,
Tel. 0174/8715602
praxis.medico@t-online.de
Geistige Heilweisen, Blick in vergangene Existenzen,
Behandlung von Impfkomplikationen (geprüfter Heilpraktiker)

90443 Nürnberg Rudolf W. Diller, Brehmstrasse 14, Tel. 0911/538002
diri_nbg@yahoo.de
Unterstützung der Selbstheilung und Vitalisierung sowie
Harmonisierung der Lebensenergie in Körper, Seele und
Geist durch Handauflegen

97074 Würzburg Stefania Reichert, Oberer Bogenweg 27,
Tel. 0931/83442, Fax 4523926
Geistiges Heilen auf den Grundlagen zeitgemässer
Anthroposophie und dem Menschenbild Rudolf Steiners.
Umwandlungen am gesamten Menschen

97702 Münnerstadt Matthias Straus, Hennebergstrasse 5, Tel. 09733/782470
hallo@matthias-straus.de, www.matthias-straus,de
Behandlung mit natürlicher, angeborener Begabung;
Auflösung von krankheitsverursachenden Blockaden aller Art

99976 Anrode OT Bickenriede

Franziska Montag, Horsmarer Strasse 10, Tel. 036023/50141
franziska.montag@gmx.net, www.geistheil.eu
Heilung bedeutet Einheit von Körper, Geist und Seele.
Mit geistiger Aufrichtung der Wirbelsäule beginnt die Heilung
aller Krankheiten.

99998 Weinbergen / OT Höngeda
Diana Richter, Am Vogteier Weg 8, Tel. 03601/405709
indianhealing@gmx.net, www.indianhealing.de
Praxis für indianische Heilkunst und alternative Heilmethode,
Bewusstseinstraining, Wellnessmassagen, Ausbildungen

Heilerregister 15

Mächler Media

Schulstrasse 144

5326 Schwaderloch/Schweiz

email: maechler-media@gmx.ch

Harry Edwards

Wege zur Geistheilung

Praktische Methoden zur Entwicklung
der Gabe des spirituellen Heilens

mächler

Harry Edwards

Wege zur Geistheilung

172 Seiten, broschiert

In Ihrer Buchhandlung
oder direkt vom Verlag

Harry Edwards (1893-1976) zählt zu den bekanntesten Geistheilern unserer Zeit, sein Wissen und Können haben noch heute Weltruf. In den 30er Jahren begann er, geistiges Heilen sehr erfolgreich zu praktizieren. Ein so großer Strom Hilfesuchender entstand, dass er sein Leben ganz dem geistigen Heilen widmete. In den über 40 Jahren seines Wirkens suchten ihn tausende Hilfesuchende aus allen Bevölkerungsschichten in seinem abgelegenen Sanctuarium in Südengland auf. Bekannt wurde Edwards auch durch seine öffentlichen Heilungsdemonstrationen.
Seine erklärte Aufgabe war es, das Wissen um das geistige Heilen zu verbreiten und zu popularisieren. Energisch setzte er sich für die Zusammenarbeit zwischen Schulmedizinern und Geistheilern ein, was dazu beitrug, dass heute nicht nur in England beide Disziplinen erfolgreich zusammenarbeiten.

Edwards Buch „Wege zur Geistheilung" ist noch heute ein wegweisendes Buch für Hilfesuchende und unverzichtbarer Standard als Lehrbuch für alle Heilung gebenden Menschen.
Was Harry Edwards in diesem Buch präsentiert, ist durch tausendfache Erfahrung begründet. Er legt dar, wie sich geistige Heilung vollzieht und was der Heiler dabei empfindet. Zudem erklärt er ausführlich, wie sich die heilende Gabe offenbart und wie sie entwickelt werden kann.

mächler   www.maechlerverlag.ch